BERTZ + FISCHER

PROKLA. Zeitschrift für kritische Sozialwissenschaft
Heft 211 | 53. Jahrgang | Nr. 2 | Juni 2023

Impressum

Die kommenden Hefte:
PROKLA 212: Ostdeutschland
PROKLA 213: Wieviel 1973 steckt in 2023? 50 Jahre Brüche und Kontinuitäten

In der PROKLA werden seit 1971 Themen aus den Bereichen der Politischen Ökonomie, der Politik, Sozialgeschichte und Soziologie bearbeitet. Im Zentrum stehen dabei gesellschaftliche Machtverhältnisse, Polarisierungen im internationalen System und das gesellschaftliche Naturverhältnis. Die Hefte werden jeweils nach thematischen Schwerpunkten zusammengestellt.

Die PROKLA erscheint viermal im Jahr mit einem Gesamtumfang von rund 640 Seiten. Das Einzelheft kostet 15,- €. Das reguläre Jahres-Abonnement kostet im Inland 49,- €, im Ausland 59,- € jeweils inkl. Versand. Alle Preise im Überblick finden Sie unter www.bertz-fischer.de/PROKLA-abopreise. Abonnieren können Sie unter www.bertz-fischer.de/prokla-abo oder per Mail an prokla-abo@bertz-fischer.de.

Druck und Bindung: UAB Standart Impressa, www.standart.lt, Vilnius, Litauen

PROKLA-Redaktion
c/o Bertz + Fischer Verlag
Franz-Mehring-Platz 1 | 10243 Berlin
redaktion@prokla.de
www.prokla.de

ISSN 0342-8176 | eISSN 2700-0311

Verlag
Bertz + Fischer GbR
Dieter Bertz + Katrin Fischer
Franz-Mehring-Platz 1
10243 Berlin
prokla@bertz-fischer.de
www.bertz-fischer.de

ISBN 978-3-86505-911-6

PROKLA 211
Tarifvertrag

Einsprüche

Jenseits des Schwerpunkts

PROKLA 211 | 53. Jahrgang | Nr. 2 | Juni 2023 | S. 200-215
https://doi.org/10.32387/prokla.v53i211.2059

Martin Beckmann • Rudi Schmidt • Felix Syrovatka*

Editorial: Tarifvertrag

Der Niedergang des deutschen Systems kollektiver Arbeitsbeziehungen ist ein altes und viel beschriebenes Phänomen. Spätestens seit den 1990er-Jahren hat sich im Zuge des neoliberalen Umbaus eine Abwärtsdynamik entfaltet, die bis heute anhält. Nach Berechnungen des Instituts für Arbeitsmarkt- und Berufsforschung (IAB) fallen nur noch 52 Prozent der Beschäftigten unter einen Tarifvertrag (Ellguth/Kohaut 2022: 329). Verglichen mit der Tarifbindung von 71 Prozent im Jahr 1996, wird die ganze Dramatik dieser Entwicklung deutlich. Betrachtet man genauer, wo sich diese wenigen tarifgebundenen Betriebe befinden und wie groß sie sind, kann man in der Tat davon sprechen, dass der Tarifvertrag ein Instrument ist, das primär in Westdeutschland und vor allem in Großbetrieben zu finden ist. Für kleine und mittlere Unternehmen scheint der Tarifvertrag ein Auslaufmodell geworden zu sein, und auch die Großunternehmen versuchen immer wieder, sich von ihm zu verabschieden, vor allem von jener Form, die einmal den Standard dargestellt hat: dem Flächentarifvertrag. Dieser ist seit mehr als drei Jahrzehnten auf dem Rückzug und gilt heute nur noch für 43 Prozent der Beschäftigten und in 23 Prozent der Betriebe (ebd.).

Zugleich beklagen die Gewerkschaften seit Jahren eine zunehmende Aushöhlung tariflicher Normen durch Betriebsvereinbarungen und Abweichungen vom Flächentarifvertrag. Spätestens seit dem »Pforzheimer Abkommen« von 2004 zwischen IG Metall und Südwestmetall sind Abweichungsklauseln nicht nur fester Bestandteil eines jeden Flächentarifvertrages. Die Abweichung selbst ist auch gelebte Praxis in den Betrieben. In der Tarifrunde 2018 akzeptierte die IG Metall die Forderung der Arbeitgeber nach einer automatischen Abweichungsklausel als Gegenleistung für kräftige Entgeltsteigerungen und die Wahloption »Mehr Zeit oder Geld«. Die automatische Abweichungsklausel beschränkte sich zwar auf ein vergleichsweise geringes tarifliches Zusatzgeld, institutionalisierte aber einen automatischen Mechanismus tariflicher Abweichung und damit eine Umgehung der betrieblichen Verhandlungspflicht, was die betriebliche Abweichung entpoliti-

* **Martin Beckmann** arbeitet als Gewerkschaftssekretär in der ver.di-Bundesverwaltung, Bereich Politik und Planung und ist Redakteur der PROKLA. | **Rudi Schmidt** ist Mitglied des Wissenschaftlichen Beirats der PROKLA und Prof. i. R. am Institut für Soziologie der Universität Jena. | **Felix Syrovatka** ist Postdoktorand an der Freien Universität Berlin und arbeitet als Koordinator des Forschungskollegs »Gerechtigkeit durch Tarifvertrag«. Er ist Redakteur der PROKLA.

siert. Die Normalisierung betrieblicher Abweichungen macht deutlich, dass nicht nur die Tarifbindung abnimmt, sondern auch ein Prozess der Dezentralisierung und Verbetrieblichung der Tarifstrukturen stattfindet.

Allgemeiner Rückgang mit sektoralen Unterschieden

Abseits des branchenübergreifenden Trends zu einem allgemeinen Rückgang der Tarifbindung lassen sich jedoch einige Unterschiede ausmachen, wenn zwischen Industrie und Dienstleistungen, Privatwirtschaft und öffentlichem Sektor sowie zwischen einzelnen Branchen differenziert wird. Insbesondere in der Industrie – zumindest in Westdeutschland – erweist sich die Tarifbindung als relativ stabil. 2021 waren im verarbeitenden Gewerbe 57 Prozent der Beschäftigten in Betrieben tätig, die über einen Branchen- oder Haustarifvertrag verfügten (Ellguth/Kohaut 2022: 335). Hier zeigt sich die weiterhin hohe Bedeutung von Flächentarifverträgen insbesondere in der Metall- und Elektroindustrie und in der chemischen Industrie.

Ebenfalls vergleichsweise stabil ist die Situation im öffentlichen Dienst. Hier bestehen mit dem Tarifvertrag für den öffentlichen Dienst (TVÖD), der für den Bund und die Kommunen gilt, und dem Tarifvertrag der Länder (TVL) weiterhin umfassende Flächentarifverträge, die sowohl die Beschäftigten der öffentlichen Verwaltungen erfassen als auch die Beschäftigten von kommunalen Unternehmen und Einrichtungen aus Bereichen wie etwa Sozial- und Erziehungsdienst, Krankenhäusern, Nahverkehr, Ver- und Entsorgung sowie Sparkassen betreffen. Allerdings haben Privatisierungen und Liberalisierungen die Bedeutung öffentlicher Träger in verschiedenen Bereichen reduziert, während zugleich in privaten Einrichtungen oft Tarifverträge fehlen.

Im privaten Dienstleistungsbereich fällt dagegen auf, dass in Westdeutschland 40 Prozent der Beschäftigten in Betrieben arbeiten, die weder tarifgebunden sind noch über einen Betriebsrat verfügen (ebd.). Die Gründe hierfür sind vielfältig: ein größerer Anteil von Kleinbetrieben in Dienstleistungsbereichen, unternehmerische Strategien des Outsourcings, die Liberalisierung von Märkten, die zum Teil aggressiven antigewerkschaftlichen Strategien privater Unternehmen und ein mitunter sehr niedriger gewerkschaftlicher Organisationsgrad.

Hinzu kommen noch die Besonderheiten einzelner Branchen. Im Einzelhandel waren etwa bis Ende der 1990er-Jahre die wichtigsten Tarifverträge allgemeinverbindlich. Seit diese Allgemeinverbindlichkeit arbeitgeberseitig blockiert wurde und die Möglichkeit von Mitgliedschaften ohne Tarifbindung (OT-Mitgliedschaften) auch in den Arbeitgeberverbänden des Groß- und Einzelhandels geschaffen wurde, ist die Tarifbindung dramatisch zurückgegangen (Behrens 2011: 174ff.). 2021 waren nur noch 26 Prozent der Beschäftigten im Einzelhandel in Unternehmen tätig, die an den Flächentarifvertrag gebunden sind. Haustarife decken lediglich zwei Prozent der Beschäftigten ab (Ellguth/Kohaut 2022: 330).

Die Altenpflege zeigt besonders deutlich, wie die Entstehung von Tarifbeziehungen blockiert werden kann. Es gibt hier – unter anderem aufgrund der ausgeprägt kleinbetrieblichen Struktur insbesondere der ambulanten Pflege – die Kombination aus einem geringen und nur schwer steigerbaren gewerkschaftlichen Organisationsgrad und einer Politik der Arbeitgeberverbände, insbesondere der privatwirtschaftlichen Träger, die auf die Verhinderung von Tarifverträgen zielt. Um bessere Arbeitsbedingungen durchzusetzen, bedarf es dort der staatlichen Intervention, wie etwa mit dem Gesetz für bessere Löhne in der Pflege sowie mit der ab September 2022 geltenden gesetzlichen Pflicht für Pflegeeinrichtungen, ihre Beschäftigten mindestens auf Tarifniveau zu bezahlen (Schroeder u.a. 2022).

Die Bedeutung des Staates für eine Stabilisierung des Tarifvertragssystems in bestimmten Branchen zeigt sich auch am gesetzlichen Mindestlohn. Dieser steht nicht im Widerspruch zu tarifvertraglichen Entgelten, sondern kann dort Lohn- und Gehaltssteigerungen unterstützen, wie seine außerordentliche Erhöhung durch den Deutschen Bundestag zum 1. Oktober 2022 auf 12 Euro gezeigt hat (vgl. auch Bosch u.a. 2021). Die Erhöhung hat dazu geführt, dass es in vielen Niedriglohnbranchen wie etwa dem Gastgewerbe, dem Friseurhandwerk oder dem Wach- und Sicherheitsgewerbe zu erheblichen Steigerungen der Tariflöhne in den untersten Lohngruppen gekommen ist (Schulten 2023: 128f.).

Auch bei den Branchenmindestlöhnen spielt die staatliche Regulierung eine wichtige Rolle, da hierbei tarifliche Mindestlöhne auf gesetzlicher Grundlage – meistens mit Bezugnahme auf das Arbeitnehmerentsendegesetz – für allgemeinverbindlich erklärt werden können. Sie liegen in ihrer Höhe meistens deutlich über dem Niveau des gesetzlichen Mindestlohns. Entsprechende Branchenmindestlöhne gab es im Frühjahr 2023 in zwölf Branchen. Neben der Fleischwirtschaft und der Leiharbeit gelten Branchenmindestlöhne erstens in verschiedenen Dienstleistungsbranchen – etwa in der Weiterbildungsbranche, der Gebäudereinigung, für Pflegefachkräfte sowie für Pflegehilfskräfte oder auch für Sicherheitskräfte an Flughäfen. Zweitens, und das ist eine weitere sektorale Besonderheit bezüglich der Tarifbindung in Deutschland, sind allgemeinverbindliche Branchenmindestlöhne von sehr großer Bedeutung in der Bauwirtschaft – etwa in den Bereichen Dachdecker-, Maler- und Lackierer- sowie Gerüstbauerhandwerk. Zu erklären ist dies damit, dass die Allgemeinverbindlichkeitserklärung mittels Arbeitnehmerentsendegesetz zunächst ab Mitte der 1990er-Jahre insbesondere in verschiedenen Branchen der Bauwirtschaft erfolgte, und zwar vor dem Hintergrund des Europäischen Binnenmarkts und zunehmend grenzüberschreitender Leistungserbringung, um so Lohndumping durch Unternehmen aus anderen EU-Ländern zu verhindern (Bispinck 2023).

Gewaltige Unterschiede zeigen sich im regionalen Kontext. Insbesondere in Ostdeutschland sind Tarifverträge wenig verbreitet. Als das Institut für Soziologie der Universität Jena im Jahr 2001 eine für Betriebe mit über 50 Beschäftigten repräsentative Erhebung über die Gestaltung der Lohn- und Leistungsbedingungen in der ostdeutschen

Metall- und Elektroindustrie durchführte, unterlagen noch 23 Prozent der befragten Betriebe dem regulären Flächentarifvertrag. Davon abweichende Tarifvertragsformen wie Härtefallregelung, Anerkennungstarifvertrag und Haustarifvertrag hatten zusammengenommen einen inzwischen fast gleich hohen Verbreitungsgrad (22,7 Prozent), bezogen auf die Beschäftigten lauteten die Zahlen 46 und 16,3 Prozent (Hinke u.a. 2002: 42 und 44; Schmidt u.a. 2003: 223f.). Der Abwärtstrend hat sich fortgesetzt; zwei Jahrzehnte später ermittelt das IAB-Betriebspanel für die ostdeutsche Gesamtwirtschaft, dass 2021 34 Prozent der Beschäftigten in Betrieben mit Branchentarifvertrag arbeiten (45 Prozent im Westen), 11 Prozent in Betrieben mit Haustarifvertrag (9 Prozent im Westen) und 55 Prozent in Betrieben ohne Tarifbindung (Ellguth/Kohaut 2022: 329).

Obwohl inzwischen die meisten Branchen in Ostdeutschland eine hundertprozentige Angleichung an die Grundlöhne Westdeutschlands vorgenommen haben, besteht immer noch eine spürbare Differenz bei den durchschnittlichen monatlichen Einkommen in der Privatwirtschaft. Insbesondere Betriebe ohne Tarifbindung bieten geringere Lohnnebenleistungen, weniger Urlaubsgeld, geringere Zuschläge, längere Arbeitszeiten etc. Insgesamt arbeiten die Ostdeutschen im Durchschnitt eine Stunde länger als die Westdeutschen (38,6 Stunden gegenüber 37,5 Stunden pro Woche, vgl. Schulten/WSI-Tarifarchiv 2022: 18). Der staatlich verfügte, zuletzt deutlich erhöhte Mindestlohn hat inzwischen eine Stabilisierung bei den unteren Einkommen vor allem in Ostdeutschland bewirkt. Ohne weitere Maßnahmen zur Stärkung der Tarifbindung wird der Tariferosion auf Dauer nicht begegnet werden können.

Geschichte der Tarifautonomie

Um das Verhältnis zwischen dem Staat und den Tarifpartnern sowie die Erosionsentwicklung des Tarifvertragssystems besser verstehen zu können, muss man in die Geschichte der Institution der Tarifautonomie schauen. Denn eine genauere Betrachtung der tarifpolitischen Entwicklung fördert mehr zutage als das gängige Klischee einer heroischen Kampfzeit in der Prosperitätsphase der 1950er- bis 1970er-Jahre, der eine defensive Anpassungsphase unter Globalisierungsdruck gefolgt sei. So erweitert sich das Bild noch einmal, wenn man die gesamten ca. 150 Jahre Tarifgeschichte der deutschen Gewerkschaften in den Blick nimmt. Der Anfangsphase vor dem Ersten Weltkrieg kann man entnehmen, dass tarifpolitische Erfolge nicht allein an gute Konjunkturen und viele Mitglieder gebunden sind, sondern dass dazu auch günstige politische und juristische Rahmenbedingungen gehören.

Im letzten Drittel des 19. Jahrhunderts hatte sich in langen mühsamen Kämpfen der kollektive Tarifvertrag als die adäquate Form befristet abgesicherter Arbeits- und Lohnnormen herausgebildet. Zwar gab es 1909 schon 6.578 Tarifverträge für 137.000 Betriebe, die aber nur für 1,1 Millionen Beschäftigte galten, etwa acht Prozent der Lohnabhängigen. »Die Mehrzahl der Verträge waren Firmentarifverträge, gefolgt von Ortstarifverträgen und – nochmals geringer – Regionaltarifverträgen. Im ganzen Reich geltende Tarifverträge bildeten die große Ausnahme« (Schmidt 2001: 202). Der Kraftaufwand dafür war beträchtlich, weil nach der damals geltenden Gewerbeordnung das Koalitionsrecht nicht anerkannt und damit der von Gewerkschaften mit Unternehmern geschlossene Tarifvertrag auch kein gültiges Rechtsinstitut war. Er galt nur so lange, wie ein Unternehmer ihn anerkannte. Dieser konnte ihn jederzeit sanktionsfrei brechen. Wo Recht nicht schützt, wird Macht zum probaten Mittel. Die Gewerkschaften führten in den 1890er-Jahren daher jährlich hunderte von Streiks, von denen viele ergebnislos blieben. Mit wachsenden Mitgliederzahlen und steigenden Einnahmen wuchsen die Konflikthäufigkeit und schließlich auch der Erfolg. Während 1905 auf 2.968 Lohnbewegungen ohne Arbeitskampf noch 2.323 mit Streiks und Aussperrungen entfielen, betrug das Verhältnis 1913 schon 7.372 zu 2.600 (Umbreit 1915: 281), allerdings mit immer noch begrenzter Geltung.

Die große Zäsur bildete die revolutionäre Umwälzung von 1918. Der Anerkennung der Gewerkschaften durch die Arbeitgeberverbände im »Arbeitsgemeinschaftsvertrag« vom 15. November 1918 (»Stinnes-Legien-Abkommen«) folgte die staatliche Anerkennung der Tarifautonomie schon einen Monat später durch die Tarifvertragsverordnung vom 23. Dezember 1918. Der revolutionäre Geist, die Wirkmacht der Tarifautonomie und die allgemeine Präsenz der Arbeitervertreter in den neuen politischen Strukturen steigerte die Attraktivität der Gewerkschaften. Ende 1920 hatten die deutschen Gewerkschaften das Maximum von 9,3 Millionen Mitgliedern erreicht (Schönhoven 1987: 136), und 1922 konnten sie auf 10.768 Tarifverträge für 830.237 Betriebe mit 14.261.106 Beschäftigten verweisen (Seidel 1927: 142). Aber Ruhrkampf und Hyperinflation schwächten die Gewerkschaften bereits 1923 und bis Ende 1924 hatten sie fast die Hälfte ihrer Mitglieder wieder verloren. Die Unternehmer nutzten diese Gelegenheit und waren bestrebt, Zugeständnisse rückgängig zu machen und akzeptierte Normen abzusenken.

In dieser prekären Lage kam der republikanische Staat den Gewerkschaften mit einer staatlichen Zwangsschlichtung zu Hilfe. Aber auch in der ökonomisch relativ konsolidierten Periode zwischen 1924 und 1928 blieben die Kräfteverhältnisse stark asymmetrisch. Die »große Mehrzahl der Anträge auf Verbindlichkeitserklärung streitiger Schlichtungsergebnisse« in dieser Zeit ging von den Gewerkschaften aus. Weit mehr Betriebe und Beschäftigte waren von Aussperrungen betroffen als von Streiks (Schmidt 2001: 203). Ende 1928 suchten die Unternehmerverbände den Konflikt mit der Reichsregierung. Sie weigerten sich, einen Schlichtungsspruch in der Stahlindustrie anzuerkennen und griffen zur Angriffsaussperrung. Die Regierung gab nach und willigte in einen zweiten unternehmerfreundlichen Schiedsspruch ein, was die geschwächten Gewerkschaften nicht mehr abwehren konnten. 1933 gehörten das Gewerkschaftsverbot und die Aufhebung der Tarifautonomie zu den ersten Maßnahmen der Nazidiktatur.

Mit der Neugründung der Demokratie in Deutschland 1949 gehörten die Gewerkschaften zu den ersten tragenden Säulen des neuen Staatsgebäudes. Ihr Prestige in der Westrepublik – vergleichbar dem von 1918 – war aber nicht revolutionär, sondern politisch-moralisch begründet. Ihre Stärke bezogen sie auch aus der Schwäche der Unternehmer, die sich durch die Kriegsfinanzierung und die Kumpanei mit den Nazis desavouiert hatten und zudem noch markt- und ressourcenschwachen Unternehmen vorstanden. Parallelen mit 1918ff. gab es insofern, als auch sie mit der sich konsolidierenden Wirtschaft bemüht waren, den politischen Anfangsvorsprung der Gewerkschaften rasch wieder zunichte zu machen. Allerdings waren sie nun bereit, zumindest die formalen Spielregeln der Demokratie einzuhalten.

Als nach der Aufhebung des Preisstopps Ende 1948 auch der Lohnstopp und das Streikverbot aufgehoben worden waren, begannen die ersten streitigen Lohnverhandlungen. Aber auch, nachdem mit dem Tarifvertragsgesetz von 1949 (noch vor dem Grundgesetz erlassen) die entscheidende Rechtsgrundlage geschaffen worden war, gingen die Gewerkschaften bei ihren frühen Tarifverträgen noch behutsam vor. Sie akzeptierten den Kapitalmangel und den Zwang zur Selbstfinanzierung des unternehmerischen Wachstums nach der Währungsreform und beschränkten sich zunächst auf den Inflationsausgleich. Ihre anfängliche Zurückhaltung an der Lohnfront lag zum Teil auch an ihrem vorrangigen Interesse, zunächst Strukturreformen durchzusetzen: Wirtschaftsdemokratie und paritätische Unternehmensmitbestimmung, was aber nur mit der Montanmitbestimmung von 1951 gelang. Die zurückhaltende Lohnpolitik behielten die Gewerkschaften noch bei, als die Profite im Zuge des Korea-Booms – durch den Krieg von 1950-53 verursacht – längst wieder kräftig sprudelten und die Arbeitskräfte knapp wurden. Daraus erwuchs in den 1950er-Jahren eine wachsende Kluft zwischen den Tariflöhnen und den schneller steigenden Effektivlöhnen, die etwa 1954 in der bayerischen Metallindustrie zwischen 23 und 25 Prozent betrug (Schmidt 2001: 211). 1954 scheiterte der Versuch, diese Kluft mit einem Streik zu beseitigen, worauf sich die Tariflöhne auf längere Zeit als *Mindestlöhne* etablierten.

Andererseits waren und sind Tariflöhne immer Durchschnittslöhne. Sie erlauben auf Branchenebene einen zwischenbetrieblichen Interessenausgleich, der in der frühen Prosperitätsphase der Bundesrepublik zudem eine hohe Tarifbindung quer über alle betrieblichen Besonderheiten – große und kleine, marktstarke und schwache Betriebe, Finalisten und Zulieferer etc. ermöglichte. In dieser Phase hat sich auch das für die Bundesrepublik geltende Grundverständnis über die Tarifautonomie herausgebildet. Gegenüber staatlicher Lohnbestimmung besitzt die Tarifautonomie den Vorteil eines höheren Differenzierungsniveaus, trifft dadurch auf größere Akzeptanz bei den Beschäftigten und gewährleistet zugleich ein Lohnniveau zu gesamtwirtschaftlich vertretbaren Kosten. Ein Flächentarifvertrag verringert den betrieblichen Steuerungsaufwand durch Übernahme branchenweiter Regelungsnormen, senkt das betriebliche Konfliktniveau und sorgt für Kostentransparenz zwischen den Betrieben. Dadurch werden Kernbereiche der Konkurrenzbedingungen angeglichen und die Transaktionskosten am Arbeitsmarkt gesenkt (dazu näher Schmidt 2008). Gleichwohl bleiben Lohnfragen immer auch Machtfragen und sind verteilungsrelevant. Deshalb wird mit der Verschärfung der außenwirtschaftlichen Rahmenbedingungen (Globalisierung, Deregulierung, Liberalisierung des EU-Marktes) seit den 1980er- und 1990er-Jahren der betriebliche Regulierungsvorteil durch Flächentarife von vielen Unternehmern weniger positiv gesehen.

»Dieses westdeutsche Lohnmodell konnte trotz des faktischen Status des Tariflohns als Mindestlohnnorm so erfolgreich werden, weil es – abgesehen von der ökonomischen Prosperität bis in die siebziger Jahre – auch strukturierender Bestandteil des dualen Systems der Interessenvertretung war« (Schmidt 2001: 212). Die Lohnspanne (*wage gap*) zwischen Effektiv- und Tariflohn eröffnete den Betriebsräten einen innerbetrieblichen Verhandlungsspielraum, den sie bei Tarifrunden regelmäßig zur Eröffnung einer zweiten Tariffront für Zusatzvereinbarungen nutzten, was durch die Gewerkschaftsbindung der meisten Betriebsräte indirekt auch den Gewerkschaften zugute kam.

Mit der oben angeführten Verschlechterung der ökonomischen Rahmenbedingungen in den 1980er- und 1990er-Jahren näherten sich die Effektiv- und Tariflöhne immer weiter an und mit sinkender Lohndrift schwanden auch die Verhandlungsspielräume. Bis Anfang der 1990er-Jahre (Konjunkturkrise 1992/93) wurde der frühere Mindestlohn schließlich endgültig zum *Normallohn*, der für kleinere und ökonomisch schwächere Betriebe nur unter Verzicht auf Sonderzahlungen, Zuschläge bis hin zu unbezahlter Mehrarbeit aufrecht erhalten werden konnte. Der Anteil der tarifgebundenen Betriebe in Westdeutschland, die übertariflich zahlten, war zwischen 1993 (57 Prozent) und 1998 (23 Prozent) stark gesunken (Schmidt 2001: 213).

Ganz anders lagen die Verhältnisse in Ostdeutschland (siehe dazu auch den Beitrag von Ingrid Artus u.a. in diesem Heft). Die bei der Vereinigung der beiden Teilstaaten 1990 einkommenspolitisch gewünschte Eins-zu-eins-Umstellung der Löhne traf auf eine für kapitalistische Märkte produkt- und fertigungstechnisch kaum wettbewerbsfähige Industrie, deren Modernisierung sich langsamer vollzog, als zunächst angenommen wurde. So sah etwa der Anfang 1991 vom Arbeitgeberverband für die Metall- und Elektroindustrie (Gesamtmetall) mit der IG Metall abgeschlossene Stufentarifvertrag eine Lohnangleichung an westdeutsches Niveau bis 1994 vor. Weil der erhoffte Absatz hinter den Erwartungen zurückblieb, distanzierten sich die ostdeutschen Unternehmen bald von diesem Vertrag, woraufhin Gesamtmetall ihn zum März 1993 rechtswidrig kündigte. Trotz zweiwöchiger Streikaktionen der IG Metall konnte der Verband davon nicht abgebracht werden. In anschließenden Verhandlungen gelang es aber, eine hinausgeschobene Angleichung bis zum 1. Juli 1996 zu vereinbaren.

Inzwischen hat die durch den Transformationsprozess stark geschrumpfte ostdeutsche Industrie deutlich aufgeholt, ist aber in weiten Teilen Dependenzökonomie westlicher Konzerne geblieben. Sie teilt das Schicksal aller *latecomer* auf gesättigten Märkten, zunächst nur mittels Preiskonkurrenz Fuß fassen zu können, was vor allem die Lohnkosten betrifft. Von Beginn an sind daher Tariflöhne in Ostdeutschland *Maximallöhne* gewesen und bis heute geblieben. Das hat zu einer ganz anderen Tarifstruktur, zu anderen Mustern der dualen Interessenvertretung und im Endeffekt auch zu einer schwächeren Mitgliederbindung geführt.

Der Maximallohncharakter des Tariflohns führt in der Praxis zu überwiegend negativer Abweichung bei der betrieblichen Auffächerung des gezahlten Lohnniveaus. Man kann das deutlich an der seit vielen Jahren höheren Rate der Tarifvermeidung (bei Neugründungen), der Tarifflucht (AGV-Austritt, OT-Mitgliedschaft, Teilauslagerung etc.), aber auch an mangelnder Tarifwahrheit (informelle Normabweichung) erkennen. Wo die Prägekraft kollektiver Vertragsnormen abnimmt, gewinnt der einzelne Betrieb als Regulierungsebene an Gewicht, sodass schon früh für Ostdeutschland vermutet wurde, »daß der Begriff der ›Verbetrieblichung‹ industrieller Beziehungen demnächst eine neue Qualität erhalten könnte« (Artus 1996: 97). Die Beiträge in diesem Heft bestätigen diese Vermutung.

Ursachen der Tariferosion

Die Ursachen für die sinkende Tarifbindung und die abnehmende Bedeutung des Flächentarifvertrags sind vielfältig. Sie sind erstens *Ausdruck einer allgemein abnehmenden gewerkschaftlichen Handlungs- und Gestaltungskraft*. Marktliberale Reformen in der Wirtschafts-, Arbeits-, und Sozialpolitik, aber auch strategische (Fehl-)Entscheidungen ließen die Gewerkschaften in die Defensive geraten. Zudem schwächt der seit Jahrzehnten andauernde Mitgliederverlust die Durchsetzungskraft. Nach Zahlen von 2019 sind nur noch 12,6 Prozent der Beschäftigten in Deutschland in einer Gewerkschaft organisiert. Hinzu kommt, dass die DGB-Gewerkschaften verstärkt mit der Konkurrenz durch sogenannte Spartengewerkschaften konfrontiert werden, die wie die Unabhängige Flugbegleiter Organisation (UFO), die Gewerkschaft Deutscher Lokomotivführer (GDL) oder der Marburger Bund oftmals privilegierte Beschäftigtengruppen repräsentieren (siehe dazu Hoffmann/Schmidt 2008).

Ein zweiter Grund liegt in den strukturellen Veränderungsprozessen, die *als eine Transformation der Arbeitswelt* gefasst werden können. Scheinselbstständigkeit, Clickwork, Plattformökonomie sind Stichwörter dieser Entwicklung, bei der neue Arbeitsformen entstanden sind, die sich weit entfernt von jeglicher Tarifierung befinden. Zudem stellen die Digitalisierung und die mit dem Klimawandel einhergehende Transformation eine erhebliche Herausforderung für die bisher gewerkschaftlich gut organisierten Branchen wie die Automobil- oder Chemieindustrie dar. Dies gilt aber nicht nur für den Industriesektor, sondern auch für den heterogenen Dienstleistungsbereich, in dem ca. 70 Prozent der Beschäftigten in Deutschland tätig sind. Die digitale Transformation verändert Dienstleistungen und Dienstleistungsarbeit stark, beziehungsweise hat dies bereits getan.

In einigen Dienstleistungsbereichen gab es schon früh umfassende digitalisierungsbezogene Veränderungen wie etwa im Mediensektor, wo die Bedeutung von Printmedien wie Zeitungen und Zeitschriften durch Informationsangebote im Internet schon lange stark zurückgegangen ist und generell klassische Formate wie Fernsehprogramme zunehmend durch digitale Angebote abgelöst werden. Die Online-Angebote von Amazon und anderen wiederum sind Treiber von Veränderungen auch im stationären Handel. Die strukturellen Veränderungen und ein verschärfter Wettbewerbsdruck setzen dann auch Arbeits- und Tarifstandards unter Druck, während viele der neuen Wettbewerber sich dem Abschluss von Tarifverträgen verweigern.

Die drittens seit den 1990er-Jahren *veränderten Strategien des Arbeitgeberlagers* sind ein weiterer Grund für die Erosionsdynamiken des Tarifvertragssystems, da sie mit verstärkten Angriffen auf dieses und zunehmender Flucht daraus verbunden sind. Denn auch wenn der Arbeitgeberverband BDA noch 2019 das hundertjährige Jubiläum des Stinnes-Legien-Abkommens feierte und ein Loblied auf die deutsche »Sozialpartnerschaft« sang, hat sich die Einstellung der deutschen Arbeitgeber zum Tarifvertrag deutlich verschlechtert. Insbesondere seit dem für sie verlorenen Bayern-Streik der IG Metall 1995 zielen Fraktionen des Arbeitgeberlagers nicht nur auf eine Blockade der Allgemeinverbindlichkeitserklärung (vgl. Günther/Höpner 2022), sondern auch aktiv auf eine Ausweitung von Ausstiegsoption aus dem Tarifvertragssystem. In den letzten drei Jahrzehnten wurden zahlreiche Strategien zur Tarifflucht entwickelt, sei es etwa durch die Einführung von OT-Mitgliedschaften in Arbeitgeberverbänden, Leiharbeit oder die Auslagerung ganzer Unternehmensteile in Gesellschaften ohne Tarifbindung. Die strategische Dimension dabei wird besonders am tarifpolitischen Leitbild des Metall-Arbeitgeberverbandes Gesamtmetall (2023) deutlich. Das dort vorgeschlagene Modell eines »modularen Tarifvertragssystems« stellt eine Verallgemeinerung des OT-Modells und der damit häufig verbundenen partiellen Bezugnahmepraxis dar. Das Modell sieht vor, dass der Flächentarifvertrag verschiedene Module enthält, die von den Unternehmen individuell auf betrieblicher Ebene übernommen und angepasst werden können. Sobald ein Betrieb eine bestimmte Anzahl von Modulen übernommen hat, soll er als tarifgebunden gelten, auch wenn er damit nicht allen Normen des Flächentarifvertrages unterliegt. Damit entpuppt sich die Forderung von Gesamtmetall als Versuch, den Flächentarifvertrag aufzugeben, aber die Friedenspflicht als rechtliche Restriktion gegen die Gewerkschaften zu erhalten (Syrovatka 2023a).

Das Modell des modularen Flächentarifvertrags hat aufgrund seiner offensichtlichen Schwäche bislang keine politische Durchschlagskraft entfalten können. Es zeigt aber auch, warum die Arbeitgeber überhaupt Tarifverträge mit den Gewerkschaften abschließen. Die Tarifautonomie ist keine selbstverständliche, immanent-prozedurale Veranstaltung, sondern ein institutionalisiertes Kampffeld zur Regulation des Lohnverhältnisses – und kreist damit um den grundlegenden Widerspruch im Kapitalismus. Der Tarifvertrag ist ein temporäres Stillhalteabkommen, das seine Relevanz nur dadurch erhält, dass die Arbeitnehmer*innen ansonsten ihre Arbeit niederlegen und in den Arbeitskampf eintreten könnten. Er schafft also vor allem Planbarkeit für das Kapital und Ruhe in den Betrieben. Dieser Umstand bedeutet zugleich, dass die Friedenspflicht für die Arbeitgeber nur dann von Relevanz ist, wenn sie einer kampfbereiten und organisierten Belegschaft gegenüberstehen. Eine solche ist aber – wie die oben genannten Zahlen zeigen – in immer weniger Betrieben anzutreffen, was auch den vermehrten Ausstieg der Arbeitgeber aus dem Tarifvertragssystem erklärt.

Ambivalenz arbeitsrechtlicher Entwicklung

Die Entwicklung des deutschen Tarifvertragssystems auf die tarifpolitische Dimension zu beschränken, wäre jedoch zu kurz gegriffen. Auch wenn die deutsche Sozialwissenschaft dazu neigt, das kollektive Arbeitsrecht als externe und technische Normsetzung zu begreifen oder es gar zu ignorieren, kommt dem Rechtsbereich eine elementare Regulierungsfunktion für die Arbeitsbeziehungen zu – werden doch in der Rechtsprechung die rechtlichen Grenzen gewerkschaftlicher Handlungsmacht definiert.

Dies wird besonders deutlich, wenn man die jüngsten Entwicklungen im kollektiven Arbeitsrecht betrachtet, die parallel zur Erosion der Tarifbindung seit 1990 verlaufen. Hier ist ein Veränderungsprozess zu konstatieren, der primär das Arbeitskampfrecht betrifft und – nicht zu Unrecht – als Erweiterung der Handlungsspielräume der Gewerkschaften interpretiert wird (vgl. etwa Diekmann 2023). Besondere Aufmerksamkeit bekam in diesem Zusammenhang das sogenannte »Flash-Mob-Urteil«. Darin hatte das Bundesarbeitsgericht (BAG) entschieden, dass der Flashmob (spontane oder kurzfristig geplante direkte Aktion) als Arbeitskampfmaßnahme als zulässig anzusehen sei, da er als koalitionsspezifische Betätigung in den Schutzbereich der Koalitionsfreiheit nach Art. 9 Abs. 3 GG falle. Zugleich hatte es entschieden, dass atypische Arbeitskampfformen außerhalb des Streiks nicht generell rechtswidrig sind, sondern im Einzelfall auf ihre Verhältnismäßigkeit hin zu überprüfen sei. Damit, so die allgemeine Rezeption des Urteils, habe das BAG zu einer Liberalisierung des Arbeitskampfrechts beigetragen, die den Möglichkeitsbereich und den Instrumentenkasten erheblich erweitert habe (Rehder u.a. 2012).

Das Urteil selbst reiht sich ein in eine Reihe von Urteilen des BAG, die gestützt auf die grundgesetzlich verbriefte Koalitionsfreiheit den gewerkschaftlichen Arbeitskampf von zuvor bestehenden juristischen Restriktionen befreiten. Die Grundlage für diese Urteilsreihe des BAG findet sich in der Aufgabe der Kernbereichslehre durch ein Urteil des Bundesverfassungsgerichts (BverfG), das den Schutzbereich von Art. 9 Abs. 3 GG deutlich ausweitete. Hatte das BAG seit den 1970er-Jahren eine restriktive Rechtsprechungslinie entwickelt, wonach gewerkschaftliche Betätigung nur in einem »Kernbereich koalitionsgemäßer Tätigkeiten« geschützt sei, so hatte das BVerfG 1995 diese Rechtsprechung dahingehend revidiert, dass die Koalitionsfreiheit als Freiheitsrecht über eine – für die Erhaltung und Sicherung – notwendige Betätigung hinausgeht. Konkret hob das BVerfG eine Entscheidung des BAG von 1991 auf, wonach die Werbung für eine Gewerkschaft während der Arbeitszeit unzulässig und nicht durch die Koalitionsfreiheit gedeckt sei. Das Urteil stellte daher einen leisen Paradigmenwechsel dar, kam es doch zu einer Neuinterpretation von Art. 9 Abs. 3 GG zu einem Freiheitsrecht gegenüber staatlichen Eingriffen und damit zu einer erheblichen Ausweitung der Koalitionsfreiheit. Dies erlaubte insbesondere, die betriebliche Ebene als gewerkschaftliches Betätigungsfeld auszubauen und auch den Möglichkeitsbereich im Arbeitskampf auszuweiten – wobei letzterer bisher nur begrenzt genutzt wurde.

Die Ausweitung der Koalitionsfreiheit hat jedoch nicht nur positive Konsequenzen für die Gewerkschaften. Hierbei ist das Flash-Mob-Urteil wohl ein gutes Beispiel, ermöglicht es nicht nur den Einsatz atypischer Arbeitskampfformen für die Gewerkschaften, sondern legitimierte letztlich auch die »suspendierende Betriebsstilllegung« als individuelles betriebliches Arbeitskampfmittel der Arbeitgeber. Ein weiteres Beispiel ist die rechtsdogmatische Neuinterpretation der Tarifautonomie als »kollektiv ausgeübte Privatautonomie« durch das BAG im Jahr 1997. Vor dem Hintergrund der Neuinterpretation von Art 9. Abs 3. GG wurde die darin rechtlich verankerte Tarifautonomie nicht mehr als staatliche Delegation von Normsetzungsbefugnis definiert, sondern als kollektive Ausübung der individuellen Vertragsautonomie durch die Mitglieder jener Tarifparteien, die sich auf einen Tarifvertrag einigen. Diese rechtsdogmatische Neubegründung verschiebt den Fokus auf die individuelle Mitgliedschaft in Gewerkschaften und Arbeitgeberverbänden, und drängt damit die gesellschaftliche Bedeutung der Tarifautonomie zurück. Gewerkschaften und Arbeitgeberverbände als gesellschaftlicher Ausdruck des Interessenwiderspruchs zwischen Kapital und Arbeit werden in ihrer kollektiven Gestalt zu einer Ansammlung individueller Mitgliedschaften. Blanke (2014) spricht in diesem Zusammenhang von einer »Privatisierung der Tarifautonomie«.

Man könnte die Ausweitung der Koalitionsfreiheit, insbesondere die Neuinterpretation der Tarifautonomie – wie vielfach auch getan – als rechtstheoretische Fachdiskussion abtun, wenn sie das historisch gewachsene Tarifvertragssystem nicht unter einen derartigen Wandlungsdruck setzen würde. Durch die rechtsdogmatischen Verschiebungen werden insbesondere jene Elemente infrage gestellt, die die rechtliche Normwirkung von Tarifverträgen garantieren oder verallgemeinern (Syrovatka 2023b). Denn die neue Betonung der Koalitionsfreiheit umfasst zugleich auch die negative Koalitionsfreiheit und damit den »Außenseiter« des Tarifvertragssystems. Dieser rückt verstärkt ins Zentrum des arbeitsrechtlichen Diskurses und beeinflusst dadurch auch die Rechtsprechung. Dies zeigt sich insbesondere in den Urteilen des BAG und BVerfG zur OT-Mitgliedschaft in den Arbeitgeberverbänden. Diese seien zulässig, denn einerseits stehe es den Koalitionen frei, ihre Mitgliedschaft nach ihrem Willen zu organisieren und andererseits müssten auch Mitglieder innerhalb der Arbeitgeberverbände das Recht haben, einem Beitritt zur tarifvertragsschließenden Koalition abzulehnen. Denn die Tarifautonomie sei »kollektiv ausgeübte Privatautonomie« nur jener Mitglieder in den Tarifparteien, die auch einen Tarifvertrag schließen wollen. Die Urteile führten zu einer quantitativen Ausweitung der OT-Mitgliedschaft (Behrens/Helfen 2019).

Zudem geraten all jene Regelungen und Instrumente unter Legitimationsdruck, die die Wirkung von Tarifnormen über Arbeitsverhältnisse mit Gewerkschaftsmitgliedern hinaus ausweiten. So steht etwa die Allgemeinverbindlichkeit als »Rechtssetzungsakt eigener Art« (Wolff 2023) im juridischen Diskurs massiv unter Druck und wird vor dem Hintergrund der negativen Koalitionsfreiheit verstärkt als »verfassungsrechtlich problematisch« (Höpfner 2021) diskutiert. Auch die Nachbindung von Tarifverträgen oder die Reichweite betrieblicher Normen stehen dadurch zunehmend zur Disposition (Rödl 2022).

Zugleich werden Initiativen zur Stärkung der Tarifbindung mit arbeitsrechtlichen Bedenken konfrontiert, die sie als externe Normvorgabe politischen Handelns kennzeichnen und dadurch erheblich erschweren, wenn nicht gar verhindern. Neue Instrumente wie vergaberechtliche Tariftreuevorgaben, tarifliche Spannenklauseln, oder Regelungen zur gesetzlichen Mindestvergütung stehen unter einem juristischen Dauerfeuer, da sie mit dem Verständnis kollektiver Privatautonomie juristisch nur schwer vereinbar zu sein scheinen und im besten Fall als »juristischer Graubereich« bezeichnet werden können. Dieser jedoch ist für viele politische Praktiker ein Warnsignal, mutige Reformen fallen zu lassen oder gar nicht erst anzugehen.

Dabei müsste das Tarifvertragssystem dringend gestärkt werden. Nicht nur, weil die Erosion des Tarifvertragssystems die gesellschaftliche Lohnungleichheit verstärkt und schlechte Arbeitsbedingungen befördert, sondern auch, weil sie die politische Demokratie in ihrem Kern gefährdet. Denn Tarifautonomie und betriebliche Mitbestimmung bilden eine zentrale Säule demokratischer Mitbestimmung und Interessenartikulation im politischen System der Bundesrepublik. Zwar kann man zu Recht kritisieren, dass durch beide Institutionen keine ausgeprägte Wirtschaftsdemokratie begründet wird, jedoch bilden sie eine wichtige institutionelle Machtressource der Beschäftigten, um die Wirtschafts- und Arbeitsbedingungen mitgestalten zu können. Die politischen Arbeitnehmerrechte innerhalb der bürgerlich-kapitalistischen Gesellschaft sollen einen – wenngleich begrenzten – Anspruch auf Mitbestimmung hinter dem Werkstor garantieren. Wie auch die Staatsbürgerrechte müssen die »Tarifbürgerrechte« (Rödl 2023) aktiv ausgeübt und verteidigt werden, damit sie ihre Wirkung entfalten können. Da dies jedoch immer weniger passiert, muss das Tarifvertragssystem reformiert und gestützt werden.

Während die Gewerkschaften zumeist erfolgreich neue Strategien der Mitgliederwerbung durch *Organizing-*

Projekte verfolgen und dadurch primär in Tarifkonflikten neue Mitglieder gewinnen konnten, bedarf es vor allem einer institutionellen Unterstützung des Tarifvertragssystems. In diesem Punkt existiert ein Konsens von der Partei DIE LINKE über die Gewerkschaften bis hin zur SPD und den Grünen. Allerdings drehen sich die Diskussionen hierbei vor allem um die Schaffung oder den Ausbau stärkerer individueller Anreize: Steuererleichterungen und Differenzierungs- beziehungsweise Spannklauseln für exklusive Tarifleistungen für Gewerkschaftsmitglieder, aber auch die tarifdispositive Ausweitung von Erstreckungsklauseln, das heißt die Überschreitung von gesetzlichen Schutzniveaus durch tarifvertragliche Regelungen, etwa in den Bereichen von Überstunden-, Befristungs-, oder Urlaubsreglungen. Die Konzentration der Diskussion auf die Stärkung und Schaffung individueller Anreizstrukturen ist das Ergebnis juristischer Unsicherheiten und der Hegemonie der aktuellen privatrechtlichen Interpretation der Tarifautonomie als »kollektiv ausgeübte Privatautonomie« (Waltermann 2020).

Daher wird eine staatliche Stützung und Regulierung der Tarifautonomie weit weniger diskutiert. Hier dominiert insbesondere die Forderung nach einer Ausweitung von Tariftreueklauseln bei staatlicher Auftragsvergabe. Aufgrund des »Rüffert-Urteils« des EuGH 2008 war die Ausweitung der Tariftreue jedoch lange Zeit durch europarechtliche Bedenken gebremst worden. Spätestens seit der Revision der Entsenderichtlinie im Jahr 2018 wurden diese allerdings ausgeräumt, sodass viele Bundesländer Tariftreueregelungen eingeführt haben. Aktuell plant auch die Bundesregierung, eine »Bundes-Tariftreueklausel« für Aufträge des Bundes einzuführen. Weitergehende Reformforderungen wie eine Erleichterung der Allgemeinverbindlichkeit oder ein Verbot der OT-Mitgliedschaft treffen mit Verweis auf rechtliche Grauzonen aber bereits auf teils erhebliche Zurückhaltung.

***

In dem Heft werden unterschiedliche Herausforderungen und Felder für Tarifpolitik diskutiert. *Hilde Wagner* thematisiert in ihrem Beitrag die Bedeutung der Auseinandersetzungen um die Arbeitszeit in der Tarifpolitik. Am Beispiel der Arbeitszeitpolitik stellt sie wichtige Entwicklungstendenzen und Herausforderungen der Tarifpolitik dar. Sie argumentiert, dass der Kampf um Zeitsouveränität und Arbeitszeitverkürzung ein emanzipatorisches Projekt mit der Perspektive auf ein gutes Leben in und jenseits der Erwerbsarbeit eröffnet.

Ingrid Artus, *Andreas Fischer*, *Judith Holland* und *Michael Whittall* setzen sich mit den Bedingungen gewerkschaftlicher Tarifpolitik in Ostdeutschland auseinander. Ostdeutschland gilt gemeinhin als ein Terrain mit besonders ausgeprägten tariflichen Erosionstendenzen. Anhand der Entwicklung der Tarifpolitik in der Metall- und Elektroindustrie in Thüringen und Sachsen wird gezeigt, wie die IG Metall erfolgreich für Haustarifverträge wirbt, um den Rückgang des tariflichen Deckungsgrads aufzuhalten.

Alexander Maschke beschäftigt sich anhand zweier Fallbeispiele mit dem Verhältnis von gesetzlichem Mindestlohn und Tarifautonomie. Er untersucht die Bedeutung der Anhebung des Mindestlohns durch die Bundesregierung im Jahr 2022 anhand der Metallindustrie in Mecklenburg-Vorpommern. Dazu wird zunächst herausgearbeitet, dass diese im Vergleich zum übrigen Deutschland kaum reguliert ist und der neue Mindestlohn bisherige Tariflöhne übersteigt. Auf dieser Basis wird gezeigt, dass die Mindestlohnerhöhung ein sozialpolitischer Erfolg in der Region werden kann.

Janis Ewen diskutiert die ersten Ansätze für eine Tarifpolitik in der plattformvermittelten Lieferarbeit. Die digitalen Arbeitsmodelle und Kontrollkonzepte der Plattformen führen zur räumlichen, organisatorischen und sozialen Trennung der Fahrradkurier*innen, was die interessenpolitische Mobilisierung in diesem Feld der Erwerbsarbeit vor besondere Herausforderungen stellt. Der Beitrag betrachtet die plattformspezifischen Bedingungen des ersten Tarifkonflikts in der Branche und diskutiert mögliche Konfliktstrategien der Gewerkschaft.

In drei Einsprüchen wird die Debatte um sozial-ökologische Transformationskonflikte und linke Strategien aus PROKLA 210 (1/2023) weitergeführt: *Marvin Ester* und *Rhonda Koch* werfen einen psychoanalytisch-sozialpsychologischen Blick auf die Klimakrise und die Transformationskonflikte, die sich im Zuge ihrer Zuspitzung verschärfen. Sie verbinden die Kritische Psychologie mit der marxschen Kritik der Politischen Ökonomie, um zu verstehen, wie sich Krisenerfahrungen in Entfremdung, Ressentiments und Klimaangst übersetzen. In diesen Phänomenen sehen sie Formen einer Konfliktbewältigung, die die Herrschaftsverhältnisse, denen die Individuen ausgesetzt sind, reproduzieren, und mit denen die Individuen sich letztlich selbst beschädigen. Emanzipatorische Gegenstrategien müssten demgegenüber partizipativ sein und ebenso konkrete wie kollektive Formen der Krisenbewältigung aufzeigen.

Frank Adler und *Ulrich Schachtschneider* kritisieren bestehende linke Strategien der sozial-ökologischen Transformation. Sie prognostizieren ein Scheitern für den öko-modernisierenden Weg, der hauptsächlich auf umfangreiche öko-technologische Investitionen und einen sektoralen Wandel setzt, um die klimapolitischen Ziele bis 2030 zu erreichen. Daher plädieren sie für eine grundsätzliche Reduktion der Wirtschaftstätigkeit, um den ökologischen Fußabdruck – vor allem des Globalen Nordens – drastisch zu verringern. Dabei gehen sie auch auf die Vorbehalte und Missverständnisse gegenüber einer sozial-ökologischen Reduktion ein.

In seiner Replik auf den Beitrag von Dennis Eversberg (PROKLA 210) kritisiert *Hans Rackwitz* dessen konzeptionelle und politisch-strategische Herangehensweise. Er zeigt, dass Eversberg sich auf Fragen der Konsumtion und Alltagspraktiken fokussiert und dabei die Arbeits- und Betriebssphäre beinahe ausblendet. Rackwitz nimmt das zum Anlass, um für eine organisierende ökosozialistische Klassenpolitik zu plädieren.

Jenseits des Schwerpunkts führt *Stefan Schoppengerd* in die Environmental Labour Studies (ELS) ein, deren Rezeption in der kritischen deutschen Debatte noch ganz am Anfang steht. Seine These ist, dass sich die ELS durch eine dreifache Erweiterung des Arbeitsbegriffs auszeichneten: eine subsistenzorientierte, eine reproduktionsorientierte und eine subjektorientierte. Diese Erweiterungen haben praktische Konsequenzen: Von ihnen ausgehend ergeben sich Ansatzpunkte für eine Transformationsstrategie, die über die gängige Praxis einer ökologischen Modernisierung der Produktion hinausweist. Vor allem eine Verbindung zwischen den ELS und der subjektorientierten Arbeits- und Industriesoziologie sei in diesem Zusammenhang gewinnbringend. Sie ermögliche es, zu begreifen, unter welchen Bedingungen Lohnabhängige von bloßen Objekten zu Akteuren einer sozial-ökologischen Transformation werden können.

Dimitri Isabell Mader antwortet in ihrer Replik auf einen Beitrag von Søren Mau in PROKLA 205, in dem dieser sich mit Marxens »stummem Zwang der ökonomischen Verhältnisse« auseinandergesetzt hat. Dabei hat Mau jedoch Mader zufolge die Bedeutung gesellschaftlicher Strukturen (insbesondere die Verwertungslogik des Kapitals) zu sehr in den Vordergrund gestellt und die komplementäre Akteursperspektive vernachlässigt. Demgegenüber wird hier dafür plädiert, beide Ebenen zu verknüpfen, da nur so die theoretischen Grundlagen für eine soziologische Analyse von Macht und Herrschaft in der Gegenwartsgesellschaft erarbeitet werden können.

Joachim Hirsch feiert dieses Jahr seinen 85. Geburtstag (sein erster Beitrag für die PROKLA findet sich in Heft 40, zusammen mit Roland Roth, mit dem er 1986 *Das neue Gesicht des Kapitalismus* publizierte). *Ulrich Brand* und *Christoph Görg* diskutieren mit ihm seinen wissenschaftlichen und politischen Werdegang. Dabei befragen sie Hirsch vor allem zur historisch-materialistischen Staats- und Gesellschaftstheorie, für die er zentrale Beiträge leistete. Besonders im Fokus steht der von Hirsch geprägte Begriff des »radikalen Reformismus«, der für seine gegenwärtige Relevanz diskutiert wird.

***

Die PROKLA-Redaktion dankt Rudi Schmidt, der diese Ausgabe als Gastredakteur mitgestaltet hat, ganz herzlich für sein Engagement und die vielen wichtige Impulse.

Literatur

Artus, Ingrid (1996): Tarifpolitik in den neuen Bundesländern: Akteure, Strategien, Problemlagen. In: Joachim Bergmann / Rudi Schmidt (Hg.): Industrielle Beziehungen. Institutionalisierung und Praxis unter Krisenbedingungen. Opladen: 71-199. DOI: https://doi.org/10.1007/978-3-322-93254-9_4.

Behrens, Martin / Helfen, Markus (2019): Small change, big impact? Organisational membership rules and the exit of employers' associations from multiemployer bargaining in Germany. In: Human Resource Management Journal 29(1): 51-66. DOI: https://doi.org/10.1111/1748-8583.12210.

Bosch, Gerhard u.a. (2021): The interplay of minimum wages and collective bargaining in Germany. In: Dingeldey, Irene u.a. (Hg.): Minimum Wage Regimes. Statutory regulation, collective bargaining and adequate levels. London/ New York: 115-136. DOI: https://doi.org/10.4324/9780429402234-8.

Diekmann, Marie (2023): Die demokratische Bedeutung des kollektiven Arbeitsrechts. Der Arbeitskampf zwischen Zivilrechts- und Grundrechtedogmatik. Weilerswist. DOI: https://doi.org/10.5771/9783748939610.

Bispinck, Reinhard (2023): Branchenmindestlöhne- ein unterschätztes Instrument.

Analysen zur Tarifpolitik Nr. 93. Wirtschafts- und Sozialwissenschaftliches Institut. Düsseldorf
Ellguth, Peter / Kohaut, Susanne (2022): Tarifbindung und betriebliche Interessenvertretung: Ergebnisse aus dem IAB-Betriebspanel 2021. In: WSI-Mitteilungen 75(4): 328-336. DOI: https://doi.org/10.5771/0342-300X-2022-4-328.
Gesamtmetall (2023): Tarifpolitisches Leitbild. URL: https://www.gesamtmetall.de/, Zugriff: 29.3.2023.
Günther, Wolfgang / Höpner, Martin (2022): Why does Germany abstain from statutory bargaining extensions? Explaining the Exceptional Erosion of Collective Wage Bargaining in Germany. In: Economic and Industrial Democracy 44(1): 88-100. DOI: https://doi.org/10.1177/0143831X211065783.
Hinke, Robert / Silke Röbenack / Rudi Schmidt (2003): Diesseits und jenseits des Tarifvertrages. Die Gestaltung der Lohn- und Leistungsbedingungen in der ostdeutschen Metall- und Elektroindustrie. 2. Aufl. OBS Arbeitsheft Nr. 30. Berlin.
Hoffmann, Jürgen / Rudi Schmidt (2008): Der Streik der Lokführer-Gewerkschaft GDL. Anfang vom Ende der deutschen industriellen Beziehungen? In: PROKLA 151 38(2): 323-342. DOI: https://doi.org/10.32387/prokla.v38i151.477.
Rehder, Britta u.a. (2012): Atypische Arbeitskampfformen der Arbeitnehmerseite: sozialwissenschaftliche Grundlagen und rechtliche Rahmenbedingungen. In: Arbeit und Recht 60(3): 103-114.
Rödl, Florian (2022): »Gerechtigkeit durch Tarifvertrag« - ein Forschungsprogramm. In: Soziales Recht 12(6): 217-225.
– (2023): Der Tarifvertrag: Ausübung privater oder politischer Autonomie? In: WSI-Mitteilungen 3/2023 (im Erscheinen).
Schmidt, Rudi (2001): Erosion der Tarifsetzungsmacht. In: Abel, Jörg / Sperling, Hans Joachim (Hg.): Umbrüche und Kontinuitäten: Perspektiven nationaler und internationaler Arbeitsbeziehungen. Walther Müller-Jentsch zum 65. Geburtstag. München/Mering: 201-219.
– (2008): Die Tariferosion und die Folgen. In: Wirtschaftsdienst 88(1): 24-27.
– / Röbenack, Silke / Hinke, Robert (2003): Prekarisierung des kollektiven Tarifsystems am Beispiel der ostdeutschen Metallindustrie. In: Industrielle Beziehungen 10(2): 220-249.
Schönhoven, Klaus (1987): Die deutschen Gewerkschaften. Frankfurt/M.
Schroeder, Wolfgang / Kiepe, Lukas / Inkinen, Saara (2022): Die Grenzen selbstorganisierten Handelns: attraktive Pflegeberufe durch Tarifautonomie? In: WSI-Mitteilungen 75(5): 355-362. DOI: https://doi.org/10.5771/0342-300X-2022-5-355.
Schulten, Thorsten / WSI-Tarifarchiv (2023): Tarifpolitischer Jahresbericht 2022: Tarifpolitik unter den Bedingungen historisch hoher Inflationsraten. In: WSI-Mitteilungen 76(2): 123-132. DOI: https://doi.org/10.5771/0342-300X-2023-2-123.
Seidel, Richard (1927): Die Gewerkschaftsbewegung in Deutschland. Internat. Gewerkschafts-Bibliothek 7/8. Amsterdam.
Syrovatka, Felix (2023a): Die Re-Privatisierung des Tarifvertragsrechts. In: Arbeit und Recht (im Erscheinen).
– (2023b): Why are German employers' associations no longer interested in collective agreements? The change of German employers' associations using the example of the metal and electrical industry. Unveröffentlichtes Manuskript.
Umbreit, Paul (1915): 25 Jahre Deutscher Gewerkschaftsbewegung 1890 – 1915. Berlin.
Waltermann, Raimund (2020): Attraktivität von Tarifbindung – Zur Zukunftsfähigkeit der deutschen Tarifautonomie. In: Zeitschrift für Arbeitsrecht 51(2): 211-238. DOI: https://doi.org/10.1515/zfa-2020-510207.
Wolff, Johanna (2023): Die Allgemeinverbindlicherklärung nach§ 5 TVG revisited. Eine Einordnung de lege lata und mögliche Reformperspektive aus Sicht der verwaltungsrechtlichen Handlungsformenlehre. In: Arbeit und Recht 70(3): 94-99.
Zwing, Karl (1926): Geschichte der deutschen freien Gewerkschaften. Ein kurzgefaßter Abriß. Jena.

Der PROKLA-Förderverein

Die PROKLA erscheint seit 1971 und bietet politisch engagierte sozialwissenschaftliche und ökonomische Analysen. Allein von den Verkaufserlösen kann sich die PROKLA nicht finanzieren, und in die Abhängigkeit von Parteien oder großen Verlagen wollte sie sich nie begeben. Deshalb wird die PROKLA von einem Förderverein herausgegeben, der »Vereinigung zur Kritik der politischen Ökonomie e.V.«, die jährlich in ihrer Vollversammlung die Redaktion der Zeitschrift wählt und die nächsten Themenschwerpunkte diskutiert.

Kritische Sozialwissenschaft kann nicht dem Markt überlassen werden. Ohne solidarische Strukturen und finanzielle Unterstützung sind Zeitschriften wie die PROKLA kaum möglich. Die finanziellen Beiträge der Vereinsmitglieder ermöglichen das Erscheinen der PROKLA, sie schaffen die Voraussetzungen für Kontinuität und Planbarkeit, wie sie für die Redaktionsarbeit unabdingbar sind. Wir freuen uns über weitere Mitglieder, regelmäßige Spenden oder einmalige Zuwendungen. Weitere Informationen teilen wir gerne per E-Mail mit (redaktion@prokla.de).

Vereinigung zur Kritik der politischen Ökonomie e.V. | Postbank Berlin | IBAN: DE17 1001 0010 0538 1351 00 | BIC: PBNKDEFF

PROKLA 211 | 53. Jahrgang | Nr. 2 | Juni 2023 | S. 219-242
https://doi.org/10.32387/prokla.v53i211.2054

Hilde Wagner*

Gewerkschaftliche Kämpfe um (Regulations-)Macht und Zeit

Tarifpolitik und Arbeitszeit am Beispiel der Metall- und Elektroindustrie

Zusammenfassung: Wie kann die Tarifbindung und damit die Durchsetzungs- und Gestaltungsmacht der Gewerkschaften wieder gestärkt werden? Orientiert an dieser Fragestellung werden in dem Beitrag am Beispiel der Arbeitszeitpolitik wichtige Entwicklungstendenzen und Herausforderungen der Tarifpolitik dargestellt. Der Kampf um Zeit, gleichermaßen als arbeits- und gesellschaftspolitisches Projekt angelegt, bietet noch unausgeschöpfte Bündnispotenziale, politisiert und steigert die Attraktivität der Gewerkschaften – und unterstützt damit die Mitgliedergewinnung und die Voraussetzung für Tarifbindung. Als emanzipatorisches Projekt eröffnet der Kampf um Zeit, um Zeitsouveränität und Arbeitszeitverkürzung, die Perspektive auf ein gutes Leben in und jenseits der Erwerbsarbeit und darüber hinaus auf eine bessere Gesellschaft.

Schlagwörter: Tarifbindung, Tarifpolitik, Regulationsmacht, Arbeitszeit, Gewerkschaften

Trade Union Struggles for (Regulatory) Power and Time

Collective Bargaining Policy and Working Time Based on the Example of the Metal and Electrical Industry

Abstract: How can collective bargaining coverage and thus the trade unions' power to enforce and shape collective agreements be reinforced? Based on this question, the most important development trends and challenges of collective bargaining policy are presented in this article based on the example of working time policy. The struggle for time, equally conceived as a labour and socio-political project, offers yet unexploited potential for alliances, politicises, and increases the attractiveness of trade unions – and thus supports the recruitment of members and the prerequisite

* **Hilde Wagner** ist Soziologin, sie war Ressortleiterin in den Bereichen Tarif- und Betriebspolitik beim Vorstand der IG Metall und ist aktuell Lehrbeauftragte an der Europäischen Akademie der Arbeit in Frankfurt.

for collective bargaining. As an emancipatory project, the struggle for time, for time sovereignty and reduction of working time, opens the perspective of a good life in and beyond gainful employment and, beyond that, of a better society.

Keywords: Collective Bargaining, Collective Bargaining Policy, Regulatory Power, Working Time, Trade Unions

Ob ein Thema öffentlich und gesellschaftlich präsent ist, lässt sich unschwer daran erkennen, ob es an prominenter Stelle in den Medien auftaucht. So lautete am 9. Februar 2023 beispielsweise das Titelthema der Wochenzeitung *Der Freitag*: »4 Tage Arbeit sind genug!«.[1] Das Thema war mit mehreren Beiträgen vertreten – zu diesem Zeitpunkt ohne Bezug auf eine aktuelle Tarifrunde.[2] Ebenfalls ein Hinweis auf die öffentliche Präsenz eines Themas ist, wenn eine große Bio-Bäckerei-Kette ihre Tüten für die Backwaren wie folgt beschriftet: »Arbeitszeit ist Lebenszeit. Gute Arbeit macht Sinn. In ihr kann sich der Mensch ausdrücken und seine Potentiale entwickeln. Erst wenn Arbeitszeit als Lebenszeit begriffen wird, ist Identifikation möglich. Dann kann sie Teil der Identität werden ...«.[3] Der Buchmarkt liefert weitere Belege für die gesellschaftliche Renaissance des Themas »Zeit« in Verbindung mit »gutem Leben« und »guter Arbeit« – oder besser: mit weniger gutem Leben aufgrund fehlender frei verfügbarer Zeit. Es gibt zahlreiche Veröffentlichungen, die sich mit Fragen des Umgangs mit Zeit beschäftigen, allzu häufig auch mit Tipps, wie individuell Zeit »gespart« oder effektiver mit ihr umzugehen wäre, ebenso Literatur über den »erschöpften Menschen« oder die »erschöpfte Gesellschaft« mit Verweisen auf die »Überarbeitungskultur«. All das deutet auf die gesellschaftliche Aktualität der »Zeitfrage« hin und darauf, dass das Empfinden, nicht genug Zeit zu haben und/oder unter Zeitdruck zu stehen, nicht mehr nur eine individuelle, sondern inzwischen eine kollektive Wahrnehmung, ja ein kollektives Leiden geworden ist, für das es Gründe gibt.

In den Gewerkschaften wird das Handlungsfeld Arbeitszeit seit einigen Jahren auch in der Tarifpolitik wieder bewegt – nach weitgehendem tarif-

1 https://www.freitag.de/ (9.2.2023).

2 Den Vorschlag einer 4-Tage-Woche mit Teillohnausgleich als Wahlmodell für Betriebe mit Beschäftigungsproblemen hatte die IG Metall zwei Jahre zuvor in die Tarifbewegung der Metall- und Elektroindustrie 2021 eingebracht. Gegenwärtig (Stand: 12.4.2023) diskutieren die Mitglieder der IG Metall-Tarifkommission der westdeutschen Stahlindustrie über die 4-Tage-Woche als Forderung für die Tarifrunde 2023 (vgl. »Diskussion über 4-Tage-Woche als Tarifforderung«, https://www.igmetall.de/, 5.4.2023).

3 Das Zitat auf den Tüten stammt von Volker Schmidt-Sköries, Geschäftsführer und Mitgründer von Bio-Kaiser.

politischen Stillstand über Jahrzehnte jetzt durchaus wieder mit arbeitszeitpolitischen Terraingewinnen für die Beschäftigten. Unter den Vorzeichen multipler Krisenerscheinungen, einer anhaltenden Umbruchsituation in der Arbeitswelt und heterogener Interessenkonstellationen seitens der Beschäftigten bleiben und kommen Fragen der Arbeitszeit gegenwärtig wieder auf die gewerkschaftliche Agenda – etwa der aktuell beginnende Diskurs um eine 4-Tage-Woche. Auch Fragen kollektiver Arbeitszeitreduzierungen kommen teilweise wieder sehr vorsichtig ins Spiel. In Anbetracht der Positionierungen seitens der Arbeitgeber und ihrer Verbände zur Abschaffung der täglichen Höchstarbeitszeiten, der Reduzierung der Ruhezeiten und der Lockerung der Aufzeichnungspflichten von Arbeitszeit (BDA 2023) sind allerdings Konflikte vorgezeichnet.

Auch die Frage nach der Entwicklung der Tarifbindung spielt in den Gewerkschaften gegenwärtig eine sehr bedeutende Rolle. Weil dieses Thema die Schutz- und Gestaltungskraft der Gewerkschaften im Kern berührt, haben angesichts der seit Jahrzehnten bedrohlichen Entwicklung Überlegungen und Strategieansätze zur Stabilisierung und Erhöhung der Tarifbindung ein hohes Gewicht. In der Öffentlichkeit ist dieses Thema dagegen nur sehr wenig präsent. Und eine systematische Verbindung zwischen den beiden Handlungs- und Politikfeldern – (Arbeits-)Zeitpolitik und Tarifpolitik zur Stabilisierung der Tarifbindung – wird in der Regel nicht hergestellt. Dabei war die Geschichte der Tarifpolitik von Beginn an neben den Kämpfen um Einkommen und Arbeitsbedingungen eine Geschichte des Kampfes um Arbeitszeit.[4] Wichtige Entwicklungstendenzen der Tarifautonomie und der Tarifpolitik können vor diesem Hintergrund auch am Beispiel der Arbeitszeit dargestellt werden. Dies geschieht im vorliegenden Beitrag, in dem Fragestellungen rund um die Erosion und (Weiter-)Entwicklung des Tarifvertragssystems bis hin zu aktuellen gewerkschafts- und tarifpolitischen Herausforderungen entlang der Entwicklungen und Auseinandersetzungen um Arbeitszeit und deren tariflicher Regulierung beleuchtet werden.

Keine Frage: Tarifpolitische Schwerpunktsetzungen müssen immer die jeweiligen wirtschafts- und verteilungspolitischen Voraussetzungen berücksichtigen, auf die sie dann umgekehrt wieder zurückwirken. Dies vorausgeschickt, wird im Folgenden die These vertreten, dass der gewerkschaftliche Kampf um Zeit und Teilhabe in der Arbeit, um Lebenszeit *in* und *außerhalb* der Arbeit, wenn er unmittelbar an den Arbeits- und Lebensbedürfnissen der

4 Blickt man in die Historie der Klassenkämpfe der Arbeiter*innen zeigt sich, dass diese neben Kämpfen um Entgelt wesentlich Kämpfe um Zeit waren – und es bis heute sind (Wagner 2021: 192f.).

Beschäftigten ansetzt und arbeitsweltliche und betriebliche Problemlagen mit gesellschaftlichen Herausforderungen verzahnt – und in diesem Sinne auch gesellschaftliche Bündnisperspektiven auslotet und herstellt –, die Attraktivität der Gewerkschaften erhöht. Das unterstützt rückwirkend sowohl die Mitgliederentwicklung als auch die Voraussetzungen für Tarifbindung und damit die künftige Durchsetzungs- und Organisationsmacht. Dieser Kampf eröffnet darüber hinaus eine Perspektive auf die Frage, wie unsere Gesellschaft verfasst sein könnte.

1. Äußere und innere Erosion des Tarifvertragssystems

Wenn auch zuletzt in abgeschwächter Form, befindet sich das Tarifvertragssystem in Deutschland und sein wichtigstes Regelungsinstrument, der Flächentarifvertrag, seit den 1990er-Jahren in einem Erosionsprozess, der bis heute anhält. Der Grad der Tarifbindung über Flächen- und Haustarife konnte zwar in jüngster Zeit stabilisiert werden, allerdings auf einem inzwischen sehr niedrigen Niveau. So kommt in der Gesamtwirtschaft in Deutschland laut Daten des IAB-Betriebspanels 2021 nur noch jede*r zweite Beschäftigte (54 Prozent West, 45 Prozent Ost) in den Genuss beziehungsweise unter den Schutz von Tarifverträgen und nur noch ein Viertel der Betriebe (27 Prozent West, 18 Prozent Ost) ist tarifgebunden (Institut für Arbeitsmarkt- und Berufsforschung 17.5.2022). Dabei bestehen nicht nur nach wie vor erhebliche Unterschiede in der Tarifbindung zwischen Ost und West, sondern auch zwischen den Wirtschaftszweigen und den Betrieben je nach Betriebsgrößen. Diese Erosion steht in einem engen Zusammenhang mit dem Rückgang gewerkschaftlicher Macht und korrespondiert mit einem Bedeutungsverlust der (Flächen-)Tarifvertragspolitik, die gleichwohl weiterhin der »Markenkern der Gewerkschaften«[5] ist und bleibt.

Abgenommen hat nicht nur die Reichweite der tariflichen Regelungen, sondern auch die inhaltliche Prägekraft. Dabei spielen sowohl Prozesse der *äußeren Erosion* als auch der *inneren Erosion* eine Rolle. So wurde der in der Bundesrepublik lange Zeit bestehende Grundkonsens über die Vorteile des Flächentarifvertrags, insbesondere aufgrund seiner Ordnungsfunktion und seines wettbewerbsmildernden Charakters, von konservativen und neoliberalen Kräften sowie den Wirtschafts- und Arbeitgeberverbänden in den letz-

5 So auch Jörg Hofmann, 1. Vorsitzender der IG Metall, auf der Jahrespressekonferenz der IG Metall am 26.1.2023: »[...] klar ist, auch was die Mitgliederentwicklung angeht: Tarifpolitik ist und bleibt der Markenkern der Gewerkschaften und daran werden wir letztlich auch gemessen«.

ten Jahrzehnten schrittweise aufgekündigt. Letztere schufen durch die Gründung von Verbänden ohne Tarifbindung (OT) – beziehungsweise im Fall von Gesamtmetall durch die Aufnahme von OT-Verbänden in die Mitgliedschaft unter das eigene Verbandsdach – eine neue Legitimationsgrundlage für Austritte aus dem System der Flächentarifverträge: »Durch das Angebot einer Mitgliedschaft ohne Tarifbindung haben die deutschen Arbeitgeberverbände ihr Organisationsproblem gelöst und fallen als Akteur, der an einer Stärkung der Tarifbindung interessiert ist, völlig aus. Zur weiteren Deregulierung des Arbeitsmarktes braucht man [...] keine neuen Gesetze mehr [...] Deshalb kommt es zu der grotesken Situation, dass die Marktradikalen [...] heute das hohe Lied der staatsfreien Tarifautonomie in der Gewissheit singen, dass sich diese in vielen Teilen der Wirtschaft von selbst erledigt« (Bosch 2022: 34f.).

Während in Ostdeutschland weite Teile der Metall- und Elektroindustrie seit der Wiedervereinigung tariffrei sind, betrifft das inzwischen auch immer größere Bereiche in Westdeutschland. So übersteigt mittlerweile die Anzahl der Gesamtmetall-Mitgliedsbetriebe ohne Tarifbindung die Anzahl der Mitgliedsbetriebe mit Tarifbindung erheblich (Bispinck 2021: 6).[6] Die Fraktionen innerhalb von Gesamtmetall, die insbesondere aufgrund seiner Ordnungs- und friedensstiftenden Funktion weiterhin am Flächentarifvertrag festhalten, setzen sich seit langem für vermehrte Öffnungsklauseln vom Flächentarifvertrag ein, die Abweichungen und damit in ihrem Sinne Unterschreitungen der tariflichen Mindestbedingungen ohne Zustimmung der Tarifparteien zulassen. Hinzu kamen und kommen Entwicklungen wie Outsourcing in tariffreie Zonen, die Zunahme von Dienstleistungstätigkeiten auch in der Industrie sowie die Zunahme von prekären Beschäftigungsfeldern, die ebenfalls vorhandene Tarifbindungen aushöhlen oder neue Tarifbindungen erschweren.

Die tarifpolitische Handlungsfähigkeit wird zudem in nicht geringem Maße durch *innere* Erosionsprozesse gefährdet. Hierzu zählt vor allem die Kluft zwischen tariflichen Regelungen und betrieblicher Realität (siehe 2.). Wenn zudem individuelle Anliegen und Interessen eines wachsenden Teils der Beschäftigten durch geltende Tarifverträge nicht mehr hinreichend abgebildet werden oder Beschäftigte die geltenden tariflichen Schutzrechte nicht mehr in Anspruch nehmen (siehe 3.), verliert die Gewerkschaft insgesamt an Gestaltungs- und Bindekraft. Nicht zuletzt sinkt dadurch auch die Motivation für eine Mitgliedschaft. Mit neuen Ansätzen der Mitgliedergewinnung und einer Neujustierung des Verhältnisses von individueller und kollektiver In-

6 2019 waren demnach 4.045 Mitgliedsbetriebe von Gesamtmetall ohne Tarifbindung und 3.322 mit Tarifbindung.

teressenvertretung sowie einer neuen Verbindung von Tarif- und Betriebspolitik, die im Folgenden am Beispiel der Arbeitszeitpolitik dargestellt werden, versuchen die Gewerkschaften seit Anfang der 2000er-Jahre verstärkt diesen Entwicklungen und Gefährdungen entgegenzuwirken.

2. Kluft zwischen tariflichen Regelungen und betrieblicher Realität – Ausgangspunkt einer Renaissance der gewerkschaftlichen Arbeitszeitpolitik

Wird in einem Schwerpunktheft zum Thema »Tarifvertrag« der Blick auf »Zeit« gerichtet, rücken wie selbstverständlich Zeit als Erwerbsarbeitszeit und ihre Regulierung durch die Tarifvertragsparteien ins Zentrum. Dabei ist klar, dass die Bedeutung von (*Arbeits-)Zeit*, sich nicht allein mit Blick auf die Arbeitswelt und die Erwerbsarbeit erschließen lässt. Arbeit wird auch jenseits von Erwerbsarbeit geleistet – insbesondere als Hausarbeit und in privaten Care-Zusammenhängen und dort immer noch überwiegend von Frauen – und erfordert Zeit, selbst wenn dabei kein Verkauf von Arbeitskraft stattfindet und die Arbeitsleistung unbezahlt bleibt (und zwar insgesamt unbezahlt und nicht nur teilweise unbezahlt, wie in der Erwerbsarbeit). Die jeweilige Dauer und ungleiche Verteilung der Erwerbsarbeitszeit zwischen Frauen und Männern ist nach wie vor eine Quelle ungleicher Einkommens- und Lebenschancen und damit gesellschaftlicher Ungleichheit. *Zeit* ist eine zentrale Größe, die das gesamte Leben und den Alltag von Frauen und Männern formt und das gesellschaftliche Zusammenleben und den gesellschaftlichen Rhythmus prägt. Fragen der Zeitverteilung und der Verfügung über Zeit sind »Fragen von Macht und Freiheit«.[7] Macht äußert sich dabei immer auch als Herrschaft über die Zeit anderer, über deren Dauer, deren Lage und deren konkrete Nutzung.

Das zeigt sich besonders deutlich in Betrieben. Sie sind Herrschaftszusammenhänge und die Beherrschung der Zeit spielt dort eine wesentliche Rolle. Unter den Prämissen zunehmender globaler Konkurrenz, Kurzfristökonomie und übersteigerter Renditeorientierungen haben sich die Arbeits- und Leistungsbedingungen für die Beschäftigten in den Betrieben der Metall- und Elektroindustrie seit den 1990er-Jahren erheblich verschärft. Bei umfangreichen Rationalisierungsmaßnahmen wurden unter Berufung auf Standortkonkurrenz Belegschaften ausgedünnt und durch den Ausbau prekärer Beschäftigung unter Druck gesetzt. Neue unternehmerische Steuerungsfor-

7 So der Titel eines Buches von Teresa Bücker (2022): *Alle Zeit. Eine Frage von Macht und Freiheit.* Darin stellt die Autorin den Stellenwert von Erwerbsarbeit insgesamt infrage.

men (indirekte Steuerung) zielen seither darauf ab, die Beschäftigten möglichst unmittelbar mit den »Anforderungen des Marktes« zu konfrontieren und die Beschäftigten für eine Bewältigung des permanenten Konkurrenzdrucks direkt verantwortlich zu machen. Beschäftigte werden so verstärkt selbst zu Akteuren im Wettbewerb – mit einschneidenden Konsequenzen für den Umgang mit Arbeitszeit (siehe 3.).

Im Zuge der forcierten Ökonomisierung und neuer Steuerungsformen setzten die Betriebe intern auf eine weitreichende *Flexibilisierung* und *Entgrenzung* von Arbeit und Arbeitszeit. Ihre Strategie ging auf. Die letzte große tarifliche Auseinandersetzung um Arbeitszeit mit Folgen für die gesamte Metall- und Elektroindustrie, der erfolgreiche Streik für die 35-Stunden-Woche 1984 und ihre stufenweise Umsetzung, lag lange zurück; 2003 musste die IG Metall die gescheiterte Auseinandersetzung um die Arbeitszeitangleichung Ost[8] bewältigen; 2005 konnten in wenigen Tarifgebieten tarifliche Regelungen zu Arbeitszeitkonten vereinbart und zur Bewältigung der Krise 2009 arbeitszeitbezogene Elemente zur Beschäftigungssicherung geregelt werden. Währenddessen setzten sich allerdings in den Betrieben die Prozesse der radikalen Flexibilisierung und Entgrenzung von Arbeitszeit fort. Diese richteten sich in erster Linie nach den Belangen der Unternehmen, während die Bedürfnisse und Interessen der Beschäftigten unter die Räder zu geraten drohten.

Um diesem Prozess nicht tatenlos zuzusehen, die Hauptanliegen der Beschäftigten zu erfassen und Handlungsschwerpunkte zu fokussieren, führte die IG Metall 2013 und 2017 zwei große Betriebsräte- und Beschäftigtenbefragungen durch (2013 mit über 500.000 und 2017 mit 680.000 Antwortenden). Die Ergebnisse hätten deutlicher nicht sein können: So überschritten 2017 weit über die Hälfte der Befragten (57 Prozent) ihre vertragliche Arbeitszeit, gut jede*r Vierte (27 Prozent) arbeitete in der Freizeit nach Kontaktaufnahme und jede*r Fünfte (21 Prozent) berichtete von einer Überschreitung der täglichen Höchstarbeitszeit. Die Arbeitszeiten waren hoch flexibel und uferten in beträchtlichem Ausmaß nach oben aus. Laut der Befragung galt zwar für 48 Prozent der befragten Beschäftigten tariflich die 35-Stunden-Woche, weitere 43 Prozent nutzen offenbar die tarifliche Quotenregelung mit einer vertraglichen Arbeitszeit von 35 bis 40 Stunden. In der betrieblichen Realität arbeiteten allerdings nach eigenen Angaben nur 16 Prozent der Befragten wöchentlich 35 Stunden, und 42 Prozent berich-

8 Mehr als 30 Jahre nach der deutschen Einheit stößt die vollständige Angleichung der Arbeitszeit Ost bei den Arbeitgeberverbänden immer noch auf Widerstand. Erst 2021 konnte zunächst in den Tarifgebieten Berlin-Brandenburg-Sachsen eine Regelung durchgesetzt werden, die betriebliche Lösungen zur schrittweisen Heranführung an die 35-Stunden-Woche ermöglicht (Schumann/Wagner 2022: 47ff.).

teten von einer wöchentlichen Arbeitszeit zwischen 40 und 48 Stunden (IG Metall Vorstand 2017).

Die Kluft zwischen den tariflichen Regelungen sowie der betrieblichen Realität und damit der gewerkschaftliche Kontrollverlust über die Lage und Verteilung der Arbeitszeit sowie über die Arbeitszeitgrenzen (Dauer der Arbeitszeit) waren evident. In den Betrieben war die Hoheit der Gestaltung der Arbeitszeit über Tarifpolitik verloren gegangen. Der Jahr für Jahr gestiegene betriebs- und tarifpolitische Handlungsbedarf der IG Metall auf dem Feld der Arbeitszeit war nicht mehr von der Hand zu weisen.

3. Herkömmliche Ansätze der Interessenvertretung verlieren an Wirksamkeit

Die empirischen Fakten aus der Metall- und Elektroindustrie bestätigten die These von Nick Kratzer und Dieter Sauer, dass »politische Gegenmacht allein durch die Regulierung und Kontrolle von Grenzen nicht mehr möglich ist, weil sie praktisch zunehmend unwirksam wird« (2007: 179). Die beiden Arbeitssoziologen führen diesen Einschnitt mit elementarer Bedeutung für gewerkschaftliche Arbeitspolitik beziehungsweise Arbeitszeitpolitik auf einen tiefgreifenden Umbruch in der Arbeit und den Arbeitsbeziehungen zurück. Ihnen zufolge spielt die Beherrschung der Zeit in den Betrieben in zweierlei Hinsicht eine zentrale Rolle: »als Herrschaft über den Arbeitsprozess – das ist die ›Zeitökonomie‹ – und als Herrschaft über die Arbeitszeit und ihre Grenzen – das ist die Zeitpolitik« (ebd.: 175). Sowohl bei der *Zeitpolitik* als auch bei der *Zeitökonomie* vollzogen sich in den letzten Jahrzehnten grundlegende Veränderungen. Während *zeitpolitisch* im Fordismus die Stechuhr paradigmatisch war mit ihrer Trennung der Sphären von Produktion und Reproduktion, von Sphären der fremdbestimmten Verausgabung des Arbeitsvermögens und Sphären, in denen die Person agiert, geriet diese Grenze unter den neuen Bedingungen in Bewegung und Auflösung.

Als Herrschaftsinstrument funktioniert die Stechuhr in zwei Richtungen: Sie markiert einerseits die Grenze von Freiheit (die individuelle Freiheit endet am Werkstor), andererseits aber auch die Grenze von Herrschaft (auch die betriebliche Herrschaft endet am Werkstor). Die Autoren verweisen darauf, dass dies auch erklärt, warum Gewerkschaften immer ein zwiespältiges Verhältnis zur Stechuhr hatten. Im Ausdruck »Terror der Stechuhr« manifestierte sich einerseits »die ganze Misere der unfreiwillig verkauften Lebenszeit [...]. [Aber] so konsequent, die Lebenszeit mir im Betrieb nicht mehr gehört, so konsequent gehört sie mir ›vorher‹ und ›nachher‹. Das schafft einen Rahmen für die betrieblichen Ansprüche an das Arbeits- und Leistungsvermögen, aber es ist zugleich auch die Grenze für diese Ansprüche« (ebd.: 176). Letzteres erklärt auch, warum Interessenvertretungen an dieser Möglichkeit der Kontrolle von Zeit über die Stechuhr (und damit der Kontrolle beziehungsweise der Grenze betrieblicher Herrschaft) immer noch festhalten. Wenn aber Beschäftigte von ihren Arbeitszeitrechten und -grenzen keinen Gebrauch mehr machen, sondern »freiwillig« über ihre tarifvertraglichen Pflichten hinaus weiterarbeiten, sich also von sich aus der Fremdherrschaft über ihre Zeit weiter unterwerfen, kommt die mit der Stechuhr verbundene bisherige Zeitpolitik an Grenzen.

Auch in der *Zeitökonomie* gibt es einen Umbruch. Betriebliche Herrschaft wandelt sich »von einem hierarchisch-bürokratischen Anweisungsverhältnis [...] zu ›systemischer Herrschaft‹« (ebd.: 177), was bedeutet, dass die Beschäftigten in neuer, unmittelbarerer Form mit den Verwertungsbedingungen des Unternehmens konfrontiert sind. Damit ändern sich in der Tat die Formen der betrieblichen Herrschaft. Dieser »Umbruch der Zeitökonomie verschiebt das Objekt der Beherrschung von der kontrollierten Zeitmenge zum kontrollierten Ergebnis.« (Ebd.) Die Ablösung von der Zeit- und Arbeitsmenge und damit vom Arbeitsaufwand zugunsten einer Ergebnisorientierung in der betrieblichen Zeitökonomie unterminiert allerdings die Schutzfunktion bisher gültiger Maßstäbe und Instrumente menschlicher Arbeits- und Leistungsverausgabung. Die herkömmlichen Schutz- und Gestaltungsinstrumente werden nicht überflüssig, aber sie verlieren an Wirksamkeit. Das bisherige Verhältnis von Zeitökonomie und Zeitpolitik gerät in Bewegung und mit ihm das bislang prägende historische Zeitregime. Das führt nicht nur zu Instabilitäten und neuen Suchbewegungen in den Betrieben, sondern auch zu neuen Zumutungen für die Beschäftigten und zu Instabilitäten in den lebensweltlichen Verhältnissen.

Diese Analyse beschreibt nicht nur einen Umbruch im Handlungsfeld Arbeitszeitpolitik, sondern betrifft das gesamte Feld der Arbeitsbeziehungen und der Arbeitspolitik und stellt sowohl die betriebliche Interessenvertretung als auch die Gewerkschaften in ihrer Betriebs- und Tarifpolitik vor gänzlich neue Herausforderungen, die bis heute nicht wirklich gelöst sind. »Die indirekte Steuerung führt zu einer Erosion der bisherigen Formen, sich gegen eine Verschlechterung der eigenen Lage zu wehren und die eigenen Interessen als abhängig Beschäftigte wahrzunehmen. Sie bringt die abhängig Beschäftigten in eine Lage, in der sie, um ihre Arbeitsanforderungen zu erfüllen, selbst, d.h. von sich aus auf ihnen zustehende Rechte verzichten« (Peters/Sauer 2006: 113). Wenn die Beschäftigten aber von ihnen erkämpfte Regeln in Betriebsvereinbarungen, Tarifregelungen und Gesetzen selbst unterlaufen, weil sie ihre Arbeit anders nicht schaffen oder meinen, den Anforderungen nicht zu genügen, droht diesen Regelungen – und somit auch den Tarifverträgen – nicht nur Gefahr von Arbeitgebern, die sie umgehen oder aushebeln wollen (äußere Erosion), sondern neu auch von Arbeitnehmern, die sie nicht mehr einhalten (innere Erosion). Schutzrechte werden in einer solchen Situation nicht überflüssig, sie verlieren aber »als Verbotsrechte« in ihrer bisherigen Form an Wirksamkeit. Wenn sich Beschäftigte nicht mehr darauf berufen können, den geschuldeten Arbeitsaufwand abgeleistet zu haben, weil die Aufwandsorientierung von einer Ergebnisorientierung abgelöst wird, verlagert sich die Grenzziehung zunehmend »in die Individuen selbst« (Kratzer/Sauer 2007: 178).

Betriebsräte und Gewerkschaften müssen sich damit auseinandersetzen, dass ihre herkömmliche Umgangsweise und Bearbeitung des Interessengegensatzes – und ihre Stellvertreterrolle – an Grenzen stoßen. Eine in bisheriger Form von außen an die Beschäftigten herangetragene Einflussnahme erweist sich zunehmend als wirkungslos. Auf der anderen Seite werden die Bedingungen der Arbeitsverausgabung immer mehr durch Stellgrößen bestimmt, die in den Arbeitsprozess und -ablauf integriert sind – wie Termine, Kundenanforderungen, aber auch verfügbare Ressourcen, vorhandenes Personal etc. Der Kampf um die Zeit wird unter diesen Bedingungen zum Kampf um die Determinanten des Arbeitsprozesses und dessen Gestaltung. »Zeitpolitik wird integraler Bestandteil von Arbeitspolitik – einer Arbeitspolitik, die sich nicht mehr darauf beschränken kann, die Auswirkungen auf die Beschäftigten abzufedern, sondern sich in die Organisation der Rahmenbedingungen von Arbeit einmischen muss, wenn sie Wirkung erzielen will« (ebd.: 179). Das rüttelt aber an den Grundfesten bisheriger kapitalistischer Herrschaft und kann deshalb nur in kollektiver Form erfolgen. Betriebsräte und Gewerkschaften sind vor diesem Hintergrund herausgefordert, neue Formen der Partizipation der Beschäftigten zu schaffen sowie neue produktive Verbindungen von individuellem und kollektivem Interessenhandeln zu finden.

4. Wende in der Arbeitszeitpolitik – Zeitsouveränität und Wahloptionen

Wie stark Tarifpolitik und Tarifverträge bereits an Gestaltungskraft und Wirksamkeit eingebüßt hatten, wurde in aller Deutlichkeit auch durch den Kontrast zwischen den Arbeitszeitwünschen der Beschäftigten und ihren realen Arbeitszeiten offensichtlich. So betonten in der Beschäftigtenbefragung der IG Metall zwei Drittel der Befragten, dass sie sich Arbeitszeiten von 35 Stunden oder weniger wünschen, aber nur ein Fünftel hatte solche Arbeitszeiten. Für 89 Prozent wäre wichtig, ihre tägliche Arbeitszeit kurzfristig an private Bedürfnisse anpassen zu können, und 82 Prozent wünschten sich, vorübergehend ihre Arbeitszeit absenken zu können. Auch der Zusammenhang zwischen Arbeitszeit und Entgelt kam zur Sprache: 57 Prozent betonten, sie würden gerne weniger arbeiten, könnten sich das aber finanziell nicht leisten.

»Arbeitszeiten, die zum Leben passen«: An dieses Bedürfnis der Beschäftigten knüpfte die neue Arbeitszeitkampagne der IG Metall an, die 2016 im Vorfeld der Tarifrunde der Metall- und Elektroindustrie 2018 gestartet wurde. Sie zielte auf die Rückgewinnung der persönlichen und gewerkschaftlichen Souveränität im Umgang mit der Zeit. Entsprechend der Überschrift der Kampagne »Mein Leben. Meine Zeit. Arbeit neu denken« ging es darum, mehr Selbstbestimmung der Beschäftigten bei der Arbeitszeit und eine Entlastung für besonders belastete Beschäftigtengruppen durchzusetzen, und zwar über das genuin eigene gewerkschaftliche Handlungsfeld, die Tarifpolitik.

Mit welch hartem Widerstand der Arbeitgeber bei Arbeitszeitforderungen zu rechnen ist, zeigte sich daran, dass für den im Ergebnis erfolgreichen Tarifabschluss 2018 eine der härtesten Tarifrunden seit Jahren geführt werden musste. Nur durch den Druck von 1,5 Millionen Beteiligten an Warnstreiks, davon 500.000 Beteiligte an ganztägigen Warnstreiks – an diesen Ganztagesstreiks beteiligten sich mehr Beschäftigte als aufgerufen waren! – konnten die Arbeitgeber zum Einlenken bewegt werden. Neben mehr Entgelt wurden Arbeitszeitregelungen durchgesetzt, die den Beschäftigten rechtlich gesicherte Möglichkeiten zur individuellen Arbeitszeitreduzierung bieten. Ihnen stehen seither zwei neue Modelle zur Wahl. Erstens die »Tarifliche Freistellungszeit«: Für Beschäftigte, die Kinder betreuen, Angehörige pflegen oder in Schicht arbeiten, gibt es die *Wahloption,* sich anstatt eines »tariflichen Zusatzgeldes« von 27,5 Prozent eines Monatsentgelts für freie Tage zu entscheiden. Sie können seit 2019 das tarifliche Zusatzgeld in Form von Zeit nehmen und erhalten dann acht zusätzliche freie Tage. Den 27,5 Prozent entsprechen rechnerisch nur sechs Tage. Die IG Metall konnte durchsetzen, dass es zusätzlich zwei Tage als Zuschuss vom Arbeitgeber gibt. Zweitens die »verkürzte Vollzeit«: Vollzeitbeschäftigte haben seit 2019 den Anspruch, ihre Arbeitszeit auf bis zu 28 Stunden pro Woche zu verkürzen, mit dem Recht, auf ihre ursprüngliche Arbeitszeit zurückzukehren. Das Entgelt verkürzt sich dabei proportional. Diese Regelung war Vorreiter für die danach gesetzlich verankerte »Brückenteilzeit« mit Rückkehrrecht.

Auf welch hohes Interesse die Option auf zusätzliche freie Zeit stößt, machen die steigenden Nutzungszahlen deutlich: So nahmen 2020 rund 340.000 Beschäftigte die Wahloption auf Tarifliche Freistellungszeit wahr –

nochmals 80.000 mehr als im Jahr zuvor.[9] Die weitaus meisten Anträge auf die acht freien Tage wurden von Beschäftigten in Schichtarbeit gestellt (216.000, gegenüber 2019 ein Plus von 27 Prozent). Während der Hochphasen der Coronapandemie gingen zudem etliche Unternehmen dazu über, die Wahloption der tariflichen Freistellungstage für *alle* Beschäftigten zu vereinbaren, ein klarer Hinweis auf die beschäftigungssichernde Wirkung dieses Instrumentes.

Mit dem Einstieg in eine neue Arbeitszeitpolitik hat die IG Metall Konsequenzen aus dem tiefgreifenden Umbruch in der Arbeit, aus der Vermarktlichung und den neuen Steuerungsformen in den Unternehmen und ihren Folgen für die Beschäftigten gezogen. Wie zuvor bereits die Eisenbahn- und Verkehrsgewerkschaft (EVG) und später weitere Einzelgewerkschaften hat die IG Metall *tarifpolitisch* – und damit *kollektivrechtlich verankert* – erweiterte Möglichkeiten für Beschäftigte geschaffen, Arbeitszeiten stärker selbst zu bestimmen und sie selbstbestimmt absenken zu können. Dieser Schritt hin zu verbindlich gesicherten *individuellen Wahloptionen und individuellen Verfügungsrechten* markiert eine »Zeitenwende in der Arbeitszeitpolitik«.[10] Die IG Metall hat damit eine Antwort gegeben auf die neuen Steuerungsformen in den Unternehmen, die auf eine Subjektivierung der Beschäftigten setzen. Die neue Arbeitszeitpolitik berücksichtigt die gestiegenen Ansprüche der Beschäftigten an Arbeitszeiten, die ihrem Lebensalltag, ihren Lebensphasen und Lebensplanungen entsprechen, ebenso wie ihren Wunsch, angesichts der gestiegenen Leistungsanforderungen bis zur Rente gesund zu bleiben.

5. Individuelle und vielfältige Interessenlagen versus solidarische Bündelung und kollektive Interessenvertretung – wirklich?

Um Arbeitszeitkampagnen auch tarifpolitisch erfolgreich zu führen, müssen mehr denn je die Arbeitszeitrealitäten und Arbeitszeitwünsche der Beschäftigten berücksichtigt werden – und diese sind nicht homogen, sondern vielfältig. Dieser Vielfalt, die künftig im Zuge der Digitalisierung noch weiter zunehmen wird, gerecht zu werden, ist für Gewerkschaften alles andere als einfach. Denn um eine breite und solidarische Bewegung zu schaffen, ist eine Bündelung heterogener Interessen notwendig. Wann immer aber die-

9 Demgegenüber hielt sich das Interesse der Beschäftigten an dem vereinbarten Modell der verkürzten Vollzeit – vermutlich aufgrund der proportionalen Entgelteinbuße – bislang in Grenzen.

10 Dass »die Wahlmöglichkeiten eine Zeitenwende in der Arbeitszeitpolitik darstellen« betont auch Roman Zitzelsberger, Bezirksleiter des IG Metall Bezirks Baden-Württemberg, in dem dieser Pilotabschluss erzielt wurde (2018: 329).

ses Vorhaben angegangen wird, »wartet gleich nebenan die Falle vorschnell verallgemeinerter Interessen. Die Geschichte ist voll solcher Verengungen« (Hensche 2021: 111). Frauen (»Nebenwiderspruch«) und Angestellte (»Sonderinteressen«) können ein Lied davon singen. Diese Gefahr ist nicht gebannt. Gleichwohl haben die letzten Arbeitszeit-Tarifrunden mehrerer Gewerkschaften gezeigt, dass auch bei *differenzierten Ausgangslagen* eine *solidarische Bündelung* gelingen kann. So konnten in der Tarifbewegung der IG Metall 2018 mit den Schwerpunktsetzungen auf mehr Zeitsouveränität der Beschäftigten, besserer Vereinbarkeit von Erwerbsarbeit und Privatleben/Familie sowie Entlastungen für Schichtbeschäftige verschiedene Interessenlagen und Pole in eine erfolgreiche Bewegung zusammengefügt werden.

In Zeiten von – wenn auch ambivalenter – Subjektivierung und gestiegenen Ansprüchen der Beschäftigten an Arbeit und Leben sind gewerkschaftliche Kampagnen ohne Berücksichtigung individueller Interessenausprägungen nicht mehr mit Erfolg möglich. Das schließt in einem ersten Schritt ein, die individuellen Präferenzen der Beschäftigten zu erfassen, um sie dann in einem transparenten Willensbildungsprozess in Forderungen und neue Regelungen umzusetzen. Diese dürfen individuelle Autonomie nicht einschränken, sondern sollten ihrer Entwicklung ein Fundament bieten. Bereits im Vorfeld sowie in der Durchsetzung von Forderungen ist deshalb die *Beteiligung der Betroffenen – nicht* lediglich *instrumentelle Beteiligung*, sondern *demokratische Beteiligung* – von entscheidender Bedeutung. Instrumentelle Beteiligung gibt es nicht nur seitens der Unternehmen, sondern auch in Gewerkschaften. Beteiligung wird dann zur Optimierung von weiterhin Top-down getroffenen Entscheidungs- und Umsetzungsprozessen genutzt. Die Potenziale, die in echter, demokratischer Beteiligung liegen, werden so nicht ausgeschöpft (Fricke 2012; Wagner 2012). Demokratische Beteiligung nimmt die Beschäftigten als Akteure ernst, die eigene Vorstellungen von guter Arbeit und gutem Leben haben und Kompetenzen der Gestaltung der eigenen Arbeitsbedingungen und Arbeitsprozesse mitbringen. Die Kompetenzen hierfür entwickeln sich nicht im luftleeren Raum, sondern nur in Kooperation, häufig auch in Konflikten. *Beteiligung braucht Zeit.* Beschäftigte benötigen *Zeit und Raum* für *Verständigungsprozesse* (Sauer 2014), in denen sie ihre Situation reflektieren, individuelle Erfahrungen gemeinsam austauschen und Vorschläge für auf Veränderung zielendes, gemeinsames Handeln entwickeln können.

Zeit und Raum für Verständigungsprozesse zu schaffen und verschiedene Interessenlagen solidarisch zu bündeln, ohne Differenzen dabei zu missachten, gehört künftig zu den wichtigsten Aufgaben für Betriebsräte und Gewerkschaften. Sie sind dabei nicht nur betriebspolitisch, sondern auch tarifpolitisch gefordert. Denn Beteiligungszeiten als Voraussetzung von Verständigungsprozessen müssen, wenn sie verbindlich gesichert sein sollen, solidarisch erkämpft und überbetrieblich verankert werden. Wie sich gezeigt hat, sind tarifpolitische Erfolge auch bei sehr heterogenen Ausgangslagen möglich, Berücksichtigung von Differenz und solidarisches Handeln schließen sich nicht aus. Und noch etwas ist deutlich geworden: Gesamtbelegschaften können – auch jenseits der unmittelbaren eigenen Betroffenheit Einzelner – erfolgreich für Forderungen mobilisiert werden, wenn diese gesellschaftliche (Reproduktions-)Interessen beinhalten, etwa Kinderbetreuung, Pflege und Gesundheit.

6. Fläche und Betrieb: Verbetrieblichung und/oder betriebsnahe Tarifpolitik

Zu den Haupttrends der tarifpolitischen Entwicklung gehört neben der Differenzierung auch die *Dezentralisierung*. Das Modell des einheitlichen Flächentarifvertrags, der die Arbeits- und Einkommensbedingungen für eine gesamte Branche regelt, ist zwar nach wie vor prägend, aber es deckt einen kleiner werdenden Teil der Tariflandschaft ab (siehe 1.). Die zunehmende »›Verbetrieblichung‹ der Interessenrealisierung von Arbeitnehmern« (Schmidt 1989: 142)[11] und damit die zunehmende Verlagerung von Gestaltungskompetenz und Verhandlungsprozessen auf die betriebliche Ebene wurde inzwischen vielfach beschrieben (z.B. Bispinck u.a. 2017: 15ff.; Bahnmueller 2017: 34ff.) und soll hier nur kurz anhand prägender Etappen nachgezeichnet werden.

Mit der Durchsetzung und schrittweisen Umsetzung der wöchentlichen Arbeitszeitverkürzung ab 1984 begann die erste Etappe einer weitreichenden betrieblichen Flexibilisierung der Arbeitszeit.[12] Die heutigen Tarifverträge enthalten inzwischen sehr umfangreiche und ausdifferenzierte Instrumentarien, die eine Anpassung der Dauer, Lage und Verteilung der betrieblichen Arbeitszeit an die jeweiligen produktionsspezifischen und konjunkturellen Gegebenheiten erlauben. In einer weiteren Etappe gelang es den Metallar-

11 Beschrieben wurde damit die Einschätzung, »dass die Betriebe künftig zu einem eher wichtiger werdenden sozialen Ort der Interessenauseinandersetzungen von Lohnarbeit und Kapital werden, vor allem deshalb, weil eine Reihe von gesellschaftlichen Konflikten auf diese Sphäre verlagert wird« (Schmidt 1989: 141).

12 Bald zeichnete sich damals ab, dass die Mehrzahl der Betriebsräte der Verbetrieblichung der Tarifpolitik ablehnend oder zumindest skeptisch gegenüberstand. Die betrieblichen Aushandlungen seien zeitaufwendig, andere wichtige Themen würden liegen bleiben, die Gewerkschaft habe mehr Macht – diese und weitere Argumente wurden bereits Ende der 1980er-Jahre vorgebracht (Schmidt 1989: 147) und sie bestimmten auch in den folgenden Jahren die Einschätzungen vieler Betriebsräte (Wagner 2003: 16).

beitgebern 1993 in Ostdeutschland (nach einem Streik), den Stufenplan zur Anpassung der Entgelte an das Westniveau zu strecken und mit einer »Härtefallklausel« zu versehen. Demnach konnten mit Zustimmung der Tarifparteien erstmals tarifliche Normen bei existenziellen wirtschaftlichen Schwierigkeiten eines Betriebes unterschritten werden. In den kommenden Jahren stieg die Zahl abweichender Regelungen auch im Westen, trotz widerständiger Haltung der IG Metall (»wilde Dezentralisierung«).

Um der Erosion der Tarifstandards durch weitere unkontrollierte Dezentralisierung auf betrieblicher Ebene entgegenzuwirken und die vielfältigen Standortvereinbarungen in geregelte Bahnen zu lenken, schloss die IG Metall im Februar 2004 das »Pforzheimer Abkommen«, demzufolge nach Prüfung und Zustimmung der Tarifvertragsparteien zur Sicherung einer »nachhaltigen Verbesserung der Beschäftigungsentwicklung« von tariflichen Mindeststandards einvernehmlich befristet abgewichen oder eine ergänzende Tarifregelung vereinbart werden konnte. Das verlangte »die Verbesserung der Wettbewerbsfähigkeit, der Innovationsfähigkeit und der Investitionsbedingungen«. Damit sollten auch Zugeständnisse ohne Gegenleistungen vermieden werden. Dieser Etappe gingen Drohungen aus dem politischen Feld voraus: In einer Phase hoher Arbeitslosigkeit bereiteten die Oppositionsparteien CDU/CSU und FDP, die im Bundesrat die Mehrheit hatten, 2003 Gesetzentwürfe zur Abschaffung des Günstigkeitsprinzips vor und die rot-grüne Bundesregierung ließ die Tarifparteien wissen, dass eine gesetzliche Öffnungsklausel auf den Weg gebracht werde, wenn sie nicht »freiwillig« tarifliche Öffnungsklauseln vereinbaren würden.

Von ihren Anfängen an bis heute[13] setzte die IG Metall organisationsintern darauf, durch verbindliche Koordinierungsregelungen und entsprechende unternehmens- und branchenbezogene Koordinierung ein Ausspielen der Betriebe gegeneinander in der Praxis zu vermeiden. Das eigentlich Neue war jedoch der Ansatz, betriebliche Konflikte um die Absenkung von Tarifstandards in stärkerem Maße als tarifpolitische Auseinandersetzungen im Betrieb zu führen, mit gewerkschaftlich legitimierten Vertretern und begleitet von betrieblichen Tarifkommissionen unter aktiver Einbeziehung der Beschäftigten. Abkommen mit tarifabweichendem Inhalt sollten nur noch abgeschlossen werden, wenn sie von den Mitgliedern auch mehrheitlich akzeptiert wurden. Damit versuchte die IG Metall durch eine Neubestimmung des Verhältnisses von Tarif- und Betriebspolitik unter Einbeziehung einer breiteren Mitgliederbeteiligung aus der Defensive herauszukommen. Pro-

13 Die IG Metall stellte 2019 ein neues Handbuch zum internen Umgang mit Tarifabweichungen vor.

zesse der Tarifabweichung sollten und sollen seither mit Projekten der Beteiligung und der Aktivierung sowie relativ neu auch mit Projekten des *Organizing* verbunden werden (Haipeter 2020: 498).

In einer Vollerhebung der abweichenden Tarifvereinbarungen der Metall- und Elektroindustrie der Jahre 2004-2006 erfasste Thomas Haipeter unter anderem Umfang und Themen der Vereinbarungen und stellte im Ergebnis fest, dass der Arbeitszeit unter allen Themen eine hervorgehobene Position zukam (mit einem Anteil von insgesamt über 70 Prozent an allen Abweichungen). Seitens der Arbeitgeber und ihrer Verbände standen insbesondere Verlängerungen der Arbeitszeiten ohne Lohnausgleich im Zentrum ihrer Forderungen nach Abweichung (Anteil von 58,5 Prozent an allen Abweichungen). An zweiter Stelle rangierte das Thema *Arbeitszeitflexibilisierung* mit 19 Prozent (Haipeter 2008: 18ff.). Vergleichbar abgesicherte Aussagen über die Verbreitung von Abweichungen und ihre Themen lassen sich leider aktuell nicht treffen, da quantitative Daten gegenwärtig »Mangelware« sind (Haipeter 2020: 498). Der Recherche von Haipeter von 2020 zufolge hat allerdings bislang »die betriebsbezogene Differenzierung der Tarifstandards das Tarifsystem nicht untergraben« (ebd.). Das bedeutet aber keinesfalls, dass die Gefahren einer – wenn auch – »kontrollierten Dezentralisierung« gänzlich eingedämmt wären. Denn mit der Anzahl der Abweichungen wächst die Gefahr, dass flächentarifliche Normen nicht mehr als Mindeststandard angesehen werden, sondern als Verhandlungsmasse. Zudem könnte eine Ausweitung von Konzessionen einen Prozess der Tarifkonkurrenz auslösen. Deshalb erfordern Tarifabweichungen auch weiterhin kontinuierliche Koordinierung und begleitende Umsetzung, die immer Ressourcen der Gewerkschaft binden, die auch an anderer Stelle eingesetzt werden könnten (ebd.: 499). Vor allem aber: »Die Hoffnung war, dass die betriebsspezifische Anpassung der Tarifverträge zu einer Stabilisierung der Tarifbindung führen würde. Sie ging leider nicht in Erfüllung« (Bispinck 2021).

Mit dem »Pforzheimer Abkommen« hat die IG Metall einen tariflichen Rahmen zur Beschäftigungs- und Standortsicherung für Betriebe in Not geschaffen. Mit einem neuen, seit der Tarifrunde 2021 zur Verfügung stehenden Instrument, den *Zukunftstarifverträgen* soll nun ein Rahmen für die digitale Transformation geschaffen werden. Gewerkschaft und Betriebsräte können damit erstmals bereits *vor* einer Krise eingreifen und das Management zu Verhandlungen über Zukunftsinitiativen auffordern. Vereinbart wurde auch ein verbindlicher Prozess: Wenn eine Seite das beantragt, müssen die Betriebsparteien über die Herausforderungen der Transformation beraten. Ob daraus, wie intendiert, eine Offensivstrategie erwächst, wird entscheidend vom betrieblichen Druck abhängen.

Der Diskurs um das *Spannungsverhältnis* Fläche und Betrieb ist in der IG Metall nicht abgeschlossen. Schon früh hat sich jedoch gezeigt, dass »sich ein Konzept betriebsnaher Tarifpolitik nicht mit der bloßen Verbetrieblichung der Tarifpolitik, wie sie sich seit Jahren vollzieht, gleichsetzen lässt« (Bispinck u.a. 2017: 21; vgl. auch Schmidt 1989: 135). Über betriebsnahe Tarifpolitik wurde in der IG Metall bereits vor über 50 Jahren gestritten, allerdings damals unter völlig anderen Bedingungen als Anfang der 2000er-Jahre und heute. Unter den Vorzeichen zunehmender wirtschaftlicher Prosperität und einer spürbaren Verbesserung der Lebensverhältnisse ging es in den 1960er-Jahren darum, die in vielen Betrieben erreichbaren Effektivverdienste abzusichern. Das Konzept der »betriebsnahen Tarifpolitik« zielte darauf, in Verbindung mit einem Ausbau der Vertrauensleutearbeit und einer betriebsbezogenen Bildungsarbeit, die gewerkschaftliche Basis in den Betrieben zu stärken und der betrieblichen Wirklichkeit näher zu kommen (Bispinck u.a. 2017: 17; Achten 2007: 64). Auch in dem Kampf um humanere Arbeitsbedingungen 1973 in Baden-Württemberg, der nach einem zweiwöchigen Streik mit dem Lohnrahmentarifvertrag II erfolgreich abgeschlossen werden konnte, spielte das Spannungsverhältnis Fläche und Betrieb eine große Rolle, wie Franz Steinkühler, damals Bezirksleiter in Baden-Württemberg, ausführt: »Die Auseinandersetzung um den Lohnrahmentarifvertrag war in der IG Metall heftig umstritten. Nicht wenige befürchteten, die IG Metall würde durch die Ausweitung betrieblicher Regelungsfelder Tarifhoheit an Betriebsräte abgeben [...] [Demgegenüber hat sich diese, H.W.] Herangehensweise [...] als richtig erwiesen – auch deshalb, weil auf diesem Weg die Kompetenzen betrieblicher Interessenvertretung gewachsen sind. Es ist doch bis heute so: Der beste Tarifvertrag taugt nur so viel, wie er kompetent im Betrieb umgesetzt wird.« (Steinkühler 2008: 84).

Werden die schon damals gewonnenen Erkenntnisse auf die heutige Ausgangslage übersetzt, so lässt sich festhalten: Der Flächentarifvertrag wird sich nur stabilisieren lassen, wenn es gelingt, die inhaltlichen Themen und Handlungsfelder, die sich aus den unmittelbaren Interessenlagen der Beschäftigten ergeben, über gemeinsame Verständigungsprozesse neu zu bestimmen und sie solidarisch zu bündeln, um zu einer kraftvollen Mobilisierung zu kommen (siehe 5.). »Mehr als bisher kommt es dabei darauf an, die Beschäftigten als Subjekte und Akteure im Betrieb mit ihren Interessen an gutem Arbeiten und Leben in die Willensbildung sowie die Auseinandersetzungen und Entscheidungen einzubeziehen« (Bispinck u.a. 2017: 23). Auf diesem Weg werden die Kompetenzen der betrieblichen Interessenvertretungen nicht geschwächt, sondern gestärkt. Auch künftig wird die Regulierungsfähigkeit in der Fläche im Zentrum der gewerkschaftlichen Identität und Handlungsorientierung stehen. Wirksam und zukunftsfähig wird diese allerdings nur, wenn sie strategisch und organisationspolitisch mit der Fähigkeit zusammenkommt, auf der Ebene des Betriebes regulierend zu wirken und von den Beschäftigten angenommen und mit Leben gefüllt zu werden (ebd.: 24). Nach wie vor gilt: Den Flächentarifvertrag zu erhalten und weiterzuentwickeln – und dies auch und gerade mit dem Inhalt und der Methode betriebsnaher Tarifpolitik –, ist kein Widerspruch, sondern eine Ergänzung und Ausweitung der gewerkschaftlichen Handlungsoptionen.

7. Konflikte um Arbeit und Arbeitszeit in die Gesellschaft tragen – und gesellschaftlichen Rückenwind nutzen

Kämpfe um Zeit, die in der Regel ihren Ausgangspunkt in der Arbeitswelt fanden, waren immer dann stark, wenn sie in breitere gesellschaftliche und politische Umbrüche, Konfliktkonstellationen oder Bewegungen eingebettet waren – und vor allem: wenn sie seitens der Gewerkschaften bewusst strategisch eingebunden wurden. Gewerkschaftliche Kämpfe um Zeit erhielten dadurch erheblichen Rückenwind. Die strategische Verbindung arbeitszeitpolitischer Forderungen mit gesellschaftspolitischen Anliegen stärkte die gewerkschaftliche Mobilisierungs- und Durchsetzungsmacht. Und sie stärkte die Wahrnehmung und Bedeutung der Gewerkschaften als gesellschaftliche Kraft.

Ein kurzer Blick auf ausgewählte Etappen der bundesdeutschen Nachkriegsgeschichte zeigt das nachdrücklich: Vor dem Hintergrund des wirtschaftlichen Aufschwungs in den 1950er-Jahren stieg die Binnenkaufkraft – stabilisiert durch steigende Löhne und anfangs stark steigende Arbeitszeiten mit vielen Überstunden. Der Druck auf die Lebensverhältnisse der Beschäftigten und ihre Familien wuchs, die Kompensation der langen Arbeitszeiten allein durch Geld erschöpfte sich immer mehr. Unter dem Motto »Samstags gehört Vati mir« rückten die Gewerkschaften das Argument nach mehr Zeit für die Familie ins Zentrum ihrer Kampagne für kürzere Arbeitszeiten und bessere Lebensbedingungen. Das entsprach der Stimmung der Zeit. Konkret ging es um die Fünftagewoche mit einer wöchentlichen Arbeitszeit von 40 Stunden. Nach mehreren Verschiebungen – unter anderem auch aus tarifpolitischen Gründen – konnte die 40-Stunden-Woche allerdings erst 1967 in der Metall- und Elektroindustrie tarifpolitisch realisiert werden.

Ende der 1960er-Jahre führte die starke Intensivierung der Arbeit zu massiven Belastungen und Gesundheitsgefährdungen der Beschäftigten. Auch hier wurden die Grenzen für die Kompensation der Belastungen durch höhere Einkommen erreicht. Gesellschaftlich herrschte im Zuge der antiautoritären Proteste und der sozial-liberalen Bundesregierung ab 1969 eine Aufbruchs- und Reformstimmung. Sie lieferte Rückenwind für den Kampf um humanere Arbeitsbedingungen und den Streik um den Lohnrahmentarifvertrag II in Nordwürttemberg-Nordbaden (siehe 6.), der in diesem Tarifgebiet mit Erfolgen für Erholzeit (»Steinkühler-Pause«) und vielen weiteren qualitativen Verbesserungen der Arbeitsbedingungen endete.

Auch der lange vorbereitete und 1984 leidenschaftlich geführte Kampf um die 35-Stunden-Woche war (und wurde!) eingebettet in die damalige gesellschaftliche Stimmungslage und profitierte von gesellschaftlichem Rückhalt ebenso wie von einer hohen Beteiligung der Beschäftigten. Im Vorfeld der 1970er-Jahre hatte es vielfältige Protestbewegungen für ein besseres Leben gegeben, nicht zuletzt beeinflusste auch die Frauenbewegung mit ihren Schwerpunkten einen Teil der Begründungsfaktoren: Neben Beschäftigungssicherung und Belastungsausgleich wurde Arbeitszeit in ihrem lebensweltlichen Kontext thematisiert: »mehr Zeit zum Leben, Lieben, Lachen«. Der Streik konnte tarifvertraglich mit einem Einstieg in die 35-Stunden Woche abgeschlossen werden (zunächst 38,5 Stunden plus Differenzierung; 1995 wurde die letzte Etappe der Umsetzung der tariflichen 35-Stunden-Woche im Westen erreicht).

Auch die Tarifauseinandersetzung 2018 um individuelle Wahlmöglichkeiten zwischen Entgelterhöhung und Zeit sowie eine kürzere Vollzeit kann als Antwort auf den gegenwärtigen Umbruch in Arbeit und Gesellschaft interpretiert werden, der seitens der Beschäftigten mit ambivalenten Subjektivierungsprozessen, mit mehr Autonomie und zugleich neuen Zumutungen einhergeht. Dass letztere zu anhaltendem Stress und Erschöpfung führen, zu mangelnder Zeit für Familien, Beziehungen und gesellschaftliches Engagement, ist längst als Problem in der Gesellschaft angekommen. Die betrieblichen und gesellschaftlichen Sensibilisierungs- und Mobilisierungspotenziale, die in diesem Sachverhalt liegen, sind allerdings seitens der Gewerkschaften bislang nicht annähernd ausgeschöpft. Auch heute gilt: Erfolgreiche Gewerkschaftspolitik darf sich »nicht in defensiver Selbstbeschränkung« (Steinkühler 2008: 95) üben, sondern muss die arbeitsweltlichen und betrieblichen Problemlagen mit den gesellschaftlichen Herausforderungen verzahnen. Im Ergebnis stärkt dies die Durchsetzungsmacht der Gewerkschaften, ihr Ansehen in der Öffentlichkeit und ihre Bedeutung in Politik und Gesellschaft.

8. Resümee und Ausblick

Fragen der Dauer, Lage und Verteilung der Arbeitszeit und der Verfügung über Zeit sind Machtfragen, die jede und jeden in und jenseits von Erwerbsarbeit im Alltag berühren und die über individuelle und familiäre Lebensverhältnisse sowie gesellschaftliche Entwicklungschancen entscheiden. Aus unterschiedlichen Gründen, aber dennoch nahezu durchgängig, gibt es eine große Sehnsucht nach mehr frei verfügbarer Zeit – jenseits der Arbeitswelt, aber auch in ihr. Damit bietet Arbeitszeit als Handlungsfeld viele Ankerpunkte für verschiedene Arbeits- und Lebensbedürfnisse und zugleich Potenzial für eine solidarische Bündelung und Mobilisierung. Neben Beschäftigtengruppen, die sich kürzere Arbeitszeiten als Ausgleich für besonders hohe Belastungen wünschen, wie etwa Schichtbeschäftigte, fühlen sich von Themen der Arbeitszeit, von passenden Arbeitszeitkonzepten und Wahloptionen, gerade auch Beschäftigtengruppen angesprochen, in deren Bereichen noch hohe Mitgliederpotenziale liegen, wie etwa Beschäftigte in Entwicklungsbereichen und ITK-Bereichen. Frauen und Männer wünschen sich kürzere Arbeitszeiten für bessere Vereinbarkeit und jüngere Beschäftigte möchten nicht wie ihre Eltern wegen zu viel Arbeit zu wenig vom Leben haben. Mit ihren vielfältigen Andockpunkten für unterschiedliche Interessenlagen können Arbeitszeitinitiativen positive Mitgliederentwicklungen in vielen Bereichen unterstützen und damit eine der wichtigsten Voraussetzungen für eine stabile oder wachsende Tarifbindung stärken.

Ein Automatismus ist das allerdings nicht. Es kann und wird nur funktionieren, wenn Gewerkschaften und Betriebsräte herkömmliche Pfade der Interessenvertretung in Form von vorwiegend »Verbotspolitik« verlassen und sich auf erweiterte Themenfelder und eine neue Akteursperspektive einstellen. Wenn der »ganze Mensch« und »das ganze Leben« Gegenstand der betrieblichen Nutzung von Arbeitskraft wird, muss auch das ganze Leben Gegenstand kollektiver Interessenvertretung werden. Unter den neuen Bedingungen erfolgen die Regulierung und Kontrolle der Arbeitszeit stärker denn je durch die Beschäftigten selbst. Aber so lange sie auf sich allein gestellt sind, ist das kaum zu meistern. Dafür sind weiterhin »Leitplanken« und »Haltegriffe« (Lehndorff 2003) notwendig, die gemeinsam definiert und kollektiv durchgesetzt werden müssen. Die Wahrnehmung von stärker selbstbestimmten Arbeitszeiten ist daher auch weiterhin von der wirkungsvollen Vertretung kollektiver Interessen, von erkämpften Instrumenten und materiellen und personellen Ressourcen abhängig.

Mehr noch: Wenn betriebliche Herrschaft über die Zeit immer stärker über Stellgrößen funktioniert, die in den Arbeitsprozess und -ablauf integriert sind und dies über die zeitlichen Anforderungen und die zeitliche Arbeitsverausgabung der Beschäftigten entscheidet, wird es in der Auseinandersetzung um Zeit immer wichtiger, Einfluss auf diese Stellgrößen zu nehmen. Arbeitszeitpolitik wird zum Bestandteil einer integrierten Arbeitspolitik, in der die Herrschaft über die Determinanten des Arbeitsprozesses in den Fokus gerät (Sauer 2020). Hinzu kommt, dass die Beschäftigten immer mehr angehalten sind, ihre subjektiven Fähigkeiten in die Arbeit einzubringen und Verantwortung für die Ergebnisse zu übernehmen. Damit erhöht sich auch ihr Potenzial für Selbstbestimmung sowie für Mitwirkung und Teilhabe an Entscheidungen. Das alles drängt – als unintendierte Folge – in Richtung einer *Demokratisierung der Arbeit* (Fricke/Wagner 2012). Übersetzt in nächste Schritte und wesentliche aktuelle Aufgabenfelder der Gewerkschaften heißt das: Themen und Fragen *qualitativer Tarifpolitik* und grundlegend *erweiterter Mitbestimmung und Beteiligung*[14] rücken ins Zentrum der Interessenvertretung. Dabei darf die Reform nicht im Klein-Klein verharren, vielmehr geht es darum, der institutionellen Mitbestimmung als »Haus ohne Dach und ohne Fundament« (Kißler u.a. 2011:49) zu einer Ausweitung »nach oben« (wirtschaftliche Mitbestimmung/Wirtschaftsdemokratie) und »nach unten« (erweiterte Partizipation der Beschäftigten) zu verhelfen. Die konkreten Inhalte und gewerkschaftlichen Forderungen sind mit den Beschäftigten und mit den Mitgliedern zu entwickeln. Nur dann werden sie von diesen breit getragen werden. Bereits seit Jahren zeichnet sich beispielsweise ab, dass angesichts der enormen Arbeitsverdichtung in allen Bereichen die gegenwärtigen leistungspolitischen Konstellationen und das Thema der Personalbesetzung neu in Angriff genommen werden sollten (Meine u.a. 2022). Da es sich bei diesen Handlungsfeldern wie bei den Rahmenbedingungen von Arbeit insgesamt meist um Bereiche handelt, die bislang zwar nicht vollständig, aber weitgehend dem Direktionsrecht der Unternehmensleitungen unterliegen, ist abzusehen, dass die künftigen Auseinandersetzungen darüber nicht konfliktfrei laufen werden.

Konfliktstoff beinhalten auch die Arbeitszeitthemen, die davon berührt sind und die gegenwärtig im Diskurs der IG Metall bewegt werden, wie:

- Die 4-Tage-Woche. Modelle dafür eignen sich nicht nur zur Beschäftigungssicherung und Bewältigung der Transformation, sondern ermöglichen auch eine geschlechtergerechtere Verteilung von Arbeit, eine bessere Vereinbarkeit von Familie und Beruf und können in Zeiten von »Fachkräftemangel« auch für Unternehmen attraktiv sein.
- Weitere Modelle einer kurzen Vollzeit (28, 30, 32 Stunden) – als zusätzliche neue Norm- oder Regelarbeitszeit.
  Damit sich Beschäftigte solche Modelle – wie auch die 4-Tage-Woche – leisten können und weitere Arbeitsverdichtung verhindert wird, kommen Fragen des Entgeltausgleichs ebenso in den Fokus wie die Mitbestimmung bei der Personalbesetzung (siehe oben).

14 Der DGB und seine Mitgliedsgewerkschaften haben als ersten Schritt 2022 einen Reformentwurf für ein neues Betriebsverfassungsgesetz »Betriebliche Mitbestimmung für das 21. Jahrhundert« vorgelegt. Solche Initiativen müssen von einer breit angelegten Kampagne begleitet werden, die in die Gesellschaft hineinwirkt, um Aussicht auf politischen Erfolg zu haben.

- Beteiligungszeit (siehe 5.)
- Ausbau der Bildungsteilzeit – als tarifvertragliche (Anspruchs-)Regelung für die persönliche berufliche Weiterbildung. Zeiten für Qualifizierung, auch Zeiten innerhalb der Arbeitszeit, werden zur Bewältigung der Transformation immer wichtiger.

Konflikte mit den Arbeitgebern und ihren Verbänden, die sich für eine Verkürzung der Ruhezeiten, die Abschaffung der täglichen Höchstarbeitszeiten, neue Öffnungsklauseln ohne Beteiligung der Tarifparteien und gegen eine verbindliche Arbeitszeiterfassung einsetzen, sind vorgezeichnet. Zudem sprechen sich Arbeitgeber aus Gründen des »Fachkräftemangels« gegen jegliche Arbeitszeitverkürzungen aus. Dieses Argument lässt sich allerdings leicht offensiv wenden, denn die benannten Arbeitszeitmodelle würden, etwa für Frauen in herkömmlicher Teilzeit und für Ältere in der Ausstiegsphase, die Möglichkeit einer neuen attraktiven Vollzeitbeschäftigung bieten.[15]

Der Kampf um Zeit ist prädestiniert für Bündnispolitik.[16] Mit dem Fokus auf Zeitsouveränität und Arbeitszeitreduzierung könnten Gewerkschaften zu Akteuren einer verbindenden Politik mit sozialen Bewegungen – sowohl mit der Frauenbewegung als auch mit der Ökologiebewegung – werden. Forderungen und Schritte hin zu mehr Zeitsouveränität und Arbeitszeitverkürzung weisen gemeinsame Berührungspunkte, mehr noch: Schnittmengen, mit feministischen und sozial-ökologischen Positionen auf. Jüngere Untersuchungen haben gezeigt, dass gerade auch mit der Ökologiebewegung in der Frage der Arbeitszeitverkürzung bislang unausgeschöpfte Potenziale der Kooperation bestehen (Liebig 2021). Auch aufgeschlossene Kreise der Wissenschaft könnten stärker als bisher als Bündnispartner in den Kampf um Zeit eingebunden werden. Diese Bündnispotenziale auszuschöpfen, erscheint angesichts der gegebenen Machtverhältnisse[17] und Tabu-Positionen der Arbeitgeber und ihrer Verbände dringend erforderlich, wenn der Weg zu mehr Zeitsouveränität und Arbeitszeitverkürzungen erfolgreich fortge-

---

15 Zeiten des »Fachkräftemangels« sind im Übrigen eher günstig für die Interessenvertretung der betroffenen Beschäftigtengruppen, denn unter den Bedingungen des Mangels steigt ihre Arbeitsmarktmacht.

16 Der Kampf um Zeit ist eng verknüpft mit dem Kampf um »Gute Arbeit«. Auch eine »neue Politik der Arbeit erfordert strategische Wissensallianzen und eine Netzwerkpolitik zwischen Gewerkschaften, sozialen Bewegungen und kritischer Wissenschaft« (Glawe u.a. 2006: 281; vgl hierzu auch Urban 2013).

17 So ist beispielsweise auch im geltenden Koalitionsvertrag immer noch die Möglichkeit von »Experimentierräumen« verankert (als »begrenzte Möglichkeit von den derzeit bestehenden Regelungen des Arbeitszeitgesetzes hinsichtlich der Tageshöchstarbeitszeit« abzuweichen), auch wenn diese unter dem Vorbehalt von Tarifverträgen und Betriebsvereinbarungen stehen.

setzt werden soll. Um »mehr vom guten Leben für alle« durchzusetzen – *in* und *außerhalb* der Erwerbsarbeit – ist eine breite Allianz zwischen Gewerkschaften und sozialen Bewegungen vonnöten.

Es wird Zeit, die Chancen, die in der gegenwärtigen Umbruchsituation liegen, zu ergreifen. Der Kampf um Zeit, um Arbeits- und Lebenszeit, gleichermaßen als arbeits- und gesellschaftspolitisches Projekt anlegt, bietet noch unausgeschöpfte Bündnismöglichkeiten, politisiert und steigert die Attraktivität der Gewerkschaften. Das unterstützt die Mitgliedergewinnung und stärkt die Voraussetzungen für Tarifbindung und damit die gewerkschaftliche Durchsetzungs- und Organisationsmacht. Als emanzipatorisches Projekt eröffnet der Kampf um Zeit, um Zeitsouveränität und Arbeitszeitverkürzung, eine Perspektive auf ein gutes Leben in und jenseits der Erwerbsarbeit und darüber hinaus auf eine Gesellschaft, in der wir leben wollen.

Literatur

Achten, Udo (2007): Flächentarifvertrag und betriebsnahe Tarifpolitik. Hamburg.

Bahnmueller, Reinhard (2017): Von der Erosion des Flächentarifvertrages zur Chance gewerkschaftlicher Erneuerung. In: Schulten, Thorsten u.a. (Hg.): Tarifpolitik als Gesellschaftspolitik. Strategische Herausforderungen im 21. Jahrhundert. Hamburg: 34-47.

BDA (Bundesvereinigung der deutschen Arbeitgeberverbände): New Work – Zeit für eine neue Arbeitszeit. URL: https://arbeitgeber.de/, Zugriff: 24.2.2023.

Bispinck, Reinhard / Schulz, Hartmut / Wagner, Hilde (2017): Flächentarifvertrag im Wandel. In: Achten, Udo: Flächentarifvertrag und betriebsnahe Tarifpolitik. Hamburg: 15-24.

Bispinck, Reinhard (2021): Tarifrunde 2021 in der Metall- und Elektroindustrie. URL: https://www.boeckler.de/, Zugriff: 18.1.2023.

Bosch, Gerhard (2022): Arbeitspolitik in der Transformation: Soziale Härten vermeiden. Online-Studie 7/2022, Rosa-Luxemburg-Stiftung. Berlin.

Bücker, Teresa (2022): Alle Zeit. Eine Frage von Macht und Freiheit. Berlin.

Fricke, Werner (2012): Demokratisierung der Arbeit ist Sache der abhängig Beschäftigten selbst. In: Fricke, Werner / Wagner, Hilde (Hg.): Demokratisierung der Arbeit. Hamburg: 39-52.

Glawe, Heiko u.a. (2006): Spandauer Thesen. In: Scholz, Dieter u.a. (Hg.): Turnaround. Strategien für eine neue Politik der Arbeit. Münster: 272-299.

Haipeter, Thomas (2008): Tariföffnung und Flächentarifvertrag. Abweichende Tarifvereinbarungen in der Metall- und Elektroindustrie 2004 – 2006. Frankfurt/M.

– (2020): Flexibilität unter Kontrolle? Entwicklungen und Herausforderungen der Tarifabweichungen in der Metall- und Elektroindustrie. In: Industrielle Beziehungen 27(4): 481-500. DOI: https://doi.org/10.3224/indbez.v27i4.07.

Hensche, Detlef (2021): Phantasie und Handlungsmacht. Voraussetzungen einer Demokratie-Offensive. In: Schmitz, Christoph / Urban, Hans-Jürgen (Hg.): Demokratie in der Arbeit. Gute Arbeit Ausgabe 2021. Frankfurt/M.: 107-116.

IG Metall Vorstand (2016): Mein Leben. Meine Zeit. Arbeit neu denken. Die Arbeitszeitkampagne der IG Metall, Broschüre. Frankfurt/M.

– (2017): Die Befragung 2017. Arbeitszeit – sicher, gerecht und selbstbestimmt. Ergebnisse, Zahlen und Fakten zur Arbeitszeit. Frankfurt/M.

Kißler, Leo u.a. (2011): Die Mitbestimmung in der Bundesrepublik Deutschland. Eine Einführung. Wiesbaden. DOI: https://doi.org/10.1007/978-3-531-92616-2.

Kratzer, Nick / Sauer, Dieter (2007): Welche Zeitpolitik? Ein neues Verhältnis von Zeitökonomie und Zeitpolitik. In: WSI-Mitteilungen 4/2007: 174-180. DOI: https://doi.org/10.5771/0342-300X-2007-4-174.
Lehndorff, Steffen (2003): The Long Good-Bye? Tarifvertragliche Arbeitszeitregulierung und gesellschaftlicher Arbeitszeitstandard. In: Industrielle Beziehungen 10(2): 273-295.
Liebig, Steffen (2021): Arbeitszeitverkürzung als Konvergenzpunkt? Sozial-ökologische Arbeitskonzepte, Wachstumskritik und gewerkschaftliche Tarifpolitik. Frankfurt/M./New York.
Meine, Hartmut u.a. (2022): Handbuch Arbeit – Entgelt – Leistung. Entgeltrahmentarifverträge im Betrieb. Frankfurt/M.
Peters, Klaus / Sauer, Dieter (2006): Epochenbruch und Herrschaft – Indirekte Steuerung und die Dialektik des Übergangs. In: Scholz, Dieter u.a. (Hg.): Turnaround? Strategien für eine neue Politik: 98-125. Münster.
Sauer, Dieter (2014): Demokratisierung der Arbeit. Beteiligungs- und mobilisierungsorientierte Strategien (Vortragsmanuskript 12. November 2014). Berlin.
– (2020): Arbeitszeitpolitik und sozial-ökologische Transformation. Beitrag Fachgespräch Rosa-Luxemburg-Stiftung, 21.1.2020. Berlin.
Schmidt, Rudi (1989): Die Zukunft der gewerkschaftlichen Betriebspolitik. In: Hans-Böckler-Stiftung: Forschungsprojekt Rahmentarifpolitik im Strukturwandel, Bd. 2. Düsseldorf: 133-155.
Schumann, Dirk / Wagner, Hilde (2022): Handbuch Arbeitszeit. Manteltarifverträge im Betrieb. Frankfurt/M.
Steinkühler, Franz (2008): Menschengerechte Arbeit – geschichtliche Herausforderung und Gegenwartsaufgabe. In: Wagner, Hilde (Hg.): Arbeit und Leistung – gestern und heute. Ein gewerkschaftliches Politikfeld. Hamburg: 83-96.
Urban, Hans-Jürgen (2013): Gewerkschaftsstrategien in der Krise: Zur kollektiven Handlungsfähigkeit im Gegenwartskapitalismus. In: Schmalz, Stefan / Dörre, Klaus: Comeback der Gewerkschaften? Frankfurt/M.: 376-396.
Wagner, Hilde (2003): Der Flächentarifvertrag unter Druck – die Folgen von Verbetrieblichung und Vermarktlichung. In Wagner, Hilde / Schild, Armin (Hg.): Der Flächentarifvertrag unter Druck. Hamburg: 9-22.
– (2012): Demokratisierung der Arbeit heute. In: Fricke, Werner / Wagner, Hilde (Hg.): Demokratisierung der Arbeit. Hamburg: 19-37.
– (2021): Arbeit und Zeit – Anknüpfungspunkte für eine Demokratisierung von Arbeit und Wirtschaft. In: Schmitz, Christoph / Urban, Hans-Jürgen (Hg.): Demokratie in der Arbeit. Gute Arbeit, Ausgabe 2021. Frankfurt/M.
Zitzelsberger, Roman (2018): Mehr Wahlrecht bei der Arbeitszeit. Der Tarifabschluss in der Metall- und Elektroindustrie. In: WSI-Mitteilungen 4/2018: 326-330. DOI: https://doi.org/10.5771/0342-300X-2018-4-326.

WOCHEN
SCHAU
VERLAG
demokratie
GEGEN MENSCHENFEINDLICHKEIT
(De)Legitimationen von
WISSEN
NEU
Jetzt gratis
testen
WOCHEN
SCHAU
VERLAG
Die Zeitschrift für alle,
die sich gegen
Menschenfeindlichkeit
und für Demokratie
stark machen
demokratie
GEGEN MENSCHENFEINDLICHKEIT
WISSENSCHAFTS-
FEINDLICHKEIT
WIR SIND
DAS VOLK
demokratie
GEGEN MENSCHENFEINDLICHKEIT
DAS RECHTSEXTREME
GESCHLECHTERBILD
demokratie
GEGEN MENSCHENFEINDLICHKEIT
HALTUNG
demokratie
GEGEN MENSCHENFEINDLICHKEIT
VISEGRÁD-STAATEN IN DER EU
Jetzt Gratis-Probeheft anfordern
www.demokratie-gegen-menschenfeindlichkeit.de

PROKLA 211 | 53. Jahrgang | Nr. 2 | Juni 2023 | S. 245-266
https://doi.org/10.32387/prokla.v53i211.2046

Ingrid Artus • Andreas Fischer • Judith Holland • Michael Whittall*

Im Osten was Neues?

Tarifpolitische Strategien der IG Metall in Ostdeutschland

Zusammenfassung: Der Artikel untersucht die Entwicklung der Tarifpolitik in der Metall- und Elektroindustrie in Thüringen und Sachsen. Ostdeutschland gilt gemeinhin als ein Terrain mit besonders ausgeprägten tariflichen Erosionstendenzen. Der Flächentarifvertrag befindet sich dort in der Krise. Wir bieten jedoch eine weniger pessimistische Perspektive an und skizzieren, wie die IG Metall erfolgreich für Haustarifverträge wirbt, um den Rückgang des tariflichen Deckungsgrads aufzuhalten; eine Strategie, die dazu beigetragen hat, die Zahl der Gewerkschaftsmitglieder und auch der tarifgebundenen Unternehmen zu stabilisieren. Dabei werden auch neue Strategien gewerkschaftlicher Organisation und Interessenvertretung entwickelt.

Schlagwörter: Tarifverhandlungen, Betriebsvereinbarungen, Erneuerung der Gewerkschaften, Organizing

What is Happening in the East?

IG Metall's Collective Bargaining Strategies in East Germany

Abstract: The article considers collective bargaining developments in the metal and electrical industry in Thuringia and Saxony. Although recent studies show how collective bargaining, specifically branch level collective bargaining has declined in these two Bundesländer, we offer a less pessimistic perspective. We outline how the IG Metall has successfully promoted plant level agreements to stem this decline; a strategy that has helped steady union membership as well as stabilize the

* **Ingrid Artus** ist Professorin für Soziologie an der FAU Erlangen-Nürnberg mit den Schwerpunkten Vergleichende Gesellschaftsanalyse, Industrielle Beziehungen, Soziale Ungleichheit, Gender. | **Andreas Fischer** ist Post-Doc-Researcher an der FAU Erlangen-Nürnberg, forscht und veröffentlicht an den Schnittstellen von Arbeits-, Jugend- und Kultursoziologie. | **Judith Holland** ist Post-Doc-Researcher an der FAU Erlangen-Nürnberg. Ihre Forschungs- und Lehrinteressen sind: Mitbestimmung, Gender Studies und Arbeitsbeziehungen. | **Michael Whittall** ist wissenschaftlicher Mitarbeiter an der FAU Erlangen-Nürnberg. Seine Forschungs- und Lehrinteressen sind: Mitbestimmung, transnationale Arbeitsbeziehungen, Arbeitsmigration und prekäre Beschäftigung.

number of firms in possession of a collective agreement. In addition, we outline how this approach develops new trade union ways of organizing and representing employees.

Keywords: Collective Bargaining, Plant Agreements, Trade Union Renewal, Organizing

Das deutsche Tarifsystem steht unter Druck.[1] Besonders krisenhaft ist die Situation in Ostdeutschland. Die Erosion des Flächentarifvertrags hat hier besonders früh begonnen; sie war und ist zudem sehr ausgeprägt. Wurden im Jahr 2021 in Westdeutschland noch 45 Prozent der Beschäftigten von Flächentarifverträgen erfasst, so waren es in Ostdeutschland lediglich 34 Prozent, in der ostdeutschen Privatwirtschaft sogar nur 26 Prozent (Ellguth/Kohaut 2022). Das gilt auch in einer Branche, die gemeinhin als Kernbereich des bundesdeutschen Systems industrieller Beziehungen gilt: die Metall- und Elektroindustrie (M+E), der Organisationsbereich der IG Metall (Bispinck 2020).

Gründe für die besonders ausgeprägte Krise des Flächentarifvertrags in Ostdeutschland gibt es viele: die krisenhafte Transformationsgeschichte mit langanhaltender Massenarbeitslosigkeit, die Deindustrialisierung und ein massiver Rückgang des gewerkschaftlichen und arbeitgeberverbandlichen Organisationsgrads (Bergmann/Schmidt 1996), eine Logik »stellvertretender Tarifautonomie« primär westdeutsch geprägter Gewerkschaften für ostdeutsche Beschäftigte (Artus 2001, 2018), Tarifflucht (Schroeder 2000; Schulten u.a. 2021), defizitäre Mitbestimmungspraxen (Artus u.a. 2001), ein verlorener Streik um die 35-Stunden-Woche im Jahr 2003 (Schmidt 2003) sowie die anhaltend differente industrielle Struktur mit vielen kleinen Zulieferfirmen und wenigen großen Endherstellern. So wurde Ostdeutschland gar als »Labormaus des Westens« bezeichnet (Brinkmann 2003), als ein Terrain, in dem die ausgeprägte Schwäche der Gewerkschaften von der Arbeitgeberseite tarifpolitisch genutzt worden sei, um besonders aggressive neoliberale Strategien auszutesten, durchzusetzen und letztlich bundesweit salonfähig zu machen. Etwas überspitzt implizierte die These, dass Ostdeutschland als »Einfallstor« für Tarifdumping und die Schwächung tariflicher Normen fungierte.[2]

---

1 Wir danken den Gutachtern der PROKLA-Redaktion für wertvolle Hinweise und Kommentare. Auch bei unseren studentischen Hilfskräften Selin Aktas, Tobias Gellenthien und Hanna Wanke möchten wir uns bedanken. Sie hatten an der Erarbeitung dieses Textes einen wichtigen Anteil.

2 Es sei auf den thetischen Charakter der Labormetapher verwiesen. Die These zeigt zwar eindrücklich die schwierige Situation Ostdeutschlands in und nach der »Wendezeit« auf, ist jedoch empirisch kaum haltbar.

Im Folgenden geht es darum, wie die IG Metall in Thüringen und Sachsen auf diese prekäre Situation reagiert hat[3] – und weshalb sie mittlerweile durchaus gewisse Erfolge verbuchen kann. Um zu verstehen, wie es gelang, den Niedergang des Tarifvertragssystems aufzuhalten und den Grundstein für dessen Stabilisierung und potenzielle Revitalisierung zu legen, diskutieren wir sowohl die strukturellen Bedingungen in den ostdeutschen Bundesländern als auch die Organisationssituation und tarifpolitischen Strategien der IG Metall. Neben der Aufarbeitung verfügbarer Daten und einschlägiger Literatur bilden Interviews mit Gewerkschaftsfunktionären[4] der IG Metall in Geschäftsstellen in Thüringen und Sachsen die zentrale empirische Grundlage der folgenden Darstellung. Sie wurden im Rahmen eines von der Hans-Böckler-Stiftung geförderten Projekts zur Mitbestimmung in der ostdeutschen M+E-Branche (Artus u.a. 2022) im ersten Halbjahr 2022 geführt. Zum Zeitpunkt der Verschriftlichung dieses Textes waren im Rahmen des Projekts insgesamt 36 qualitative Leitfadeninterviews durchgeführt worden, davon neun mit Vertretern der IG Metall und 27 Interviews mit Vertreterinnen und Vertretern aus Betriebsrat (22 Interviews) und Geschäftsleitung (fünf Interviews) in sechs Thüringer Untersuchungsbetrieben. Für den vorliegenden Text wurden vor allem die Gespräche mit den Gewerkschaftsvertretern unter anderem anhand der Software MaxQDA systematisch ausgewertet. Die betrieblichen Interviews sind selektiv als zusätzlicher Wissenshorizont in die folgende Darstellung (vor allem der historischen Entwicklung, siehe 2.) eingeflossen.

Wir beginnen mit einem Überblick über die bundesweite und die ostdeutsche Tariflandschaft, um die Situation in der M+E-Industrie in Thüringen und Sachsen adäquat einordnen zu können (1). Anschließend zeigen wir die historische Entwicklung ostdeutscher Gewerkschafts- und Tarifpolitik zwischen 1992 und 2022 und unterscheiden dabei grob vier differente Phasen (2). Im Hauptteil des Beitrags analysieren wir aktuelle Strategien der IG Metall zur Stabilisierung des Tarifsystems (3). Es geht um die Entwicklung und Anwendung betriebsorientierter Tarifarbeit, um Prozesse des »Organizing« und »Häuserkämpfe«, das heißt den Abschluss von Haustarifverträgen. Im

3 Obwohl im Folgenden immer wieder summarisch von »Ostdeutschland« die Rede ist, beziehen sich unsere empirischen Daten im Wesentlichen auf Thüringen und Sachsen. Aufgrund der historischen, ökonomischen und demographischen Parallelitäten dürften zwar viele Aussagen im Grundsatz auch für die übrigen ostdeutschen Bundesländer zutreffen – im Detail sind sie allerdings zu differenzieren. Das kann im vorliegenden Text leider nicht geleistet werden.

4 Alle gewerkschaftlichen Interviewpartner waren männlich; daher wird an dieser Stelle auf eine genderneutrale Schreibweise verzichtet.

Fazit stellen wir fest (4), dass die verstärkt basisdemokratische Vertretungspolitik der IG Metall in Thüringen und Sachsen Früchte zu tragen scheint. Der Text vertritt die These: Gerade die besonders ausgeprägte Krise des Flächentarifvertrags zwang die ostdeutschen Akteure und Akteurinnen schon früh dazu, sich der heiklen Situation zu stellen und darauf zu reagieren. Inzwischen haben sich daher gerade die ostdeutschen Tarifgebiete zu wichtigen Laboratorien bei der Erprobung offensiver Gewerkschaftskonzepte für die Stärkung des Tarifsystems entwickelt, freilich unter nach wie vor prekären Bedingungen. Inwiefern diese Wege zum Erfolg führen und ob sie auch anwendbar sind für westdeutsche Verhältnisse, lässt sich derzeit noch nicht abschließend beurteilen, aber qualifiziert diskutieren. Jedenfalls: Ein Blick in den Osten der Republik lohnt sich – bundesweit.

1. Entwicklung der Tarifbindung: Vom Flächentarif zum Haustarif?

Erosion des Flächentarifvertrags in Deutschland

Seit den 1990er-Jahren wird der Zustand des deutschen Modells industrieller Beziehungen im In- und Ausland heftig debattiert. Ein Zusammenspiel von Faktoren – darunter der politische und wirtschaftliche Schock der Wiedervereinigung, die neoliberale Agenda der Europäischen Währungsunion sowie der Zusammenbruch des Sowjetblocks, eine Entwicklung, die dem deutschen Kapital Zugang zu einem billigen Arbeitskräftereservoir im In- und Ausland bot (Whittall/Trinczek 2019) – hat dazu beigetragen, die Fundamente des traditionellen deutschen Modells sozialpartnerschaftlicher Koordinierung wirtschaftlichen Handelns zu erschüttern; ein Modell, das vergleichsweise hohe Löhne und ein starkes institutionelles Mitspracherecht der abhängig Beschäftigten in Form von Tarifverträgen und Zugang zu Betriebsräten garantierte. Der abnehmende Deckungsgrad von Tarifverträgen, die die Arbeitsbedingungen abhängig Beschäftigter kollektiv regeln, und von Betriebsräten, die gegen Entscheidungen der Unternehmensleitung vorgehen können (Ellguth/Kohaut 2022), deutet darauf hin, dass ein Erosionsprozess des klassischen deutschen Modells industrieller Beziehungen im Gange ist, an dessen Ende möglicherweise eine neue Regulierungsweise stehen könnte. Das spiegelt sich etwa in der Tatsache wider, dass gegenwärtig rund 7,5 Millionen abhängig Beschäftigte im sogenannten Niedriglohnsektor arbeiten, das heißt, sie verdienen weniger als 12,50 Euro pro Stunde (Sell 2022: 1).

Die Erosion des Modells Deutschland wird aber auch deutlich, wenn man die Entwicklung der Tariflandschaft in den letzten Jahrzehnten betrachtet, sowohl was die Reichweite als auch die Form der Tarifbindung betrifft (Schulten/Bispinck 2018). So stellen etwa Ellguth und Kohaut (2022: 329) auf Basis der Daten des IAB-Betriebspanels fest: »Seit Beginn der Datenerhebung 1996 für West- und Ostdeutschland zeigt die Branchentarifbindung in beiden Landesteilen insgesamt eine stark rückläufige Tendenz, auch wenn es in Westdeutschland eine kurze Phase der Stabilisierung gab, bis hier ab 2010 erneut ein Rückgang bei der Tarifbindung einsetzt.« Die beiden skizzieren, wie zwischen 1996 und 2021 die Tarifbindung von Beschäftigten im Westen von 70 auf 45 Prozent und im Osten von 56 auf 34 Prozent zurückging. Im gleichen Zeitraum sank die Zahl der Beschäftigten in branchentarifgebundenen Betrieben in Westdeutschland um 25 Prozentpunkte und in Ostdeutschland um 22 Prozentpunkte (ebd., siehe Abbildung 1).

Abbildung 1: Flächentarifbindung der Beschäftigten, 1996–2021

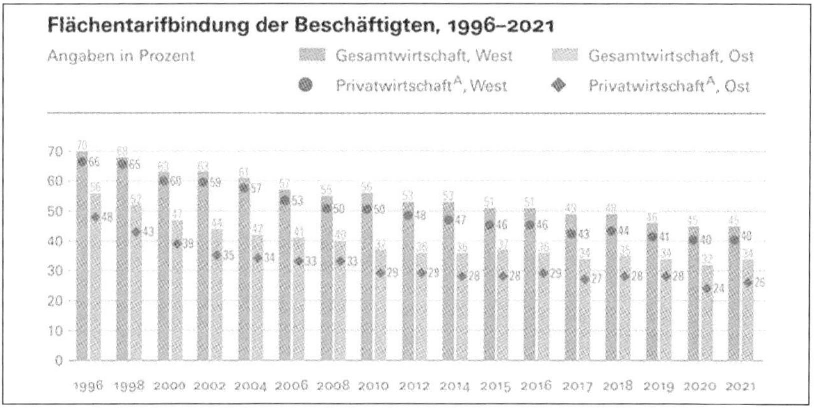

Quelle: Ellguth/Kohaut (2022: 329)

Neben dem Rückgang der Tarifbindung hat sich auch das Niveau der Tarifverhandlungen verändert. Es gibt eine starke Tendenz zur Dezentralisierung in Form von Haustarifverträgen. Laut Schulten u.a. (2021: 13) gab es 1990 bundesweit rund 2.500 Haustarifverträge, drei Jahrzehnte später hatte sich diese Zahl mit etwas über 12.000 fast verfünffacht. Während diese Art von Tarifverhandlungen »außerhalb der Fläche« stattfindet, ist nach Aussage eines IG Metall-Funktionärs auch »innerhalb der Fläche« eine tarifpolitische Differenzierung üblich geworden: »Betriebliche Tarifpolitik heißt für mich natürlich jetzt nicht nur Haustarifverträge, sondern betriebliche Tarifpolitik, [...] das können reine Haustarifverträge sein, das kann aber auch sein, [...] irgendeine kleine Differenzierung, irgendeine kleine Anpassung [der Fläche].« (IGM 6)

Tarifbindung in der Metall- und Elektroindustrie Thüringen und Sachsen

Diese Veränderung in der Tariflandschaft, sowohl im Sinne eines Rückgangs des tariflichen Deckungsgrads als auch im Sinne der Dezentralisierung des Tarifsystems, ist nach Schulten u.a. (2021) sowie Ellguth und Kohaut (2022) in den neuen Bundesländern deutlich stärker ausgeprägt. Sachsen und Thüringen haben im Vergleich der Bundesländer über alle Branchen hinweg den niedrigsten tariflichen Deckungsgrad. Nur 43 beziehungsweise 44 Prozent aller Beschäftigten wurden hier im Jahr 2019 überhaupt noch durch tarifliche Regelungen erfasst (Schulten u.a. 2021: 12). Während im Westen neun Prozent der Entgelte durch Haustarifverträge geregelt wurden, waren es im Osten elf Prozent.

Das zeigt sich auch in der M+E-Industrie: Zwischen 2000 und 2017 sank die Zahl der im Flächentarifvertrag des Verbandes der Sächsischen Metall- und Elektroindustrie erfassten Unternehmen von 153 auf 59 (Schulten u.a. 2019: 41). Ein ähnlicher Rückgang, obwohl weniger drastisch als in Sachsen, fand etwa zeitgleich auch in Thüringen statt, von 66 auf 53 Unternehmen (Schulten u.a. 2021: 36). Auch unsere eigenen Daten aus den aktuellen Interviews zur Tarifsituation in Betrieben, die von der Thüringer IG Metall betreut werden, zeigen den dramatischen Trend zur Erosion des Flächentarifvertrags (siehe Abbildung 2).

Aktuell werden 190 Thüringer Betriebe von der IG Metall betreut. Nur in 49 dieser Betriebe gilt der Flächentarifvertrag; das sind vier Betriebe weni-

Abbildung 2: Tarifbindung in gewerkschaftlich betreuten Betrieben der IG Metall in Thüringen (2022)

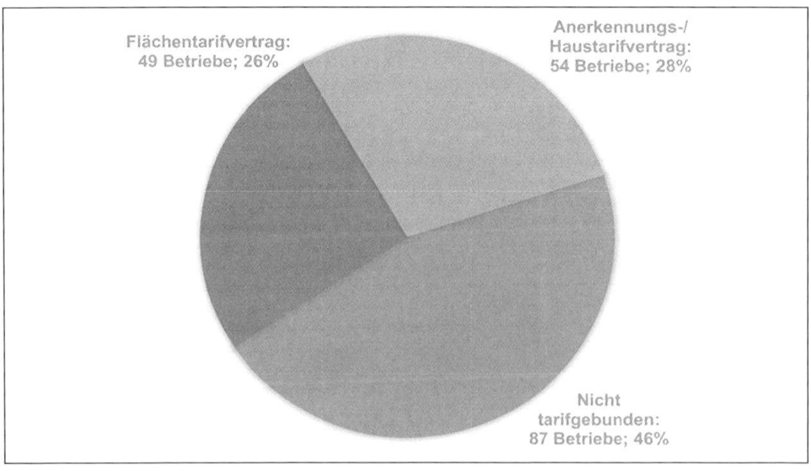

Quelle: Eigene Darstellung

ger als 2019 (Schulten u.a. 2021). Inzwischen machen Haus- und Anerkennungstarifverträge die Mehrheit der tarifgebundenen Unternehmen aus, aktuell in 54 Betrieben. Ihre Zahl hat seit 2019 um sieben Betriebe zugenommen (ebd.). In einem Interview mit einem Thüringer IG Metall-Funktionär wird deutlich, dass die Zunahme von Haustarifverträgen eine lange Geschichte hat: Bei seinem Amtsantritt in den 2000er-Jahren habe es überhaupt keine Haustarifverträge in seinem Betreuungsgebiet gegeben; inzwischen sei die Zahl fast dreimal so hoch wie die Flächenoption. In Sachsen stellt sich die Situation ähnlich dar. Wenngleich wir hier nicht über so detaillierte Zahlen verfügen, stimmen die Aussagen der Gesprächspartner darin überein, dass die Flächentarifbindung in den letzten Jahren massiv gesunken ist: »Die meisten Tarifverträge, die existieren hier in der Gegend, sind Haustarifverträge. Fläche spielt keine Rolle« (IGM 1). Trotz Rückgang des flächentariflichen Deckungsgrads wäre es aber kurzsichtig, die Bedeutung des Flächentarifvertrags zu unterschätzen. Ein Befragter sieht die Aufteilung zwischen Betrieben, die flächen- und haus- beziehungsweise anerkennungstariflich gebunden sind, in seinem Bereich ausgewogen als »halbe-halbe«. Und es gibt auch Ausnahmen vom Gesamttrend. So werden etwa in einer der interviewten Geschäftsstellen viel Kraft und Ressourcen explizit in die Stabilisierung »der Fläche« investiert, wie ein IG-Metall-Funktionär unmissverständlich betont: »Ich stehe auf Vertragsbindung [Flächentarifverträge], schon immer. Viele sehen ja in Haustarifverträgen mehr Chancen, weil sie da Krawall machen können. Ich bin halt auch zu alt für das Geschäft, ich stehe auf Vertragsbindung. Das ist für mich die Sozialpolitik der alten Schule« (IGM 5).

In der Tat hat die Dezentralisierung des Tarifsystems und die Zunahme von Haustarifverträgen diverse heikle Konsequenzen: Sie belastet die Ressourcen der Gewerkschaft aufgrund der Vervielfachung des tariflichen Betreuungs- und Verhandlungsaufwands. Zugleich liegen die meisten haustariflichen Regelungen eher unter dem Niveau des Flächentarifs. »So und insofern geraten wir jetzt quasi langsam an unsere Ressourcengrenzen. Ich glaube, wenn unser Team, wenn unsere Beschäftigten, abgesehen von mir, nicht so jung wären und viel Energie hätten, wären wir da, glaube ich, schon drüber hinaus.« (IGM 3) Der vermehrte Abschluss von Haustarifverträgen ist keineswegs eine intentionale Gewerkschaftsstrategie zum Ersatz des Flächentarifvertrags. Sie ist eher eine pragmatische Strategie der Gegenwehr unter strukturell schwierigen Bedingungen. »Man könnte auf die Idee kommen zu sagen: Scheiß auf den Flächentarifvertrag, wir machen das nur noch hausmäßig. [I 1: Aber du hast nicht die Ressourcen dafür?] Nein! Wir haben erstmal nicht die Ressourcen.« (IGM 2)

Und doch ist der Haustarifvertrag mittlerweile offenbar salonfähig geworden. Er ist zum selbstverständlichen und notwendigen Teil des gewerkschaftlichen Überlebenskampfes in Ostdeutschland avanciert: »Es ist viel vielfältiger und intensiver geworden dadurch, dass wir versuchen, halt diese Haustarifgeschichten, also das Tarifvertragssystem am Leben zu halten, indem wir Haustarifvertragssachen machen« (IGM 2). Der »Pushback« der IG Metall in Form von Haus- und Anerkennungstarifverträgen schloss teilweise Löcher, die die Abkehr vom Flächentarifvertrag hinterlassen hatte. So wird die Not zuweilen sogar zur Tugend erklärt; der Defensive scheint zum Teil eine Offensive inhärent zu sein.[5] Offensiv ist die Strategie der »Häuserkämpfe«, weil sie eine grundsätzliche Anbindung an das Tarifsystem als demokratische Aushandlung kollektiv verbindlicher Normen gewährleistet. Zugleich orientieren sich die vereinbarten Tarifnormen materiell im Regelfall am Flächentarif und definieren ihn als Zielgröße. Ein Interviewpartner ging so weit zu behaupten, dass die Diskussion um den schlechten Zustand der Tarifbindung im Osten falsche Akzente setze:

> »Nein, das ist falsch [dass die Tarifbindung grundsätzlich abnimmt im Osten]. Wir haben von elf auf sieben Betriebe verloren [in der Fläche], da kannst du sagen, die Tarifbindung nimmt grundsätzlich ab. Wir haben aber 20 Betriebe mit Haustarifverträgen. Die ist gestiegen bei uns in der Region, die Tarifbindung. Da kann ich nicht nur den Flächentarifvertrag angucken, sondern da muss ich gucken insgesamt, was macht die Gewerkschaft vor Ort. Wir haben sie gesteigert die Tarifbindung. Die zweite Geschichte: die Betriebsratsdichte nimmt [angeblich] immer mehr ab. Hier in der Region auch bewiesen, dass das Gegenteil auch möglich ist, wir haben die gesteigert« (IGM 2).

In der angrenzenden Geschäftsstelle ist die gleiche Entwicklung zu beobachten: »Die Anzahl der Betriebe mit Tarifbindung ist deutlich angewachsen, die Anzahl der Beschäftigten, die tariflichen Bedingungen unterliegen, ist deutlich angewachsen.« (IGM 7) Zugegebenermaßen

> »hat die IG Metall in dem Bereich einige [Betriebe] verloren, das heißt, die Tarifbindung im Flächentarifvertrag hat abgenommen. Dafür haben wir in ganz vielen Betrieben Haustarifverhandlungen initiiert. Und haben mit jedem Arbeitgeber ganz am Anfang die Frage diskutiert: ›Könnt ihr euch vor-

5 Die Strategie der Haustarifverträge mit dem Ziel der allmählichen Heranführung an den Flächentarifvertrag ist damit eine Alternative zur – von der Arbeitgeberseite häufig gewünschten – Modularisierung des Tarifvertragsgeschehens. Eine solche Modularisierung, also die Bereitstellung eines Portfolios von Tarifverträgen, aus dem der Arbeitgeber wählen kann, würde ein zentrales Anliegen der Gewerkschaft gefährden, nämlich die Förderung der Solidarität zwischen den Betrieben.

> stellen, in den Arbeitgeberverband einzutreten, den Flächentarifvertrag anzuwenden?‹. Da haben alle Arbeitgeber gesagt: ›Nö. Wir lassen uns hier nicht von irgend nem Verband bevormunden‹. [...] Wir haben inzwischen in etwa 30 Betrieben Haustarife, die wir anwenden, haben also die Tarifbindung massiv ausbauen können, haben Belegschaften gesagt: ›Komm, lasst uns hier mal angreifen‹.« (Ebd.)

Es wäre übertrieben zu behaupten, dass diese Erschließung der Tariflandschaft über Haus- und Anerkennungsverträge zu einem massiven gewerkschaftlichen Mitgliederzuwachs geführt habe. Sie hat aber zweifellos dazu beigetragen, den Verlust von Mitgliedern, unter anderem durch Werksschließungen, Firmenaustritte aus dem Arbeitgeberverband und Pensionierungen, zumindest auszugleichen. Auch die Steigerung des Organisationsgrads in manchen stabil flächentariflich gebundenen Großbetrieben ist wichtig für die Konsolidierung des Mitgliederbestands. Interessant ist aber, dass nach Angaben eines Gesprächspartners der Organisationsgrad in Thüringer Betrieben mit Haus- und Anerkennungsvertrag um zehn Prozentpunkte höher liegt als »in der Fläche«. Zwar arbeitet immer noch die Mehrheit der Thüringer Gewerkschaftsmitglieder in flächentariflich gebundenen Betrieben, aber auch hier scheint sich ein Wandel anzubahnen.

2. Woher kommt der Wandel? Zur Chronologie der ostdeutschen Gewerkschafts- und Tarifgeschichte

Wer die Gegenwart verstehen will, muss in die Vergangenheit blicken. Im Folgenden wird daher die ostdeutsche Gewerkschafts- und Tarifgeschichte in pointierter Weise rekapituliert. Wir stützen uns dabei zum einen auf historische und wissenschaftliche Quellen. Zum anderen wird die Vergangenheit (auch) aus der Sicht aktueller Akteure, das heißt unserer ostdeutschen Interviewpartner, rekonstruiert. Folgt man unter anderem den Deutungsmustern der befragten IG Metall-Funktionäre, so lassen sich grob vier wesentliche Phasen unterscheiden: die Zeit betrieblicher »Notgemeinschaftspakte« (1992–2003), der verlorene Streik in der M+E-Industrie 2003 als folgenreicher Einschnitt, eine darauffolgende gewerkschaftliche »Durststrecke« und schließlich seit etwa 2008–2010 der Übergang in einen »offenen Suchprozess« nach Wegen für gewerkschaftliche Erneuerung.

Kaum mehr Erwähnung in unseren Gesprächen mit betrieblichen und gewerkschaftlichen Akteurinnen und Akteuren findet heutzutage noch die unmittelbare »Wendezeit«, das heißt jener Zeitraum des Systemumbruchs vor dem Beitritt der DDR zur Bundesrepublik, die von hohen Erwartungen der ostdeutschen Bevölkerung bezüglich demokratischer Mitbestimmung und einer offensiven betrieblichen Basisbewegung geprägt war (Hürtgen 2018). Aus Sicht der Interviewten scheint die heutzutage relevante Geschichte mit der formalen Übertragung des westdeutschen dualen Institutionensystems industrieller Beziehungen auf die ostdeutschen Bundesländer zu beginnen – und diese Geschichte scheint vor allem eine Krisengeschichte zu sein. Hatten sich die ostdeutschen Beschäftigten anfänglich von den DGB-Gewerkschaften und neu etablierten Betriebsräten eine durchsetzungsstarke Vertretung ihrer Interessen und schnelle Angleichung ihrer Arbeits- und Lebensbedingungen an westdeutsches Niveau erhofft, so wurden sie im Zuge der wirtschaftlichen Transformationskrise mit massiv steigenden Arbeitslosenzahlen oft bitter enttäuscht. Zwar formulierten die neuen ostdeutschen Betriebsräte teilweise noch weitgehende Ansprüche auf wirtschaftsdemokratisches Co-Management (Artus u.a. 2001); im Rahmen betrieblicher Überlebenspakte hatten sie jedoch oft wenig Gestaltungsspielraum und sahen sich gezwungen, bei der sozialverträglichen Abwicklung breiter Belegschaftsteile zu kollaborieren.

Die oft stark kohäsiven Beziehungsmuster zwischen Management, Betriebsrat und Belegschaften wurden in der einschlägigen Literatur »Betriebsgemeinschaftspakte« oder auch »Notgemeinschaftspakte« genannt (Mense-Petermann 1996). Kollektive gewerkschaftliche Mobilisierungen erwiesen sich als schwierig. Das zeigte bereits der Konflikt um die außerordentliche Kündigung des Stufentarifvertrags in der Metallindustrie 1993 (Wentzel 2018). Zwar gelang es damals noch durch Streiks in der ostdeutschen Stahlindustrie, in der Metallindustrie in Sachsen und Mecklenburg-Vorpommern sowie durch Warnstreikaktionen in den übrigen ostdeutschen Bundesländern einen Kompromiss zu erzielen. Dieser bedeutete jedoch eine Verlangsamung des Angleichungstempos sowie den Einstieg in die Flexibilisierung von Tarifstandards auch beim Thema Entgelt durch die sogenannte »Härtefallklausel« – eine Entwicklung, die im Folgenden auch in Westdeutschland Schule machen sollte. Die nahezu flächendeckende Deindustrialisierung bei anhaltend hoher Arbeitslosigkeit führte auch in den Folgejahren unter den ostdeutschen Beschäftigten häufig zu Ohnmachtsgefühlen, Resignation und Enttäuschung über die Grenzen gewerkschaftlichen und betriebsrätlichen Handelns. Vergleichsweise selten agierten Betriebsräte konfliktorientiert (Artus u.a. 2001). Ihre normative Bindung an die »neuen westdeutschen« Gewerkschaften war nicht selten gering (Artus 2001, 2003). Erinnern sich heutzutage IGM-Funktionäre an die 1990er-Jahre, so scheinen diese vor allem von »Angst« der Belegschaften und Betriebsräte um den Erhalt des Betriebs und der Arbeitsplätze geprägt: »Was es eher noch in den 1990ern und 2000er-Jahren gab, [...] so Betriebsräte, die das wirklich seit den 1990ern gemacht haben, die sehr ängstlich waren, weil die gesagt haben: ›Wir haben ein Auskommen in dem Betrieb, einigermaßen und jetzt willst du das zerstören, jetzt willst du Streik.‹« (IGM 4)

Das obige Zitat verdeutlicht gut die Bruchstellen zwischen gewerkschaftlicher Strategie und betrieblichen Befindlichkeiten – Brüche, die im Zuge des Streiks 2003 virulent wurden und desaströse Wirkung entfalteten. Als die IG Metall im Juni 2003 versuchte, das Tarifziel der Angleichung der Wochenarbeitszeit in Ost und West auf 35 Stunden (das heißt die Reduktion der tariflichen Wochenarbeitszeit in Ostdeutschland von 38 auf 35 Stunden) über einen »Angriffsstreik« durchzusetzen, wurde deutlich, dass hierfür »die erforderliche breite Unterstützung in den Belegschaften [...] nicht gegeben« war (Schmidt 2003: 501). Besonders schwach war damals die Mobilisierungsbereitschaft in Thüringen: »Und ich weiß es noch sehr genau, weil es für mich natürlich auch eine wichtige Zeit war, dass die Bevollmächtigten in Thüringen von der Bezirksleitung gefragt worden sind: Würden wir eine Urabstimmung gewinnen? Und zwei von sechs Geschäftsstellen haben gesagt ›Ja‹ und vier haben ›Nein‹ gesagt« (IGM 3). Schwerwiegende strategische Fehleinschätzungen der zuständigen IGM- Funktionäre, interne Streitigkeiten um die Nachfolge des IGM-Vorsitzes, aber auch die teilweise mangelhafte Solidarität westdeutscher Betriebsräte mit den ostdeutschen Kolleginnen und Kollegen[6] waren letztlich dafür verantwortlich, dass der Streik nach vier Wochen ergebnislos abgebrochen werden musste. Für die IG Metall war dies die bitterste Niederlage seit dem verlorenen Bayern-Streik 1954. Ein Interviewpartner resümiert die Bedeutung des Konflikts aus heutiger Sicht: »Diese ganze Auseinandersetzung 2003 [...], das war ja nach 1993 dann zum ersten Mal wieder die erste große Streikbewegung, [...] unsere Kollegen sagen, ›ergebnislos abgebrochen‹. Die Organisation, glaube ich, sagt ›verloren‹. Und ich glaube, wenn man diese Auseinandersetzung nicht mitgekriegt hat, versteht man ganz viel an Diskussionen unserer ehrenamtlichen Kolleginnen und Kollegen auch nicht, weil, das hat sich ja auch tief eingebrannt in das kollektive Bewusstsein« (IGM 1).

Schon in den 1990er-Jahren lag der tarifliche Deckungsgrad in Ostdeutschland unter dem westdeutschen Niveau; nach dem verlorenen Streik 2003 ging er beschleunigt weiter zurück. Parallel sanken die gewerkschaftlichen

6 Die Betriebsratsvorsitzenden einiger großer Automobilkonzerne in Westdeutschland traten in medienwirksamer Weise gegen den Streik in Ostdeutschland auf, als dieser die Produktion in den westdeutschen Werken mangels Zulieferungen aus Ostdeutschland zu gefährden drohte. Diese öffentliche Entsolidarisierung hoher betrieblicher IGM-Funktionäre während eines akuten Tarifkampfes kann als einzigartiger Vorfall in der Tarifgeschichte der IG Metall gelten.

Mitgliederzahlen. Die gewerkschaftliche Misere beschränkte sich in diesem Zeitraum freilich nicht auf Ostdeutschland und auch nicht auf die IG Metall. Angesichts einer Arbeitslosenquote von bundesweit über 10 Prozent wurden im Jahr 2004 von der rot-grünen Koalition die sogenannten »Hartz-Gesetze« und die Agenda 2010 ohne nennenswerten gewerkschaftlichen Widerstand verabschiedet. Auch das »Pforzheimer Abkommen« im Jahr 2004 kennzeichnete in gewisser Weise einen Tiefpunkt, aber auch einen Wendepunkt in der Tarifgeschichte der IG Metall. Es öffnete zum ersten Mal bundesweit den Weg für eine tarifpolitische Flexibilisierung der Entgelte. Zugleich beschränkte es das »wilde« Unterlaufen tariflicher Standards in den Betrieben durch die Festlegung klarer Regeln für gewerkschaftliche Beteiligung und Regulierung. Das Pforzheimer Abkommen war damit sowohl ein Eingeständnis gewerkschaftlicher Schwäche als auch eine erste pragmatische Maßnahme, mit dieser adäquat umzugehen. Es verhinderte jedoch nicht, dass die zweite Hälfte der 2000er-Jahre zur gewerkschaftlichen »Durststrecke« wurde – insbesondere (aber nicht nur) in Ostdeutschland, wie dies auch einer unserer Interviewpartner beschreibt: »Wir haben sozusagen diese ganze Durststrecke auch, wir haben [...] im Niedergang von 2003 [...] auch nochmal massiv Mitglieder verloren« (IGM 1).[7] Die IG Metall Geschäftsstellen in Ostdeutschland konnten sich nicht länger aus eigener Kraft finanzieren. »Wir waren damals, als ich Bevollmächtigter wurde [zwischen 2005 und 2010], aber pleite. Also wir hatten, ich weiß es nicht ganz genau, aber einen Ortskassen-Bestand von 2.835 Euro und 60 Cent« (ebd.).[8]

Die »Durststrecke« machte klar: Es brauchte neue Konzepte. Die IG Metall war zum Handeln gezwungen. Spätestens ab Beginn der 2010er-Jahre (zweifellos unterstützt von nunmehr sinkenden Arbeitslosenzahlen) wurde nicht nur in Ostdeutschland, sondern bundesweit intensiv über neue Orga-

---

7 Parallel ging auch die Organisierung in den ostdeutschen Arbeitgeberverbänden fast schockartig zurück: Zwischen 2002 und 2005 verlor der Thüringer Verband der Metall- und Elektroindustrie (VMET) fast 30 Prozent seiner tarifgebundenen Mitglieder (Gesamtmetall 2020, zit. n. Schulten u.a. 2021: 36).

8 Es ist bezeichnend, dass sich auch die Wissenschaft in Zeiten der »Durststrecke»« kaum mehr für die industriellen Beziehungen in Ostdeutschland interessierte. Die Situation war offenbar so unerfreulich, dass man lieber nicht so genau hinsehen wollte. So konstatiert etwa Brunner (2018: 98), dass nach dem »ersten sozialwissenschaftlichen Boom in den 1990er Jahren« das Interesse an Ostdeutschland zu Beginn der 2000er-Jahre stark abgenommen habe. Auch laut Meise (2010: 215) war der verlorene Streik der IG Metall in Ostdeutschland im Jahr 2003 ein prägendes Ereignis, nach dem »das Thema Gewerkschaften in den neuen Bundesländern nicht nur aus der öffentlichen Wahrnehmung weitgehend verschwunden« ist, sondern auch »das wissenschaftliche Interesse merklich« nachließ. Die neuen Themen der Forschung über Ostdeutschland waren nunmehr die mentale Verarbeitung von Prekarität und Arbeitslosigkeit (Brinkman u.a. 2006).

nizing-Strategien und betriebsnahe Tarifpolitik diskutiert (Wetzel 2013; vgl. für ver.di: Kocsis u.a. 2013). Auch die Stimmung unter den ostdeutschen Beschäftigten veränderte sich. Die sprichwörtliche »Bescheidenheit« der »ostdeutschen Arbeitsspartaner« (Behr 2017; Ellinghaus/Wolf 2020) nahm ab und wich einer neuen Forderungshaltung. Ein Generationenwechsel fand statt, nicht nur in den Belegschaften, sondern auch in den Reihen der IG Metall. Gute Voraussetzungen für einen Wandel.

3. Aktuelle tarifpolitische Strategien der IG Metall: Back to the Roots?

Auf einem kürzlich abgehaltenen Hans-Böckler-Workshop, auf dem wir einen Entwurf dieses Artikels vorstellten, bemerkte ein Teilnehmer, dass die IG Metall offenbar eine »Back to the Roots«-Strategie praktiziere. »Zurück zu den Wurzeln« – das meint die Rückbesinnung auf grundlegende und sehr alte Methoden gewerkschaftlicher Organisierung, wie sie in der Geschichte der Arbeiter*innenbewegung gang und gäbe waren. Man denke hier etwa an den Beginn der Gewerkschaften im 19. Jahrhundert, aber auch an diverse links-oppositionelle Neuansätze betrieblicher Organisierung in den 1970er-Jahren (Arps 2011; Behruzi 2015). Nach dem verlorenen Streik 2003 und einer schweren gewerkschaftlichen »Durststrecke« besann man sich auf alte Tugenden in neuem Gewand. Gewerkschaftliche Erschließung und Organizing waren die neuen Zauberworte, die etwa gegen Ende der 2000er-Jahre auch in Ostdeutschland an Terrain gewannen. Einer unserer Interviewpartner formulierte dies wie folgt: »Und, klar, die [Erschließungssekretäre] haben gesagt: Also alles, was hier in den letzten 10, 15, 20 Jahren versucht worden ist, hat ja offensichtlich nicht ans Ziel geführt, wir müssen was Anderes machen« (IGM 6). Bei einer neuen, jüngeren Generation von IG Metall-Funktionärinnen und -Funktionären, die nach und nach in ostdeutschen Geschäftsstellen ins Amt kamen, setzte sich die Erkenntnis durch, dass die alten Strategien überdacht werden mussten. Damit war auch die ausschließliche Fokussierung auf die Flächentarifbindung gemeint.

Ein neues Bewusstsein bei den Funktionärinnen und Funktionären der IG Metall ist aber nur die eine Seite der Medaille. Das Ende der »Durststrecke« wurde zugleich – oder vielleicht sogar in erster Linie – dadurch eingeläutet, dass ein neuer Kampfgeist unter den Beschäftigten spürbar wurde. Wichtige strukturelle Rahmenbedingungen hierfür waren das Erstarken der ostdeutschen Industrie, insbesondere in einigen wirtschaftlichen »Boom-Regionen« (zum Beispiel Leipzig, Halle, Jena, Dresden). Schon 2011 war die Zahl der Arbeitslosen erstmals niedriger als im Jahr 1991. Die vielen Jahre massiver

Abwanderung jüngerer Beschäftigter von Ost nach West forderten nun ihren Tribut in der Form stark alternder Belegschaften und eines »drohenden Facharbeitermangels« (Lutz u.a. 2010). Die Generation der »ostdeutschen Arbeitsspartaner« (Behr 2000), die Lohnverzicht und harte Arbeitsbedingungen nahezu klaglos für den Erhalt ihres Arbeitsplatzes in Kauf genommen hatten, wurde in den Betrieben sukzessive abgelöst durch jüngere gut ausgebildete Beschäftigte, die keinen Grund mehr dafür sahen, ihre Arbeitskraft zu schlechten Konditionen zu verkaufen.[9] Ein Interviewpartner schilderte im Rückblick jenen einprägsamen Moment »so um 2010«, in dem ihm erstmals klar wurde, dass sich unter den ostdeutschen Beschäftigten ein neuer Kampfgeist breitmachte:

> »So um 2010 ist was passiert, ich kann mich noch an einen Schlüsselmoment erinnern. Da war ein Betrieb, 140 Beschäftigte, da saß ich mit meiner Kollegin in dem aktiven Kreis, also waren so round about 25 Leute und wir haben ›die Impfung‹ gemacht [gemeint ist ein standardisiertes Informationstool, bei dem den Beschäftigten die Angst genommen werden sollte, sich kollektiv zu engagieren]. Und da hat sich dann ein Kollege gemeldet, sagt: ›Peter und Hannah [Namen anonymisiert], also ehrlich, verstehe ich, könnt ihr euch sparen.‹ So, ich sage: ›Warum?‹ ›Weil zu den beschissenen Bedingungen, die wir hier haben, können wir jederzeit überall arbeiten. Weißt du, was ich meine?‹ Also, es war quasi auf einmal so ein Kämpfergeist, so und wir haben dann gemerkt, okay, wir haben in der Erschließung zu Anfang sehr langsam gearbeitet und dann war klar, das braucht es gar nicht mehr, sondern es war umgekehrt. Da mussten wir gucken, dass wir im Tempo mithalten« (IGM 4).

Der neue forderungspolitische Rückenwind aus den Belegschaften zwang die ostdeutschen IGM-Geschäftsstellen, ihre eingefahrenen Routinen zu überdenken und Neues auszuprobieren. Dabei geriet auch die traditionelle Orientierung am Flächentarif auf den Prüfstand: »Wenn man sich die Fläche anguckt, das Bundesland [Thüringen] im Ganzen, ist halt irgendwo auf halber Strecke steckengeblieben, ja, es ist an Grenzen gestoßen, der Ansatz [Tarifbindung über den Flächentarif], und [...] die Thüringer IG Metall begegnet dem eben mit einem Suchprozess, der durchaus also örtlich unterschiedlich interpretiert wird, wo unterschiedliche Dinge ausprobiert werden« (IGM 6).

9 Der geschilderte »Aufbruch« fand jedoch nicht flächendeckend überall in Ostdeutschland statt. Schmalz u.a. (2021) haben kürzlich sehr prägnant die räumliche Polarisierung der Verhältnisse in »Boom-Zentren« einerseits und anhaltend »peripheren« Regionen andererseits beschrieben.

Gemeinsam ist den neuen Strategien eine verstärkte Konfliktorientierung und Fokussierung auf die betriebliche Erschließung. Der Haustarifvertrag avanciert zum probaten Mittel betriebsnaher Tarifpolitik: »Thüringen ist eine andere Spielart, Thüringen ist mehr so die Spielart Häuserkämpfe, so wie in Sachsen, in Südbrandenburg. Und wir haben als Bezirk schon wesentlich früher versucht, dafür zu werben bei den Geschäftsstellen, dass wir auf eine betriebliche Durchsetzungsstrategie umstellen sollten, weil wir ja die Einschätzung hatten, die, glaube ich, auch zutreffend ist, dass wir das in der Fläche nicht durchsetzen können, nicht absehbar« (IGM 6). Erneut wird an diesem Zitat deutlich, dass die Strategie vermehrter »Häuserkämpfe« zunächst ein Ausdruck davon ist, dass flächentarifliche Standards häufig nicht durchgesetzt werden können. Sie ist also ein Ausdruck von relativer Schwäche. In unserer Empirie zeigt sich daher, was bereits Schulten u.a. (2021: 37f.) verdeutlicht haben: Die Fokussierung auf Haustarifverträge erzeugt potenziell einen »Flickenteppich« an tariflichen Vereinbarungen, deren betriebliche und tarifliche Ausgangslagen, Ausgestaltungen und Zielsetzungen sehr unterschiedlich sind. Zugleich wird dadurch aber auch die Möglichkeit geschaffen, durch einen sukzessiven Aufbau betrieblicher Mobilisierungskraft die einzelnen »Flicken« nach und nach zu vernetzen und vielleicht irgendwann (wieder) den Flächentarifvertrag zu stärken.

»Häuserkämpfe« als Mittel der Organisations- und Vertretungsstrategie

Angesichts der spezifischen Kontextfaktoren in Ostdeutschland – historisch ein massiver Rückgang der Flächentarifbindung bei neuerdings verstärkter Forderungshaltung und Kampfbereitschaft der Belegschaften – scheint der Abschluss von Haustarifverträgen aktuell trotz vieler Widersprüche und Ambivalenzen eine geeignete pragmatische Strategie, um den Rückgang der Tarifbindung zu stoppen, konkrete Verbesserungen der Lohn- und Arbeitsbedingungen der Beschäftigten durchzusetzen und darüber hinaus neue Gewerkschaftsmitglieder zu gewinnen. So lässt sich die Fokussierung auf Haustarifverträge auch als Organizing-Ansatz begreifen. Und diese Feststellung lässt sich auch umkehren: Für Organizing-Ansätze, die bislang kaum gewerkschaftlich organisierte Betriebe »erschließen« sollen, sind Haustarifverträge oft das Mittel der Wahl: »Erfolgreiche Erschließungsprojekte haben meistens einen Konflikt, ja, und arbeiten ja sogar bewusst damit, auch sozusagen Themen, Situationen konflikthaft zuzuspitzen und da bietet sich natürlich ein Haustarifkonflikt an« (IGM 3). Man könnte von einer gewissen Wahlverwandtschaft zwischen Organizing-Strategien und Haustarifverträgen sprechen.

Haustarifverträge sind im Regelfall das Produkt von »Häuser*kämpfen*«. Es handelt sich um konfliktorientierte Ansätze »von unten«. Während der Flächentarifvertrag zumeist eine friedenssichernde Funktion besitzt und den Klassenkonflikt tendenziell vom Betrieb auf die tarifliche Ebene verlagert, machen »Häuserkämpfe« den Betrieb (wieder) bewusst zur Arena der Auseinandersetzung. Die Durchsetzung von Tarifforderungen kann nicht irgendwelchen gut organisierten und kampferprobten Belegschaften in Großbetrieben überlassen werden, sondern der Erfolg von »Häuserkämpfen« steht und fällt mit der konkreten Mobilisierung der Beschäftigten vor Ort. Ohne Warnstreiks oder gar Streiks wird kaum ein Haustarifvertrag zustande kommen – und das ist gut so, nach Meinung der von uns befragten IGM-Funktionäre: »Für uns ist der Warnstreik wichtig. Der Warnstreik ist mehr als ein Mittel zum Zweck. Es ist der Moment des Empowerments. Es ist der Moment, in dem die Leute ihre Macht spüren. Und wir setzen alles daran, dass sie die spüren können. [...] Wir machen wirklich viele Warnstreiks« (IGM 3).

»Back to the roots«: Die Rolle des Streiks verändert sich. Er ist nicht länger das »drohende Schwert an der Wand«; die ganz konkrete und reale Streik*praxis* als kollektive Machtdemonstration und unabdingbares Instrument zur Verbesserung der eigenen Lohn- und Arbeitsbedingungen steht (wieder) im Zentrum des Geschehens. Und dabei geht es auch immer um den Nachweis, dass solche Streiks nur mit Hilfe der IG Metall geführt werden können: »Und dafür brauche ich eine IG Metall, die sich einmischt in die Problemlagen, die auch neue Konzepte entwirft und die gleichzeitig aber eins nicht verlernt, unsere Kernaufgabe ist Umverteilung. Und Umverteilung heißt, gute Tarifverträge, Betriebsratsarbeit und so weiter, ist schon klar. Aber, sie definiert sich anders. Die IG Metall alleine zeigt eine Kampforganisation, die vor allem mit Widerstand geglänzt hat« (IGM 4).

War historisch das Verhältnis zwischen ostdeutschen Belegschaften/Betriebsräten und der IG Metall eher distanzierter als in Westdeutschland (Artus 2001, 2003), so bieten die »Häuserkämpfe« nun eine günstige Voraussetzung, um das »Zusammenwachsen« zu fördern. Da der Tarifkonflikt nicht externalisiert wird, sondern direkt vor Ort stattfindet, ist auch die IG Metall viel häufiger und direkter am Arbeitsplatz erlebbar. Der neue kämpferische Modus mit direkter Basisbeteiligung motiviert so manche(n) Beschäftigte(n), der/die zuvor wenig Hoffnung in eine vertretungsstarke Gewerkschaft hatte, sich nunmehr selbst zu engagieren, sei es (oft zunächst) in der betrieblichen Tarifkommission, (später auch) im Betriebsrat oder in der Geschäftsstelle. »Ich würde sagen, dass wir heute als IG Metall auch viel näher dran sind an den Belegschaften, als wir es in den 1990ern und 2000ern waren. [...] Wir machen doppelt so viele Mitgliederversammlungen wie früher. Und zu diesen Mitgliederversammlungen kommen, anders als früher, auch nicht mehr zehn Leute, sondern 60, 70, 80, 100. Und das hat die IG Metall damals, hat das nicht funktioniert, das Stellvertreterding hat nicht funktioniert damals, 2003« (IGM 3).

Die verstärkte Präsenz in den Betrieben und die (partielle) Abkehr von der Stellvertreterpolitik sind zweifellos geeignet, den gewerkschaftlichen Organisationsgrad zu verbessern. Die Beschäftigten fühlen sich wahrgenommen und – auch ganz persönlich – betreut und vertreten: »In 20 Betrieben haben wir vor Ort erstrittene Haustarifverträge. Da ist der Organisationsgrad höher wie in den Betrieben, wo unser Kernprodukt, der Flächentarifvertrag, gilt. Hat was damit zu tun, dass du die unmittelbare Beteiligung an der Herstellung von guten Arbeits- und guten Tarifregelungen in den Betrieben, wo du vor Ort eine Mitgliederversammlung machst, die Leute den Eindruck haben, der ist da und kümmert sich nur hier um meinen kleinen Betrieb, der verbessert mein Entgelt, die IG Metall ist dafür verantwortlich und ich spiele da eine Rolle« (IGM 3).

Haustarifverträge werden also inzwischen nicht mehr (nur) als »Notlösung« in der Krise oder »Tarifbindung zweiter Klasse« gesehen. Sie werden auch als offensives Instrument gedacht, das Vorteile hat und die Gewerkschaft stärken kann. Ihre Zunahme verändert jedoch die Logiken gewerkschaftlicher Tarifpolitik: »Das [die sinkende Arbeitgeberverbandsbindung] zwingt uns dazu, wenn wir gewerkschaftlich mächtig sein wollen, dass wir sehr viel mehr Haustarifverträge abschließen, erkämpfen, erstreiten. Und das haben wir getan in den letzten Jahren. Aber das führt dazu, dass zentral organisierte Tarifrunden, klassisch in der Metall-, Elektroindustrie, für uns keine so große Bedeutung haben wie in einer Geschäftsstelle mit 90 Prozent Arbeitgeberverbandsbindungen« (IGM 3). Der daraus resultierende Aufwand macht es nötig, Ressourcen neu aufzuteilen und anders zu priorisieren: »Wären alle Betriebe im Verband, dann hätte ich alle zwei Jahre mal Tarifverhandlung. Jetzt hab' ich jede Woche Tarifverhandlungen. Ich hatte gestern Tarifverhandlung, ich habe heute Tarifverhandlung, ich hab' jeden Tag Tarifverhandlung. Das bindet Kapazitäten« (IGM 7). Auch hier stolpern wir wieder über die heikle Frage der Ressourcen. Das Zitat macht deutlich, dass Tarifverhandlungen in Ostdeutschland mittlerweile zum Alltagsgeschäft gewerkschaftlicher Arbeit zählen. Das bindet erhebliche Personalkapazitäten – in einer Situation, in der ohnehin bereits relativ wenige, in der Vergangenheit oft zusammengelegte Geschäftsstellen teils räumlich weit entfernte und infrastrukturell schlecht angebundene Betriebe betreuen müssen. Das dürfte die Geschäftsstellen mindestens perspektivisch vor größere Probleme stellen.

Die graduelle Abkopplung von den »zentral organisierten Tarifrunden« hat jedoch auch ihre Vorteile. Man ist nicht an die – zunehmend länger werdende – Gültigkeitsdauer des Flächentarifs gebunden. »Anders, als wenn es jetzt um einen Tarifbindungskonflikt geht, wo du ein Unternehmen in die Fläche führst, liegt es beim Haustarifvertrag natürlich auch eher auf der Hand, dass du es wiederholen kannst in gewissen kürzeren Abständen, die wesentlich stärker in deiner Hand liegen als in der Fläche. In der Fläche wiederholst du es auch gelegentlich, aber da hast du ja auch manchmal Tarifabschlüsse, die dauern zweieinhalb Jahre. Das ist schon ganz schön lange für so eine periodische Wiederholung von Konflikterleben, Erleben des Zusammenhalts« (IGM 6).

Die größere Basisnähe und das häufigere sowie direktere »Konflikterleben« sorgt in haustariflich gebundenen Betrieben oft dafür, dass die IG Metall im betrieblichen und betriebsrätlichen Alltag und in den Köpfen der Beschäftigten präsenter ist als in flächentariflich gebundenen Betrieben. Dies trägt dazu bei, das Profil der IG Metall zu schärfen, was wiederum zu einer stärkeren Bindung zwischen der Gewerkschaft und ihren Mitgliedern führt: »Ich [als Mitarbeiterin] spiele da eine aktive Rolle dabei, indem ich mich am Warnstreik beteilige, das wirkt sich direkt auf mein Entgelt aus. Das kannst du da viel besser darstellen in solchen Haustarifgeschichten als im Flächentarif, wo die Leute den Eindruck haben, ja, die treffen sich da, irgendwelche alten grauen Männer in grauen Anzügen und verhandeln da nachts irgendwas und dann kommt irgendwas raus und ob ich da jetzt dabei bin oder nicht, spielt dann nicht so eine Rolle. Das ist oftmals so eine Sichtweise der Leute im Flächentarifvertrag« (IGM 2).

In gewisser Weise erlernen die ostdeutschen Beschäftigten somit die institutionelle Funktionsweise des deutschen Systems industrieller Beziehungen in der direkten Aktion. Die häufigeren kollektiven Mobilisierungsereignisse bieten Raum, um das Gefühl der Solidarität unter den Beschäftigten zu stärken, aber auch ein Gefühl der Verbundenheit zwischen der Gewerkschaft und den Mitgliedern zu schaffen. Der Streik stellt in diesem Sinne nicht nur ein singuläres »Ereignis« dar, das heißt etwas Außergewöhnliches; er kann auch systematisch genutzt werden zur Bewusstseinsbildung oder um die Kunst des zivilen Ungehorsams zu üben: »Oder [wir sagen], ›Wir machen ein bisschen Straßentraining. Stellt euch vor, wir werden noch einen zweiten, dritten Warnstreik machen und es wird Streikbrecher geben. Wir möchten, dass ihr Bezugsgruppen bildet, ja‹ [...] Also Bezugsgruppen ist eigentlich ein System aus der Anti-AKW-Bewegung der 1970er-, 1980er-Jahre, wo zehn, zwölf Leute sich zusammentun und über eine Reihe von Fragen sprechen, wie man jetzt in diese Straßenaktion geht« (IGM 3).

Zusammenfassend lässt sich sagen, dass viele ostdeutsche Geschäftsstellen in Reaktion auf virulente Krisenerfahrungen und eine bittere gewerkschaftliche »Durststrecke« mittlerweile neue Wege gehen, um die IG Metall zu konsolidieren und zu restrukturieren. Es geht um eine Stabilisierung der Tarifbindung, um Mitgliedergewinnung und eine neue, basisdemokratischere Gewerkschaftskultur. Die Strategie der Tarifbindung über Haustarifverträge ist vielerorts ein Mittel der Wahl, denn diese hat eine Reihe von Vorteilen: Der kollektive Kampf für verbesserte Arbeitsbedingungen wird »aus erster Hand« am Arbeitsplatz ausgetragen. Die kollektive Praxis gemeinsamen solidarischen Handels stabilisiert die Bindung zwischen IG Metall und Mitgliedern, macht die Gewerkschaft »vor Ort« erlebbar und verleiht ihr Bedeutung als Mittel und Hilfe zur Organisierung. Sie zwingt die Gewerkschaft zu einer basisnäheren Politik und fördert damit zugleich ihre Informiertheit über die betrieblichen Bedingungen. Diese Abkehr von der tradierten »Stellvertreterpolitik« hat Folgen für die Beschäftigten, denn es wird klar: eine Verbesserung der Arbeitsbedingungen gelingt nur dann, wenn sich möglichst viele dafür einsetzen. Ihr Erfolg hängt davon ab, dass die Beschäftigten bereit sind, sich gewerkschaftlich zu organisieren und selbst aktiv werden. Dieses Element der Eigenverantwortung ist gemeint, wenn wiederholt auch von »bedingungsgebundener Gewerkschaftsarbeit« die Rede ist. Gerade hier verdeutlicht sich jedoch auch die Ambivalenz der Häuserkämpfe, die sich letztlich nur dort realisieren lassen, wo der Organisationsgrad hoch ist. Zudem führen die Kämpfe oft zu gegenüber der Fläche materiell nachteiligeren Tarifverträgen – bei gleichzeitig deutlich stärker belasteten Kapazitäten der Gewerkschaft. Und doch: Die aktuelle Tarifpolitik der IG Metall in Thüringen und Sachsen birgt das Potenzial, den historischen Trend zur Erosion des Tarifsystems in Ostdeutschland zumindest wirksam zu bekämpfen, vielleicht sogar ihn zu stoppen.

4. Fazit

Der Einblick in die ostdeutsche Tariflandschaft hat deutlich gemacht, dass es mittlerweile zu kurz greift, hier – wie in der Vergangenheit – in erster Linie von einer defizitären Praxis zu sprechen. Es stimmt zwar, dass die Tarifbindung deutlich geringer ist als im Westen und auch die materiale Angleichung der Tarifkonditionen noch längst nicht geschafft ist. Dennoch ist die Situation eher als ein – mittlerweile partiell durchaus erfolgreicher – Suchprozess nach neuen, geeigneten Strategien zu beschreiben. In diesem Suchprozess erweisen sich basisdemokratisch angelegte, konfliktorientierte Organizing-Konzepte betrieblicher Erschließung beziehungsweise bedingungsgebundener Gewerkschaftsarbeit als aktuell passfähig. Der vermehrte Abschluss von Haustarifverträgen ist in diesem Kontext nicht nur negativ als »Dezentralisierung« der Tarifnormen und Ausdruck des erodierenden Flächentarifvertrags zu interpretieren. Er ist zugleich ein Zeichen der Re-Konstruktion und Stabilisierung des Tarifsystems in Ostdeutschland – möglicherweise sogar eine Brücke, die zum Flächentarifvertrag führt.

In den kollektiven Mobilisierungsprozessen zum Abschluss von Haustarifverträgen werden zudem die grundlegenden Mechanismen und Vertretungslogiken des deutschen Systems industrieller Beziehungen authentisch erfahren, erlebt und erlernt. Gerade in Ostdeutschland, wo die westdeutschen Institutionenregeln trotz ihrer formalen Eins-zu-eins-Übertragung nie auf einem adäquaten kulturellen »Unterbau« und »Praxiswissen« der Akteure aufbauen konnten, sind diese betrieblichen Mobilisierungsprozesse wertvolle Erfahrungsräume für die Entwicklung einer schlagkräftigen ostdeutschen Gewerkschaftskultur. Das klassische Problem »stellvertretender Tarifautonomie« in der ostdeutschen Transformationsperiode könnte somit nach und nach der Vergangenheit angehören.

Aber die aktuelle Entwicklung hat auch ihre Gefahren und Schattenseiten. Der Weg zur Angleichung tarifpolitischer Logiken sowie materialer Tarifnormen in Ost- und Westdeutschland ist noch weit. Das gilt auch und gerade aufgrund der höheren Verbreitung von Haustarifverträgen in Ostdeutschland, deren Konditionen in der Regel schlechter sind als der Flächentarifvertrag. Ob der haustarifliche »Flickenteppich« betrieblicher Tarifnormen irgendwann solidarisch verknüpft und vereinheitlicht werden kann, sodass auch kleinere und schwächere Belegschaften von der Kampfkraft der »Großen« und »Starken« profitieren können, ist ungewiss. Ein gesellschaftliches Gerechtigkeitsproblem ergibt sich aus der Auflösung flächendeckender allgemeingültiger Tarifnormen allemal. Und doch scheint es momentan Licht zu geben am Ende des ostdeutschen Tunnels: Die Mitgliederzahlen der IG Metall sind wieder auf dem Stand vor dem Streik 2003 und die Zahl der sogenannten »weißen Flecken« – also der Betriebe, in denen die IG Metall nicht vertreten ist – geht zurück. Die Finanzen sind einigermaßen konsolidiert; in einigen Bereichen kämpft man nicht mehr nur gegen Rückschritte, sondern macht auch Fortschritte: Es werden Betriebsräte gegründet (Goes u.a. 2015; Röbenack/Artus 2015). Auch Betriebe »auf der grünen Wiese« werden gezwungen, einen Tarifvertrag abzuschließen. Die Arbeitgeber sind mit zunehmend selbstbewussten und immer häufiger auch kampferfahrenen Verhandlungspartnerinnen konfrontiert. Sicher ist: Es tut sich was – auch und gerade im Osten der Republik.

Literatur

Arps, Jan Ole (2011): Frühschicht. Linke Fabrikintervention in den 70er Jahren. Hamburg/Berlin.

Artus, Ingrid (2001): Krise des deutschen Tarifsystems. Die Erosion des Flächentarifvertrags in Ost und West. Wiesbaden. DOI: https://doi.org/10.1007/978-3-322-90661-8.

– (2003): Die Kooperation zwischen Betriebsräten und Gewerkschaften als neuralgischer Punkt des Tarifsystems. Eine exemplarische Analyse am Beispiel Ostdeutschlands. In: Industrielle Beziehungen 10(2): 250-272.
– (2018): Tarifpolitik in der Transformation oder: Das Problem »stellvertretender Tarifautonomie«. In: Brunner, Detlev / Kuhnhenne, Michaela / Simon, Hartmut (Hg.): Gewerkschaften im deutschen Einheitsprozess. Möglichkeiten und Grenzen in Zeiten der Transformation. Bielefeld: 151-168.
– u.a. (2001): Betriebliches Interessenhandeln. Band 2. Zur politischen Kultur der Austauschbeziehungen in der ostdeutschen Industrie. Opladen.
– u.a. (2022): Ostdeutsche Mitbestimmung im historischen Wandel. Projekt Nr. 2021-427-5 der Hans-Böckler-Stiftung. URL: https://www.boeckler.de/, Zugriff: 21.12.2022.
Behr, Michael (2000): Ostdeutsche Arbeitsspartaner. Der positive Trend in der ostdeutschen Industrie führt zu neuen Herausforderungen. In: Die politische Meinung 369: 27-38.
– (2017): Das Ende des ostdeutschen Arbeitsspartaners. In: Berliner Debatte Initial 28(3): 29-42.
Behruzi, Daniel (2015): Wettbewerbspakte und linke Betriebsratsopposition. Fallstudien in der Automobilindustrie. Hamburg.
Bergmann, Joachim / Schmidt, Rudi (1996): Industrielle Beziehungen. Institutionalisierung und Praxis unter Krisenbedingungen. Beiträge zu den Berichten zum sozialen und politischen Wandel in Ostdeutschland. Opladen.
Bispinck, Reinhard (2020): Tarifpolitik in Ostdeutschland 1990-2020. Ein Rückblick auf zentrale Entwicklungen, Konflikte und Ergebnisse. Elemente qualitativer Tarifpolitik Nr. 88. Düsseldorf.
Brinkmann, Ulrich (2003): Die Labormaus des Westens. Ostdeutschland als Vorwegnahme des Neuen Produktionsmodells? In: Dörre, Klaus / Röttger, Bernd (Hg.): Das neue Marktregime. Hamburg: 250-269.
– / Dörre, Klaus / Röbenack, Silke (2006): Prekäre Arbeit. Ursachen, Ausmaß, soziale Folgen und subjektive Verarbeitungsformen unsicherer Beschäftigungsverhältnisse, Friedrich-Ebert-Stiftung. Gesprächskreis Migration und Integration. URL: https://library.fes.de/, Zugriff: 13.1.2023.
Brunner, Detlev (2018): Gewerkschaftspolitik in der Transformation. Anmerkungen zum Forschungsstand. In: Brunner, Detlev / Kuhnhenne, Michaela / Simon, Hartmut (Hg.): Gewerkschaften im deutschen Einheitsprozess. Möglichkeiten und Grenzen in Zeiten der Transformation. Bielefeld: 95-107. DOI: https://doi.org/10.1515/9783839442197-005.
Ellguth, Peter / Kohaut, Susanne (2022): Tarifbindung und betriebliche Interessenvertretung: Ergebnisse aus dem IAB-Betriebspanel 2021. WSI Mitteilungen 75(4): 328-336. DOI: https://doi.org/10.5771/0342-300X-2022-4.
Ellinghaus, Christoph / Wolf, Franziska (2020): Ende der Bescheidenheit? Christoph Ellinghaus und Franziska Wolf über Tendenzen der Gewerkschaftsarbeit in Ostdeutschland. In: express 8-9: 12-13.
Gesamtmetall (2020): Die Metall- und Elektroindustrie in der Bundesrepublik Deutschland in Zahlen. Ausgabe 2020. Berlin.
Goes, Thomas u.a. (2015): Gewerkschaften im Aufwind? Stärkung gewerkschaftlicher Organisationsmacht in Ostdeutschland. OBS-Arbeitsheft 83. Frankfurt/M.
Hürtgen, Renate (2018): Betriebliche und gewerkschaftliche Basisbewegungen 1989/90 in der DDR. In: Brunner, Detlev / Kuhnhenne, Michaela / Simon, Hartmut (Hg.): Gewerkschaften im deutschen Einheitsprozess. Möglichkeiten und Grenzen in Zeiten der Transformation. Bielefeld: 69-93. DOI: https://doi.org/10.1515/9783839442197-004.
Kocsis, Andrea / Sterkel, Gabriele / Wiedemuth, Jörg (Hg.) (2013): Organisieren am Konflikt. Tarifauseinandersetzungen und Mitgliederentwicklung im Dienstleistungssektor. Hamburg.
Lutz, Burkart u.a. (2010): Fachkräftemangel in Ostdeutschland – Konsequenzen für Beschäftigung und Interessenvertretung. OBS-Arbeitsheft 65. Frankfurt/M.

Meise, Stephan (2010): Regionale Gewerkschaftspraxis in Ostdeutschland 20 Jahre nach der »Wende« – eine Fallstudie. In: Industrielle Beziehungen 17(2): 214-231.

Mense-Petermann, Ursula (1996): Die Verbetrieblichung der industriellen Beziehungen in Ostdeutschland als Herausforderung für das duale System. In: Industrielle Beziehungen 1(3): 65-78.

Röbenack, Silke / Artus, Ingrid (2015): Betriebsräte im Aufbruch? Vitalisierung betrieblicher Mitbestimmung in Ostdeutschland. Eine Studie der Otto Brenner Stiftung. OBS-Arbeitsheft 82. Frankfurt/M.

Schmalz, Stefan / Dörre, Klaus (2013): Comeback der Gewerkschaften? Machtressourcen, innovative Praktiken, internationale Perspektiven. Frankfurt/M./New York.

Schmalz, Stefan u.a. (2021): Abgehängt im Aufschwung. Demografie, Arbeit und rechter Protest in Ostdeutschland. Frankfurt/M./New York.

Schmidt, Rudi (2003): Der gescheiterte Streik in der ostdeutschen Metallindustrie. In: PROKLA 132 33(3): 493-509. DOI: https://doi.org/10.32387/prokla.v33i132.663.

Schroeder, Wolfgang (2000): Das Modell Deutschland auf dem Prüfstand. Zur Entwicklung der industriellen Beziehungen in Ostdeutschland. Wiesbaden. DOI: https://doi.org/10.1007/978-3-322-83355-6.

Schulten, Thorsten / Bispinck, Reinhard (2018): 4 Varieties of decentralisation in German collective bargaining. In: Leonardi, Salvo / Pedersini, Roberto (Hg.): Multi-employer bargaining under pressure Decentralisation trends in five European countries. Brüssel: 105-150.

Schulten, Thorsten / Lübker, Malte / Bispinck, Reinhard (2019): Tarifverträge und Tarifflucht in Sachsen. Studie der Hans-Böckler-Stiftung Nr. 19. Düsseldorf.

Schulten, Thorsten / Bispinck, Reinhard / Lübker, Malte (2021): Tarifverträge und Tarifflucht in Thüringen. Studie der Hans-Böckler-Stiftung Nr. 26. Düsseldorf.

Schulten, Thorsten u.a. (2021): WSI-Tarifarchiv 2021. Statistisches Taschenbuch Tarifpolitik. Düsseldorf.

Sell, Stefan (2022): Immer noch 7,5 Millionen abhängig Beschäftigte, aber: der Niedriglohnsektor ist etwas geschrumpft (27.11.2022). In: Aktuelle Sozialpolitik. URL: https://aktuelle-sozialpolitik.de/, Zugriff: 13.1.2023.

Wentzel, Lothar (2018): Der Streik der IG Metall zur Verteidigung des Stufentarifvertrags in den neuen Bundesländern im Jahre 1993. In: Brunner, Detlev / Kuhnhenne, Michaela / Simon, Hartmut (Hg.): Gewerkschaften im deutschen Einheitsprozess. Möglichkeiten und Grenzen in Zeiten der Transformation. Bielefeld: 169-180. DOI: https://doi.org/10.1515/9783839442197-009.

Wetzel, Detlef (Hg.) (2013): Organizing. Die Veränderung der gewerkschaftlichen Praxis durch das Prinzip Beteiligung. Hamburg.

Whittall, Michael / Trinczek, Rainer (2019): Where is the Industrial Relation's Meat in the German Pork Industry? In: Giornale di diritto del lavoro e di relazioni industriali 164: 695-712. DOI: https://doi.org/10.3280/GDL2019-164005.

PROKLA 211 | 53. Jahrgang | Nr. 2 | Juni 2023 | S. 269-287
https://doi.org/10.32387/prokla.v53i211.2047

Alexander Maschke*

Die Bedeutung der Mindestlohnerhöhung auf 12 Euro für die Tarifautonomie

Fallstudie am Beispiel der IG Metall in Mecklenburg-Vorpommern

Zusammenfassung: Der Beitrag untersucht die Bedeutung der Anhebung des Mindestlohns durch die Bundesregierung im Jahr 2022 anhand der Metallindustrie in Mecklenburg-Vorpommern. Dazu wird zunächst herausgearbeitet, dass diese im Vergleich zum übrigen Deutschland kaum reguliert ist und der neue Mindestlohn bisherige Tariflöhne übersteigt. Auf dieser Basis wird gezeigt, dass die Maßnahme der Regierung in der Region ein sozialpolitischer Erfolg werden kann. Hoffnungen auf eine Revitalisierung des Tarifsystems durch den Mindestlohn werden jedoch mit einem Verweis auf die fortdauernde Schwäche der Gewerkschaften und deren Ursachen zurückgewiesen.

Schlagwörter: Tarifautonomie, Mindestlohn, Ostdeutschland, Gewerkschaften, Industrielle Beziehungen

The Significance of the Minimum Wage Increase to 12 Euros for Collective Bargaining Autonomy

Case Study Based on the Example of IG Metall in Mecklenburg-Vorpommern

Abstract: This article examines the significance of the increase in the minimum wage by the German government in 2022 based on the metal industry in Mecklenburg-Western Pomerania. First, it is shown that the industry is hardly regulated compared to the rest of Germany and that the new minimum wage exceeds previous collectively agreed wages. On this basis, it is shown that the government's measure can be a socio-political success in the region. Hopes for a revitalization of the collective bargaining system through the minimum wage are rejected, however, with a reference to the continuing weakness of the unions and their causes.

Keywords: Collective Bargaining Autonomy, Minimum Wage, Eastern Germany, Trade Unions, Industrial Relations

* **Alexander Maschke** promoviert zur Konstituierung industriegewerkschaftlicher Subjekte an der Universität Rostock und ist Redakteur der PROKLA.

Zum Oktober 2022 hat die Bundesregierung, wie in ihrem Koalitionsvertrag geplant, den Mindestlohn auf 12 Euro angehoben. Während es im Vorfeld von Sozialverbänden und DGB-Gewerkschaften Zuspruch dafür gab, wurde demgegenüber vor allem vom Institut der deutschen Wirtschaft (IW) ein unzulässiger Eingriff in die Tarifautonomie beklagt. Dabei ging es ihm jedoch nicht darum, den bereits etablierten Mindestlohn infrage zu stellen, sondern gegen dessen Orientierung am Konzept des *living wage* (Bach 2022; Bach/Schröder 2021; Lesch u.a. 2021a, 2021b). Der seit 2015 geltende Mindestlohn war eine Reaktion darauf, dass das System zur Lohnaushandlung keine hinreichenden Lohnsteigerungen mehr ermöglichte (Dingeldey u.a. 2021: 6), seither wurde aber deutlich, dass er allein keine armutsfeste Entlohnung garantieren konnte. Auf EU-Ebene wurde mit der 2022 verabschiedeten Mindestlohnrichtlinie anerkannt, dass Mindestlöhne zusammen mit Kollektivvereinbarungen zwischen den Tarifparteien zentrale Instrumente zur Armutsbekämpfung seien (Europäische Union 2022; Syrovatka 2022). Dementsprechend wurde der Mindestlohn in der Bundesrepublik aus sozialpolitischen Erwägungen erhöht. Allerdings argumentiert Pusch (2021), dass ein Großteil der Tariflöhne bereits über 12 Euro liege, somit also kein Eingriff in die Tarifautonomie bestehe, und verteidigt damit die Mindestlohnpolitik gegen die Einwände des IW. Zudem würde sich der Staat auch keine Kompetenzen in puncto Lohnfindung aneignen. Stattdessen beließe man die Hoheit bei den Tarifparteien, die gemeinsam über die Anhebung der Lohnuntergrenze entscheiden. Es habe sich vielmehr um eine vorerst einmalige Intervention gehandelt, um die bestehenden Defizite in der Lohnfindung jenseits armutsfester Tariflöhne einzudämmen.

Anhand der industriellen Beziehungen der Metallindustrie in Mecklenburg-Vorpommern (MV) wird in diesem Beitrag der Frage nachgegangen, ob die Mindestlohnerhöhung ihrer sozialpolitischen Funktion gerecht wird, und ob sie zusätzlich das bisherige System der Lohnfindung stärkt. Dazu baut die Untersuchung einerseits auf einer teilnehmenden Beobachtung von Sommer 2021 bis Herbst 2022 in zwei Geschäftsstellen der IG Metall und der von ihr betreuten Betriebe auf. Der Zeitraum erlaubt es, die tarifpolitischen Überlegungen und deren Voraussetzungen im Vorfeld des Mindestlohnanstiegs darzustellen, wobei mit *Glanz* und *Gehäuse* zwei exemplarische Betriebe vorgestellt werden. In beiden Betrieben erhielten die Mehrheit der Beschäftigten vor der Einführung des neuen Mindestlohns einen geringeren Stundenlohn. Dies ist vor allem auf das Fehlen oder die Blockade von Machtressourcen (Schmalz/Dörre 2014) zurückzuführen, sodass sie auch absehbar nicht für Tarifkonflikte mobilisierbar sein werden. Damit liegen entgegen den Darstellungen des IW die Herausforderung für die Tarifautonomie nicht in der Gesetzesänderung, sondern in den regionalen Umständen.

Ergänzt wird die teilnehmende Beobachtung durch die Analyse von neun Haustarifvertragswerken der Metallindustrie in MV aus dem Frühjahr 2022, die in einem Großbetrieb (≥ 500 Beschäftigte) und in mittleren Betrieben (≥ 50 und < 500 Beschäftigte) gültig sind. Daneben besteht in der Region für einen Betrieb die Bindung an einen Flächentarifvertrag aus den alten Bundesländern, und 2022 konnte der Flächentarifvertrag erstmals seit fünf Jahren wieder auf einen zuvor haustarifvertragsgebundenen Betrieb ausgeweitet werden. Dementsprechend kennzeichnen vereinzelte Haustarifverträge die Verankerung der IG Metall in der Region. Die Tarifwerke der beiden Geschäftsstelle unterscheiden sich insofern, als die eine sich in einem industriellen Zentrum befindet, während die andere – wie auch anhand der geringen Fallzahl deutlich wird – weitgehend einen weißen Fleck auf der Karte der Tarifbindung darstellt.

Eine Untersuchung dieser Branche in MV bietet sich an, weil die Metallindustrie in der Regel bundesweit eine stabile institutionelle Regulation der industriellen Beziehungen aufweist, während das in diesem Bundesland kaum der Fall ist. Entsprechend besitzt die Tarifautonomie dort einen anderen Stellenwert als in den industriellen Zentren der Bundesrepublik. Das gilt ebenso für den Mindestlohn von 12 Euro, weil er dort eine überdurchschnittliche Erhöhung der Erwerbseinkommen mit sich brachte. Durch diesen doppelten Sonderfall ist eine Untersuchung der Auswirkung einer Mindestlohnerhöhung in MV eine aufschlussreiche Ergänzung und steht zugleich im Kontrast zur bisherigen Debatte um das Verhältnis von Mindestlohn und Tarifautonomie (Bosch u.a. 2021; Bach/Schröder 2021; Lesch u.a. 2021a, 2021b). An diesem Beispiel kann veranschaulicht werden, welche Bedeutung die Mindestlohnsteigerung dort für die Lohnabhängigen und ihre Interessenvertretungen hat, wo das Verhältnis von Mindestlohn und Tarifverhandlungen als direkte Interaktion beschrieben werden kann (Bosch u.a. 2021: 123f.; Bosch/Weinkopf 2013) und Gewerkschaften kaum in der Lage sind, Lohnsteigerungen zu vereinbaren.

So wird anhand lokaler IG Metall-Strukturen aufgezeigt, wie diese durch das geplante Mindestlohngesetz unter Druck gesetzt werden, da ein Stundenlohn von 12 Euro mit ihren Machtressourcen in der ausgewählten Region nicht durchgesetzt werden konnte. Angesichts dessen, dass die Tarifwerke in der Metall- und Elektroindustrie der Bundesrepublik in der Regel in distanzierter Koexistenz zum Mindestlohn bestehen (Bosch u.a. 2021: 123f.), handelt es sich bei den genutzten Daten um regionale Besonderheiten. Die IG Metall ist eine »durch hierarchische Vorgaben koordinierte Organisation, die im regionalen Raum – im Rahmen bundesweiter Vorgaben – eigene Akzente setzt« (Schroeder u.a. 2019: 78), beziehungsweise eine zentralisierte Organisation mit lokalen Strukturen, die zu einer eigenen politischen Priorisierung fähig sind (Schmalz/Thiel 2017: 468). So können Probleme aufgezeigt werden, die üblicherweise mit der IG Metall kaum assoziiert werden. Sie ergänzen das Bild von den Gestaltungsproblemen dieser Gewerkschaft in schwach regulierten ländlich geprägten Räumen und können dabei Ausgangspunkt für strategische Überlegungen sein, um in solchen Regionen aus der Defensive heraus zu kommen (Köhlinger/Habermann 2020: 510).

Dazu wird im Folgenden zunächst die Diskussion über das Verhältnis von Mindestlohn und Tarifautonomie dargestellt (1). Zudem wird darauf verwiesen, dass entgegen den Studien und Stellungnahmen des IW (u.a. Bach 2022; Bach/Schröder 2021; Lesch u.a. 2021a, 2021b) die Schwächung der Tarifautonomie nicht mit der Einführung eines gesetzlichen Mindestlohns begonnen hat und die Beschränkung der Tarifautonomie auf die Lohnfindung unzureichend ist. Anschließend folgt eine Analyse der Situation der metallverarbeitenden Industrie in MV (2). Darauf aufbauend wird die Bedeutung des Mindestlohnanstiegs im Rahmen der Wechselbeziehung von Mindestlohn und Tarifvertrag analysiert und welche Folgen sich daraus für die IG Metall Geschäftsstelle vor Ort ergeben (3). Abschließend wird die Bedeutung des Mindestlohnanstiegs für die Region dargelegt und die Voraussetzung für eine Stärkung der Tarifautonomie skizziert (4).

1. Das Verhältnis von Mindestlohn und Tarifautonomie

Die Einführung eines Mindestlohns 2015 war ein Eingriff in die bis zu diesem Zeitpunkt weitgehend geltende Tarifautonomie, nach der die Bruttolöhne nicht unmittelbar staatlich reguliert werden. Allerdings wurde dieses Prinzip in das damalige Gesetz integriert, indem die Mindestlohnkommission paritätisch mit jeweils drei Vertretern der »Sozialpartner« sowie zwei beratenden Wissenschaftler*innen besetzt worden ist (Bosch/Weinkopf 2015: 307). Die Hoheit über die (Mindest-)Lohnfindung ist somit nicht auf die Regierungen übergegangen, sondern deren Regelwerk wurde um eine rechtliche Untergrenze ergänzt. Das wurde notwendig, weil die bisherigen Regularien der Lohnfindung insbesondere mit der Erosion der Flächentarifverträge nicht mehr in Lage waren, die Expansion des Niedriglohnsektors zu stoppen, und Armut trotz Erwerbsarbeit kein Randphänomen mehr war (u.a. Bosch 2019: 142f.).

Bei der Einführung des Mindestlohnes wurde bereits eine Reduktion der Lohnungleichheit erwartet (Bosch/Weinkopf 2015: 306). Der eingetretene Effekt sei dabei nicht nur auf die angehobene Lohnuntergrenze zurückzuführen, sondern auch auf den parallelen Anstieg der Löhne, die bereits unmittelbar über dieser Untergrenze lagen. Bei einer solchen Nähe von Mindestlohn und Tariflohn sprechen Bosch und Weinkopf (2013) von einer direkten Interaktion. Sie nennen drei mögliche Wechselwirkungen von Tarifverhandlungen und Mindestlohn (Bosch u.a. 2021: 123f.; Bosch/Weinkopf 2013): Erstens, wenn der Mindestlohn relativ hoch ist oder Gewerkschaften zu schwach sind, um Löhne zu vereinbaren, die deutlich darüber liegen. Zweitens ist es auch möglich, dass der Mindestlohn isoliert besteht und die Lohnsetzung vor allem durch das Management erfolgt. Drittens können Tarifverhandlungen und Mindestlohn auch weitgehend unabhängig voneinander in einer distanzierten Koexistenz bestehen und die Tariflöhne zumeist deutlich über dem Mindestlohn liegen. Dies ist beispielsweise dort in der Metall- und Elektroindustrie der Fall, wo der Flächentarifvertrag gilt, aber auch generell die dominante Interaktionsform in der Bundesrepublik ist (Bosch u.a. 2021: 132).

Da es in MV vor der Einführung eines Mindestlohnes von 8,50 Euro den größten Anteil an Beschäftigten mit einem geringeren Stundenlohn gab (Pusch u.a. 2021), dominieren dort isolierte Mindestlöhne oder der direkte Bezug, weshalb der Mindestlohn als wirtschafts- und sozialpolitische Maßnahme in keinem Bundesland so bedeutsam war wie in MV. Das war nicht nur in Branchen wie der Gastronomie oder der Landwirtschaft, sondern branchenübergreifend der Fall. Entsprechend konnten auch die Haushaltseinkommen verbessert und die Armut verringert werden.

Mit der gesetzlichen Anhebung des Mindestlohnes auf 12 Euro weicht die Bundesregierung jedoch vom bisherigen Kurs ab. Sie stellt damit die Kompetenz der Mindestlohnkommission infrage, wie seitens des unternehmensnahen IW kritisiert wird (Bach/Schröder 2021: 937). Allerdings ist diese anders zu verorten, als es bei Bach und Schröder der Fall ist. Die Bundesregierung widerspricht nicht generell dem bisherigen Modell, sondern definiert den Zweck eines Mindestlohns neu: Sie orientiert sich mit der Erhöhung am Konzept der *living wages* – also dem Ausrichten der Höhe des Mindestlohns an den Bedingungen für eine Teilhabe an der Gesellschaft (Schulten/Müller 2017) – und will den Niedriglohnsektor oder zumindest die Anzahl der *working poor* reduzieren. Der bislang relativ niedrige Mindestlohn brachte nur für die Gruppen mit dem geringsten Einkommen Verbesserungen (Bosch u.a. 2021: 132). So konnte die bisherige Arbeit der Mindestlohnkommission den Niedriglohnsektor nicht eindämmen, was darauf hindeutet, dass der Mindestlohn allein die tarifliche Lohnfindung nicht beleben konnte (Schulten/Lübker 2020). Vielmehr hat sie die Notwendigkeit unterstrichen, sowohl den Mindestlohn als auch die tarifliche Lohnfindung zu stärken, weil beide unterschiedliche Beschäftigtengruppen adressieren (Bosch u.a. 2021: 133). Insbesondere eine Stärkung des Tarifsystems setzt jedoch starke Gewerkschaften voraus, wovon in Regionen wie MV nicht auszugehen ist (ebd.: 116).

Der Mindestlohn von 12 Euro verfestigt die regionalen Besonderheiten. Während in MV der Typus der direkten Interaktion an Geltung gewann, weil die Lohnuntergrenze sich in einem drastischen Anstieg tariflichen Entgelten annäherte, prognostizierte Pusch (2021: 20) vor der Erhöhung, dass sie die Tarifautonomie in der gesamten Bundesrepublik kaum beeinflussen würde. 2019 hätten nur elf Prozent der Beschäftigten mit einem Tarifvertrag einen geringeren Stundenlohn als 12 Euro gehabt, was den Befund stützt, dass Tarifverträge und Mindestlohn in der Bundesrepublik vor allem in einer distanzierten Koexistenz bestehen.

Allerdings gibt es starke regionale Unterschiede. So war der Niedriglohnsektor bei einer Niedriglohnschwelle von 11,50 Euro in Ostdeutschland auch 2019 noch erheblich größer als in den alten Bundesländern (Kalina/Weinkopf 2021: 7). Gleichzeitig kann ein möglicher Schaden durch die Mindestlohnerhöhung für die Tarifautonomie nicht nur, wie bei Pusch, anhand bereits bestehender Tarifverträge abgelesen werden. Auf diese Weise kann die Bedeutung für Regionen und Branchen mit einer geringen Tarifbindung nicht nachvollzogen werden. In seiner Prognose ging er von der Tarifbindung als Norm aus – diese existiert jedoch mittlerweile nicht mehr.

Demgegenüber wird anhand des empirischen Materials im dritten Abschnitt aufgezeigt, dass die politische Intervention für die Tarifpolitik der schwachen Interessenvertretungen ein Hindernis sein kann. So können Lohnabhängige ihre Machtressourcen beziehungsweise die Fähigkeit, sie anzuwenden (Schmalz/Dörre 2014), nicht entfalten, wenn die Schwäche ihrer Interessenvertretung, hinreichende Lohnsteigerungen zu garantieren, offenbar wird. Schließlich übersteigt der angehobene Mindestlohn das, was in vielen Betrieben als mögliche Lohnsteigerungen angenommen wurde.

Allerdings ist die Tarifautonomie nicht erst durch staatliche Eingriffe in die Lohnfindung unter Druck geraten, wie seitens des IW behauptet wurde. Vielmehr litt sie unter einem wachsenden Machtgefälle zwischen den Tarifparteien, das sich unter anderem daran zeigt, dass Flächentarifverträge an Bedeutung verlieren. Zudem haben sowohl Arbeitgeberverbände als auch die meisten DGB-Gewerkschaften nicht nur in MV, sondern bundesweit Mitglieder verloren und damit auch ihre Fähigkeit, gemeinsam das jeweilige Lohnniveau auszuhandeln. Die zahlreichen IW-Publikationen, die vor einem Mindestlohn von 12 Euro als Angriff auf die Tarifautonomie warnen (u.a. Bach 2022; Bach/Schröder 2021; Lesch u.a. 2021a, 2021b), missachten dabei bereits deren vollzogenen Niedergang. Eine Mindestlohnerhöhung wirkt vielmehr als Korrektiv beziehungsweise hebt dort das Lohnniveau an, wo Lohnabhängige und ihre Interessenvertretungen dazu nicht in der Lage sind (Grimshaw u.a. 2021: 265). Zudem reduziert das IW die Tarifautonomie auf die Lohnfindung, während andere Bereiche durch die Mindestlohnerhöhung nicht berührt werden.

2. Die Ausgangslage in der Metallindustrie

Grundsätzlich bestehen in MV das von Schmalz u.a. ausgemachte »Modell Ostdeutschland« und dessen Strukturprobleme (2021: 13ff.). Wie in den übrigen neuen Bundesländern ist auch hier das Niedriglohnmodell an seine Grenzen geraten und das »Fachkräfteparadies« demografisch zu seinem Ende gekommen (ebd.: 19). Zugleich ist die Wirtschaftsstruktur von MV innerhalb der Bundesrepublik durch eine geringe Industrialisierung geprägt. So belegt die Industrie bei der Bruttowertschöpfung den vorletzten Platz (Schrader/Laaser 2020: 22). Bereits vor 1990 waren die drei Bezirke in der damaligen DDR keine industriellen Schwergewichte. Die einzigen Ausnahmen waren die Stahlproduktion in Torgelow und der Schiffbau an der Ostsee und in Boizenburg. Bei der Produktion von Schiffen belegte die DDR Mitte der 1980er-Jahre weltweit den zehnten Platz und lag mit den kompensierten Bruttoregistertonnen nur knapp hinter der Bundesrepublik (Stamp 2007: 280). Dabei zeichneten sich die vom Weltmarkt abgeschirmten Betriebe durch eine hohe Fertigungstiefe aus.

Nach der deutschen Einheit geriet die vom Schiffbau dominierte Metallindustrie unter anderem aufgrund der wegfallenden Absatzmärkte in eine Krise, die bis heute andauert. Bereits zu Beginn der 1990er-Jahre wurden zehntausende Arbeitsplätze abgebaut und infolge der Finanz- und Wirtschaftskrise 2007ff. hat sich deren Zahl erneut halbiert (Astor u.a. 2016: 14). Zuletzt schwächten die Insolvenz der MV Werften und weitere angekündigte Schließungen von Industriebetrieben MV als Industriestandort erneut. Zwar wurde parallel zum Niedergang der Metallindustrie die Nahrungsmittelindustrie stetig aufgebaut, aber sie konnte die industriellen Verluste nicht kompensieren. Zwar bot sie den Vorteil, dass mehr Wertschöpfung im agrarwirtschaftlich geprägten Bundesland verbleibt, aber das Lohnniveau blieb hinter den Standards der Metallindustrie zurück, innerhalb der es auch große Unterschiede bei den Arbeitsbedingungen gibt.

Die Anzahl der Großbetriebe in der Metallindustrie liegt im einstelligen Bereich und weniger als die Hälfte der Belegschaften ist gewerkschaftlich organisiert. Zudem gilt der Flächentarifvertrag der Metall- und Elektroindustrie des IG Metall-Bezirks Küste in weiten Teilen des Landes nicht. Dessen Fehlen dürfte einer der Gründe sein, warum die industriellen Löhne gegenüber der Bundesrepublik immer mehr zurückbleiben (Statistisches Amt Mecklenburg-Vorpommern 2020: 293), im Vergleich zum gesamten Lohnniveau in MV jedoch weiterhin relativ hoch liegen (Frei/Kriwoluzky 2020: 63). Innerhalb des Bundeslandes lässt sich grob unterscheiden zwischen punktuellen Industriegebieten an der Ostseeküste und solchen in der Fläche. An der Küste gilt der Flächentarifvertrag oder wirkt zumindest normsetzend – wenngleich seine Konditionen in MV schlechter ausfallen –, dagegen gibt es in der Fläche zahlreiche Haustarife mit sehr unterschiedlichen Standards. Die Orientierung am Flächentarifvertrag ist nicht selbstverständlich. Stattdessen bestärken Haustarifverträge mit Niedriglöhnen und überdurchschnittlich langen Arbeitszeiten die Klagen der Belegschaften über eine geringe Anerkennung ihrer Arbeit. Sie sind es, die an die weißen Flecken in der Tariflandschaft anschließen.

Interessenvertretungen existieren nicht flächendeckend und sind ebenso wenig in die Produktionsabläufe integriert, die Kollektivakteure sind kaum organisations- und verpflichtungsfähig (Hassel/Schroeder 2018: 4) – dennoch können innerhalb des Bundeslandes unterschiedliche Regulationsmodi unterschieden werden. So ist die IG Metall entlang der Küste in mittleren Industrie- und Dienstleistungsunternehmen mit kollektiven Interessenvertretungen meist präsent. Dort gilt in einer Handvoll Betriebe der Flächentarifvertrag, dessen Geltungsbereich allerdings absehbar nicht erweitert wird.

In den ländlichen Räumen jenseits der Küste ist die Industrielandschaft fragmentiert und in den Klein- und Mittelstädten existiert selten mehr als ein Unternehmen in der Metallindustrie. Falls überhaupt vorhanden, besteht dort für jedes Unternehmen beziehungsweise jeden Betrieb ein eigener Tarifvertrag und die IG Metall ist in nur wenigen davon tariffähig: In vier orientieren sich die Haustarifverträge am Flächentarifvertrag und in fünf findet die tarifvertragliche Lohnfindung unabhängig davon statt. Bei diesen ist auffällig, dass sie keine gemeinsamen Regelstandards besitzen, sondern jenseits der ungleichen Entgelte, Zuschläge und Regelarbeitszeiten auch unterschiedliche Leistungsbemessungen aufweisen. So wird beispielsweise in einem Betrieb die Entlohnung nicht entlang von Tätigkeitsprofilen geregelt, sondern anhand von Berufsgruppen. Auch die Lohnsteigerungen fallen unterschiedlich aus. So wurde für einen weiteren Betrieb festgehalten, dass die vereinbarten zwei Stufen zur Entgelterhöhung an ein Umsatzwachstum des Standorts in den jeweiligen Jahren gebunden ist. Dieser Tarifvertragspartikularismus erschwert der IG Metall als kollektiver Interessenvertretung die Arbeit, da die politischen Sekretär*innen eine Vielzahl von Tarifrunden und -kommissionen gleichzeitig betreuen und vorbereiten müssen. Dabei müssen sie den divergierenden Interessenlagen in den einzelnen Betrieben gerecht werden, was durch die große Fläche des Bundeslandes, das lediglich von fünf Geschäftsstellen abgedeckt wird, schwierig ist.

Außerdem ist im Bundesland nie eine aktive Mitbestimmungskultur ausgebildet worden. Selbst dort, wo die Belegschaften über betriebliche Interessenvertretungsstrukturen verfügen, werden die Betriebsratsgremien von älteren Kolleg*innen dominiert, die mit Behr (2000) als »Arbeitsspartaner« begriffen werden können. Damit beschrieb Behr die mit Massenarbeitslosigkeit konfrontierten Lohnabhängigen, die mit hohem »Flexibilitätsniveau, Leistungsbereitschaft sowie der Bereitschaft zu Überstunden […] als Leistungsgemeinschaft […] die Hürde der Betriebskonsolidierung [durch Lohnverzicht, Anm. A.M.] […] nehmen« (ebd.: 32f.). Entgegen der Diagnose von einer neuen Beschäftigtengeneration und einer damit einhergehenden Veränderung der Betriebsratskultur (Goes u.a. 2015; Röbenack/Artus 2015; Schmalz u.a. 2021) ist dieses Krisenbewusstsein in den untersuchten Betrieben generationenübergreifend internalisiert.

Die regulatorische Diversität, die teilweise großen Entfernungen zwischen den Betrieben, die geringe Anzahl Ehrenamtlicher sowie die Dominanz einer auf Service und Sozialpartnerschaft ausgerichteten Interessenvertretungskultur haben dazu geführt, dass die Interessenvertretungspolitik weitgehend auf die Geschäftsstellen beschränkt bleibt. Diesen fehlt jedoch in allen Betrieben ein direkter Zugang zu den Belegschaften. Die politischen Sekretär*innen sind somit nicht nur mit einer Vielzahl von Tarifwerken konfrontiert, sondern sie müssen verschiedenen betrieblichen Realitäten gerecht werden. Dabei können sie nicht überall auf kooperierende Belegschaften und Aktive aufbauen, wie anhand der beiden Beispielbetriebe illustriert wird.

Zudem lassen sich innerhalb dieses Tarifvertragspartikularismus zwei Interaktionsformen (Bosch u.a. 2021: 123f.) identifizieren. So besteht die Wechselwirkung zwischen dem Flächentarifvertrag der Metall- und Elektroindustrie und den daran orientierten Haustarifverträgen in einer distanzierten Koexistenz mit dem Mindestlohn. Demgegenüber orientieren sich die übrigen Haustarife mit ihrer Untergrenze an diesem, wie in den im Folgenden vorgestellten Betrieben *Glanz* und *Gehäuse*. Da jedoch 2019 90 Prozent der Industriebetriebe im Bundesland höchstens 49 abhängig Beschäftigte hatten (Frei/Kriwoluzky 2020: 8) und die Geschäftsstellen in Betrieben dieser Größenordnung kaum präsent sind, ist die Branche ebenso von isolierten Mindestlöhnen als Lohnuntergrenze geprägt.

Betrieb *Glanz*

Betrieb *Glanz* ist ein mittlerer Betrieb außerhalb einer Kleinstadt, der zu einem global agierenden Konzern gehört und in dem 2022 ca. 75 Prozent der Belegschaft einen geringeren Stundenlohn als 12 Euro hatten. Der Betriebsrat wurde 2018 gegründet und damit setzte die Organisierung in der IG Metall ein. 2022 waren ca. 60 Prozent der Belegschaft Mitglieder der IG Metall, womit der Betrieb zu den am besten organisierten der beiden Geschäftsstellen in MV zählt. Der erste Tarifvertrag trat ca. 20 Jahre nach Betriebsgründung

2020 in Kraft und wurde mit einer Laufzeit von fast vier Jahren vereinbart. Er sah eine Erhöhung in mehreren Stufen vor, bei denen einmal im Jahr eine Entgelterhöhung stattfinden sollte. So sollten die individuellen Entgelte in den ersten beiden Jahren insgesamt um maximal 200 Euro steigen, was für die meisten eine Lohnerhöhung von zwei bis drei Prozent bedeutet hätte. Im dritten Jahr sollten sämtliche Löhne so steigen, dass alle gemäß der ihrer Tätigkeit entsprechenden Entgeltstufe bezahlt werden. Die letzte Stufe sah im vierten Jahr (2023) einen weiteren Anstieg um zwei Prozent vor.

Während der Covid-19-Pandemie prosperierte der Betrieb jedoch als Zulieferer für die Pharmaindustrie. Damit standen ab 2020 die Auftragslage und die Profite im Kontrast zu den tariflich vereinbarten geringen Lohnsteigerungen. Die Geschäftsführung versuchte die unzufriedene Belegschaft gegen Betriebsrat und Gewerkschaft aufzubringen, indem sie behauptete, dass sie zwar aufgrund der Prosperität höhere Löhne zahlen würde, der Tarifvertrag das aber verhindere, da dort die zulässigen Lohnsteigerungen festgehalten seien. Diese Strategie war erfolgreich, sodass beide Interessenvertretungen gegenüber der Belegschaft wiederholt unterstreichen mussten, dass dies nicht stimme (FT-E34; FT-E57).[1] Insbesondere der Betriebsrat geriet dadurch in Bedrängnis und agierte nur noch widerwillig als Sprachrohr der IG Metall im Betrieb, obwohl die aktivsten Mitglieder in das Gremium gewählt wurden.

Gleichzeitig sahen sich die Interessenvertretungen nicht in der Lage, das Entgeltniveau weiter zu steigern. Zwar war man mit dem bestehenden Tarifvertrag unzufrieden, sah ihn aber als große Errungenschaft in der Region, die ohnehin schwer zu erreichen war. Entsprechend wurde versucht, der Belegschaft Alternativen zu Lohnsteigerungen aufzuzeigen, die als aussichtsreicher galten, aber unter den Gewerkschaftsmitgliedern im Betrieb nicht verfingen. Der Betriebsratsvorsitzende drückte es so aus: »Die Zufriedenheit am Entgelt festzumachen, ist nicht nachhaltig. Themen wie Arbeitszeit usw. werden [von der Belegschaft, Anm. A.M.] nicht verstanden« (FT-E29). Allerdings bearbeiteten auch die Interessenvertretungen diese kaum. Der zuständige Sekretär widersprach auf einer Mitgliederversammlung, dass er mit der Geschäftsführung gerne über weitere Entgeltsteigerungen verhandeln würde, aber diese dazu auf ihn zukommen müsse (FT-E57). Die Interessenvertretung verfügte jedoch nicht über die dafür notwendigen Hebel. Da die Geschäftsstelle den relativ hohen Organisationsgrad im Betrieb weiter ausbauen wollte, überlegte man im Vorfeld der Mindestlohnerhöhung, wie

1 Die Ausführungen beziehen sich auf durch die teilnehmende Beobachtung gewonnenen Daten. Deren Kodierung erfolgte entsprechend dem Tag der Untersuchung (z.B. erster Tag=FT-E1).

man dem begegnen sollte, falls Tariflöhne von der Steigerung ausgenommen blieben. Daraus entwickelte sich die Absicht, Zulagen auszuhandeln, mit denen es der Belegschaft möglich werden sollte, mehr als 12 Euro in der Stunde zu erhalten.

Bei *Glanz* artikulierte die Belegschaft das Interesse an Lohnsteigerungen, sah sich allerdings nicht in der Lage, diese trotz der Betriebsgewinne einzufordern. Dass sich die damit einhergehende Frustration durch das Management gegen die Interessenvertretungen gelenkt werden konnte, unterstreicht zudem eine fehlende Interessenvertretungskultur. Die Belegschaft erwartete, dass Betriebsrat und IG Metall die gewünschten Lohnsteigerungen ermöglichen. Den Vorschlägen seitens der Gewerkschaft wurde mit Passivität begegnet. Allerdings sahen diese auch keine tabellenwirksamen Entgeltsteigerungen vor.

Betrieb *Gehäuse*

Ebenso wie *Glanz* ist *Gehäuse* ein mittlerer Betrieb im Süden des Bundeslandes und gehört zu einem international agierenden Konzern. Allerdings bestand das Werk schon in der DDR und war ein bedeutender Arbeitgeber, für dessen Belegschaft in der Kleinstadt ein Plattenbau-Wohnviertel errichtet worden war. Nach 1990 erlebte der Zulieferer für die Autoindustrie mehrere Krisen und Eigentümerwechsel, die in der Regel mit Entlassungen oder Kurzarbeit einhergingen. Parallel dazu blieben Investitionen aus und Ausbildungsplätze konnten nicht mehr besetzt werden. Die Zukunftsaussichten des Betriebs sind unklar. Zudem ist die Produktion mit vielen Rückständen belastet. Die Entgelte lagen auf dem gleichen Niveau wie bei *Glanz*, sodass der neue Mindestlohn auch hier Lohnsteigerungen erforderlich machte.

Nachdem 2021 im Tarifvertrag noch maximal 85 Euro Lohnsteigerung vereinbart worden waren, bot die Geschäftsführung in der Runde Mitte 2022 mit 3,5 Prozent eine ähnliche Steigerung wie im Vorjahr und einen zusätzlichen Urlaubstag an, wenn im Gegenzug die Schichten anders geregelt würden. Das hätte zwar den Stundenlohn der unteren Entgeltstufen nicht über die 12-Euro-Marke gehoben, ging aber weit über die Vorstellungen der IG Metall hinaus. Dort befürchtete man vielmehr, dass das Angebot eine zu große Belastung für den Betrieb sei (FT-E52).

Seitens der Belegschaft gab es keinerlei Initiative, die Verhältnisse im Betrieb zu verändern. Vielmehr herrschte nach wiederkehrenden Auftragseinbrüchen und Eigentümerwechseln vor allem Resignation. Der Betriebsratsvorsitzende schilderte, dass die betriebliche Regulation »mal besser und mal schlechter [laufe], je nachdem, wem wir gehören« (FT-E15). Sie wurde nicht mehr als etwas auch dem eigenen Handeln Unterliegendes begriffen.

Die Folge war interessenvertretungspolitische Passivität. So wurden im Vorfeld der Tarifverhandlungen 2022 Mitgliederversammlungen kaum besucht und es gab keine Bereitschaft, die Geschäftsstelle bei Verhandlungen durch Aktionen zu unterstützen, obwohl die IG Metall mit einem Organisationsgrad von fast 50 Prozent auch hier vergleichsweise viele Mitglieder hat. In der Geschäftsstelle führte die Situation zu Frustration, da man zum einen keine Tarifrunde ohne die Belegschaft führen wollte. Zum anderen wusste man, dass es so keinen neuen Tarifvertrag geben würde, und man wollte eine derartige Niederlage unbedingt vermeiden.

Die politischen Sekretär*innen der IG Metall reagierten darauf, indem sie methodisch neue Zugänge zur Belegschaft schaffen wollten. Dazu waren sie allerdings auf die Kooperation des Betriebsrates angewiesen. Während das innerhalb des Gremiums umstritten war, schuf der Betriebsratsvorsitzende Fakten und verweigerte die Zusammenarbeit mit der Begründung, dass er Sorge habe, »am Ende alles alleine machen« zu müssen (FT-E24). Infolgedessen blieb auch in diesem Betrieb ein tarifpolitischer Aufbruch aus. Stattdessen wurde durch die Mindestlohnerhöhung die bisherige Orientierung unterstrichen, wonach die Änderungen der Arbeitsbedingungen nicht Ergebnis innerbetrieblicher Aushandlungen seien, sondern durch externe Abläufe bestimmt werden. Zwar wollte die IG Metall gegen den Betriebsratsvorsitzenden eine Änderung der Interessenvertretungskultur erwirken, konnte dabei aber nicht auf die Belegschaft zurückgreifen. Zudem blieb sie mit ihren Plänen bezüglich der Entgeltsteigerung hinter der Mindestlohnanpassung zurück, da sie ansonsten die Zukunft des Standorts gefährdet sah.

3. Folgen des Mindestlohnanstiegs

Zwei Typen der Wechselwirkungen von Tarifverhandlungen und Mindestlohn zeigen sich exemplarisch an den von der IG Metall-Geschäftsstelle zur Verfügung gestellten Tarifverträgen: Die einen orientieren sich explizit am Flächentarifvertrag der Metall- und Elektroindustrie des Bezirks Küste. Die Tarifverträge sind nicht nur daran angelehnt, sondern daran gebunden, indem die Entgelte in Relation zum Flächentarifvertrag festgelegt werden. Auch die Regelarbeitszeit entspricht in den meisten Fällen den vom Bezirk Küste vereinbarten 38 Stunden. Mit der Erhöhung des Mindestlohns auf 12 Euro änderte sich nichts an dessen distanzierter Koexistenz mit den Tarifverträgen.

Demgegenüber besitzen die übrigen Tarifverträge jenseits des Mindestlohns und der 40-Stunden-Woche keine gemeinsamen Mindeststandards. Insofern Entgeltgruppen definiert sind, stehen sie in keinem direkten Bezug zu denen des Flächentarifvertrages. So weisen die Vertragswerke aufgrund des geringen Standardisierungsgrades eine unterschiedliche Anzahl an Entgeltgruppen auf. Das erhöhte den Aufwand bei der Geschäftsstelle. Auch eine statistische Auswertung des Lohnniveaus wird dadurch erschwert, zumal unklar blieb, wie viele Beschäftigte den einzelnen Entgeltgruppen zugeordnet sind. Vielmehr haben auch die Betriebsräte oftmals keinen Überblick über die Eingruppierungen, die in den Betrieben oftmals fehlerhaft erfolgt waren (FT-E26; FT-E28).

Abbildung 1: Verhältnis der Tarifverträge zum aktuellen Mindestlohn

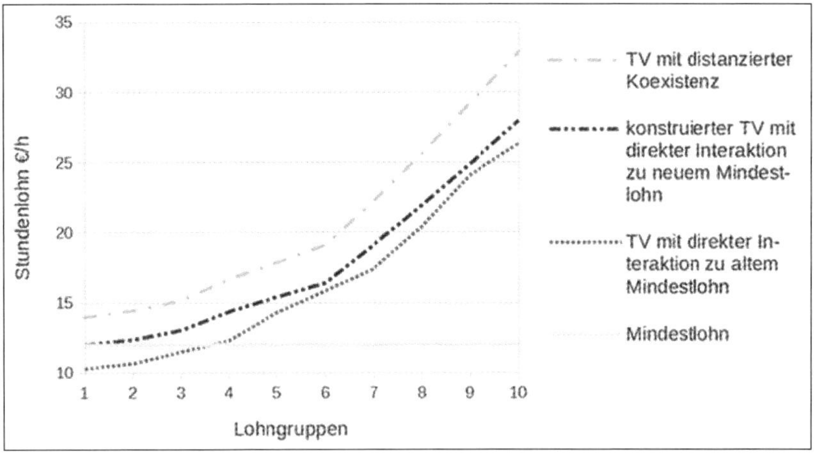

Quelle: eigene Darstellung

Die statistische Auswertung[2] der Tarifverträge entlang ihres Verhältnisses zum Mindestlohn zeigt, wie sich dessen Erhöhung auf 12 Euro auswirkte (siehe Abbildung 1). Der konstruierte Tarifvertrag zeigt die Folgen der Mindestlohnerhöhung deutlich: So beeinflusst diese Erhöhung die Tariflöhne im Bereich der distanzierten Koexistenz nicht. Demgegenüber erhielten mehrere Entgeltgruppen in den übrigen Haustarifverträgen weniger als 12 Euro. Ein

2 Die Vergleichbarkeit wurde durch die methodische Korrektur fehlender Entgeltgruppen hergestellt. Ausgehend von den vorhandenen Daten für die minimalen und maximalen Stundenlöhne sowie der Entgeltstufe für Facharbeiter*innen wurden die Tarifverträge so bearbeitet, dass sie hinsichtlich der Anzahl der Entgeltgruppen mit dem Flächentarifvertrag übereinstimmen. Auf Basis der Grundstufe des Flächentarifvertrages der Metall- und Elektroindustrie des Bezirks Küste wurde ein Modell für einen Tarifvertrag auf Basis des neuen Mindestlohns konstruiert. Dabei wurden die im Flächentarifvertrag festgelegten Relationen der einzelnen Entgeltgruppen zum Eckentgelt als Grundlage übernommen. Analog zu einigen bestehenden Tarifverträge wurde der Mindestlohn als Entgeltstufe 2 festgelegt.

Tarifvertrag auf Basis der neuen Lohnuntergrenze würde dementsprechend das Durchschnittseinkommen aller Belegschaftsteile unterhalb der Eingruppierung von Facharbeiter*innen anheben. Die Anhebung der niedrigsten, in der Praxis zumeist irrelevanten Entgeltgruppe über den Mindestlohn hebt alle folgenden auf ein höheres Niveau, sodass sämtliche Entgeltgruppen in diesen Betrieben von einer Mindestlohnerhöhung profitieren könnten.

Allerdings wird die Legitimität der IG Metall als Interessenvertretung dort infrage gestellt, wo eine direkte Interaktion besteht. Die bestehenden Tarifverträge mit den darin verankerten Niedriglöhnen wurden oftmals langwierig von den Belegschaften und der IG Metall erkämpft und stellen insofern eine Errungenschaft in einer Unternehmenslandschaft dar, in der Tarifverträge eher die Ausnahme sind. Vor dem Abschluss des ersten Tarifvertrags bei *Glanz* gab es dort beispielsweise über Jahre hinweg keine Lohnsteigerungen, stattdessen wurden Prämien gestrichen und der Lohn somit gedrückt. Auch bei *Gehäuse* lag der Fokus darauf, trotz der Eigentümerwechsel den Einfluss der Interessenvertretungen im Betrieb zu sichern. Dabei wurde die Sicherung des Standorts des einzigen Metallindustriebetriebes in der Region stets hoch gewichtet und als deckungsgleich mit den anderen Interessen der Belegschaft behandelt. Auch wurde den Belegschaften in den von der IG Metall organisierten Betrieben aus einer Position der Schwäche heraus vermittelt, dass sie den Erfolg der Interessenvertretungen nicht an der Entgelthöhe bemessen sollten, wie die Aussage des Betriebsratsvorsitzenden von *Glanz* exemplarisch zeigte.

Diese Schwäche besteht trotz eines für die Geschäftsstelle überdurchschnittlichen Organisationsgrades. Nicht nur fehlen in den Belegschaften die Fähigkeiten, um die eigenen Interessen durchzusetzen. Vielmehr sind bestehende Machtressourcen blockiert, wie etwa durch die Internalisierung der Krisengeschichte der Industrie in der Region. Die Prosperität der Betriebe wird, wenn überhaupt, als etwas Temporäres wahrgenommen: »Auch [der gegenwärtige Boom einer Branche, Anm. A.M.] wird enden. Kennen wir ja alles schon« (FT-E15). Das Anwenden von Machtressourcen zur Durchsetzung der eigenen Interessen bleibt nicht aus, weil die entsprechenden Fähigkeiten fehlen. Vielmehr sehen sich die Lohnabhängigen nicht in der Position, eigene Ansprüche an ihre Arbeitswelt zu entwickeln oder durchzusetzen. Wenn starke Gewerkschaften die Grundlage für eine funktionierende Tarifautonomie sind (Bosch u.a. 2021: 116), liegt in der Überwindung dieser historisch gewachsenen Blockaden die Grundlage für starke Gewerkschaften. Hinzu kommt eine Überdehnung der Machtressourcen: So leiden beide Betriebe unter einem Fachkräftemangel, der bei *Gehäuse* noch schwerwiegender ausfällt. Zwar würde man gerne eigene Fachkräfte ausbilden, aber

Ausbildungsplätze bleiben unbesetzt, denn »wenn du mitbekommst, dass der Laden ständig den Eigentümer wechselt, fragst du dich, ob deine Ausbildung dort abgeschlossen werden kann« (FT-E24). Der Mangel an Fachkräften führt, anders als auf Basis des Machtressourcenansatzes angenommen werden kann, nicht zu einem Anstieg der Marktmacht (Schmalz/Dörre 2014: 223), sondern stellt bereits die Zukunft des Standorts infrage. Angesichts des Mangels an alternativen Industriearbeitsplätzen sehen die Belegschaften darin ihr eigentliches Risiko.

Mit der Mindestlohnerhöhung signalisierte die Bundesregierung, dass die Ergebnisse bisheriger Konflikte um das Lohnverhältnis in der Region nicht erfolgreich waren, da die Beschäftigten und ihre Gewerkschaft nicht das mögliche Maximum erzielt hätten. Sie bestimmt, was sie für die Betriebe für zumutbar hält, und weicht damit von dem ab, was die IG Metall für ihre Mitglieder aushandeln konnte oder im Fall von *Gehäuse* als möglich für den Standort erachtete. Zwar wirkten die DGB-Gewerkschaften auf die politische Mindestlohnerhöhung hin, aber die Geschäftsstelle der IG Metall konnte sie vor Ort nicht als gewerkschaftliche Errungenschaft darstellen. Vielmehr stellt die Anhebung ein regulatorisches Problem dar. Denn während der Mindestlohn von 12 Euro ebenso wie bei der Mindestlohneinführung ein neuer Ausgangspunkt für Einkommenssteigerungen (Pusch u.a. 2021) beziehungsweise für Lohndynamisierungen durch Tarifverhandlungen sein wird (Bispinck 2017; Schulten/Pusch 2019: 5), ist es angesichts der Stärke der IG Metall-Geschäftsstelle fraglich, ob sie diese Steigerungen auch über die weiteren Anstiege des Mindestlohns hinaus realisieren kann.

Dieser gesetzlich verordnete Gewinn für die Belegschaften macht es fraglich, ob für sie die Mitgliedschaft in der IG Metall sinnvoll bleibt. Schließlich blieben sämtliche tarifpolitischen Anhebungen der letzten dreißig Jahre – sofern es sie überhaupt gab – hinter dieser erheblichen Lohnsteigerung per Gesetz zurück, und der Spielraum für künftige Anpassungen ist fraglich, wie das Beispiel *Gehäuse* zeigt. Auch in den Betrieben, in denen bislang kein Tarifvertrag gültig gewesen war, könnten sich die abhängig Beschäftigten fragen, ob es sich überhaupt noch lohnen würde, an der Seite der Gewerkschaften für Lohnerhöhungen zu streiten. Daher werden die Gewerkschaften dort weiter geschwächt. So ist auch die IG Metall entgegen ihrer bundesrepublikanischen Bedeutung in MV als Interessenvertretung nicht nur kaum verankert, sondern muss auch noch beweisen, dass sie überhaupt als solche relevant ist und dass das Lohnverhältnis nicht primär an der Wahlurne festgelegt wird.

Demgegenüber profitieren die Belegschaften im Bereich eines isolierten Mindestlohns am stärksten von dessen Anhebung auf 12 Euro, da im Moment 30 Prozent von ihnen weniger erhalten würden (Pusch 2021:

20). Deshalb kann davon ausgegangen werden, dass die abrupte Mindestlohnerhöhung nur dort die betriebliche und überbetriebliche Regulation unmittelbar beeinflussen wird, wo die Lohnabhängigen und ihre Interessenvertretungen kein oder ein geringes Durchsetzungsvermögen besitzen. Insofern sind die hier aufgeworfenen Fragen nur regional und branchenbezogen anwendbar.

4. Auf den Mindestlohn aufbauen?

Ob die Mindestlohnerhöhung ausreicht, um armutsfeste Löhne zu sichern, zeigt sich in dessen Verhältnis zu den übrigen Einkommen und den Lebenshaltungskosten. Deshalb könnten insbesondere in einem Bundesland wie MV, das sich im bundesweiten Vergleich durch ein niedriges Lohnniveau und eine hohe Armutsrate auszeichnet, die Beschäftigten profitieren. Aufgrund der im Bundesland relativ geringen regionalen Armutsgefährdung (Knabe 2022: 94) könnte der aktuelle Mindestlohn dort sogar ein tatsächlicher *living wage* sein und somit einen sowohl arbeits- als auch sozialpolitischen Meilenstein darstellen. Allerdings ist dieser mögliche Erfolg an die Besonderheiten der überbetrieblichen Regulation in dem Bundesland gebunden, sodass er nur bedingt verallgemeinert werden kann.

Demgegenüber droht die Position der in MV sowieso kaum verankerten Gewerkschaften sich zu verschlechtern, solange sie nicht in der Lage sind, den Mindestlohnanstieg auch als Errungenschaft ihrer Organisationen zu unterstreichen. Denn vornehmlich dort, wo Mindestlöhne isoliert bestehen oder als direkte Interaktion in einer Wechselbeziehung zu den Tarifverträgen stehen, suggeriert dessen Anhebung, dass die Notwendigkeit zu einer gewerkschaftlichen Organisierung nicht besteht. Außerdem sind in der Region auch gewerkschaftliches Engagement und Tarifkonflikte kein Garant für eine Eindämmung des Niedriglohnsektors. Die beiden Beispielbetriebe zeigen, dass auch aktive Gewerkschafter*innen keinen Spielraum sehen, um das Lohnniveau stärker anzuheben, als es ihnen bislang möglich war. Entgegen dem bundesrepublikanischen Trend ist in der Region eine kombinierte Stärkung von Mindestlohn und Tarifverhandlungen mit dem Ergebnis ausgeblieben, dass der Mindestlohn selbst in der Metall- und Elektroindustrie richtungsweisend für tarifliche Entgelte sein kann.

Die seitens des IW beklagte Schwächung der Tarifautonomie ist in MV keine Folge der Mindestlohnerhöhung, sondern besteht dort seit über dreißig Jahren. Die bis heute andauernde und vor allem die Schwerindustrie betreffende Deindustrialisierung des Bundeslandes und der parallele Ausbau eines kaum regulierten Dienstleistungssektors haben eine Region geschaffen, in der die abhängigen Beschäftigten erst lernen mussten (und weiterhin müssen), bessere Arbeitsbedingungen zu erkämpfen. Solange sie dies das nicht internalisiert haben, sind sie nicht in der Lage, ihre Machtressourcen im Rahmen ihrer Interessenvertretungen zu nutzen. Die gerade erst auf den Resten des FDGB aufblühende Gewerkschaftslandschaft war von Beginn an von Arbeitsplatzabbau, Arbeitslosigkeit, Abwanderung und Fluktuation geprägt. Unter diesen Umständen stand für viele Beschäftigte primär der Erhalt eines Arbeitsplatzes im Vordergrund. Die IG Metall befindet sich daher in MV nicht nur in einzelnen Betrieben, sondern grundsätzlich in einer Position der Defensive (Köhlinger/Habermann 2020: 510). Die (drohende) Schließung von Schlüsselbetrieben der Metall- und Elektroindustrie mit hunderten IG Metall-Mitgliedern hat jüngst erneut die Vulnerabilität gewerkschaftlichen Handelns in Mecklenburg-Vorpommern verdeutlicht. Damit wird die von den Mitgliedern internalisierte Krisengeschichte jedoch fortgeschrieben und droht bestehende Blockaden zu verfestigen. Diese behindern, wie das hier dargelegte Fallbeispiel zeigte, die Bestrebungen seitens der Geschäftsstellen, neue *Organizing*-Methoden in Häuserkämpfen anzuwenden und aus den Konflikten heraus Lohnabhängigenmacht neu aufzubauen. Der von Artus u.a. (siehe den Beitrag in diesem Heft) geäußerte Optimismus hinsichtlich der Konflikte um Haustarife scheint vorerst nur für die industriellen Zentren Ostdeutschlands zuzutreffen. Für die strukturschwachen Regionen Mecklenburg-Vorpommerns muss die Revitalisierungsthese zurückgewiesen werden.

Angesichts dessen, dass die Präsenz im Nordosten »ein Minusgeschäft« (FT-E14) für die IG Metall ist, stellt sich die Frage, in welchem Umfang sie Ressourcen mobilisieren kann, um ihre Strukturen vor Ort zu stärken. Wie im Beitrag gezeigt, konnte weder eine Schwächung der Tarifparteien noch die Chance auf eine Belebung der Lohnfindung, dafür aber die Krisenhaftigkeit des bestehenden Systems diagnostiziert werden. Daher bleiben zunächst weitere staatliche Eingriffe notwendig, um die Kombination aus Tarifverträgen und Mindestlohn bei der Lohnfindung zu stärken. Das könnte mittels eines Vergabegesetzes erfolgen, das das Vorhandensein eines Tarifvertrages zur Bedingung für eine wirtschaftliche Zusammenarbeit machen und darüber hinaus die Arbeitsbedingungen jenseits des Stundenlohns berücksichtigen würde. Allerdings wäre es erforderlich, auch das Zustandekommen entsprechender Tarifverträge zu prüfen. Andernfalls drohen »gekaufte« Tarifverträge jenseits der etablierten Gewerkschaften. Eine Stärkung zumindest der lokalen IG Metall-Strukturen als Garant für eine lebendige Tarifautonomie in der Region scheint in absehbarer Zeit aus eigener Kraft kaum möglich.

Literatur

Astor, Michael u.a. (2016): Zukunftsperspektiven der maritimen Industrie in Mecklenburg-Vorpommern. Berlin.
Bach, Helena (2022): Tarifsystem in Deutschland: Fehlende Beteiligung trotz großer Wertschätzung. Köln: Institut der deutschen Wirtschaft (IW-Kurzbericht).
– / Schröder, Christoph (2021): Sprung auf 12 Euro Mindestlohn: Einschränkung der Tarifautonomie und gewagtes Wirtschaftsexperiment. In: Wirtschaftsdienst 101(12): 936-939. DOI: https://doi.org/10.1007/s10273-021-3064-5.
Behr, Michael (2000): Ostdeutsche Arbeitsspartaner. In: Die politische Meinung 369: 27-38.
Bispinck, Reinhard (2017): Mindestlöhne und Tarifpolitik – Ergebnisse des WSI-Niedriglohn-Monitoring. In: WSI-Mitteilungen 70(7): 523-532. DOI: https://doi.org/10.5771/0342-300X-2017-7-523.
Bosch, Gerhard (2019): Does the German social model support the convergence of living conditions in the EU? In: Vaughan-Whitehead, Daniel (Hg.): Towards Convergence in Europe. Edward Elgar Publishing: 139-174. DOI: https://doi.org/10.4337/9781788978071.00010.
Bosch, Gerhard / Schulten, Thorsten / Weinkopf, Claudia (2021): The interplay of minimum wages and collective bargaining in Germany: How and why does it vary across sectors? In: Dingeldey, Irene / Grimshaw, Damian / Schulten, Thorsten (Hg.): Minimum Wage Regimes: Statutory Regulation, Collective Bargaining and Adequate Levels. London: 17-36. DOI: https://doi.org/10.4324/9780429402234.
Bosch, Gerhard / Weinkopf, Claudia (2015): Revitalisierung der Tarifpolitik durch den gesetzlichen Mindestlohn? In: Industrielle Beziehungen 22(3-4): 305-324. DOI: https://doi.org/10.1688/IndB-2015-03-Bosch.
– (2013): Wechselwirkungen zwischen Mindest- und Tariflöhnen. In: WSI-Mitteilungen 66(6): 393-404. DOI: https://doi.org/10.5771/0342-300X-2013-6-393.
Dingeldey, Irene / Grimshaw, Damian / Schulten, Thorsten (2021): Introduction: Minimum wage regimes in Europe and selected developing countries. In: Dies. (Hg.): Minimum Wage Regimes: Statutory Regulation, Collective Bargaining and Adequate Levels. London: 1-16. DOI: https://doi.org/10.4324/9780429402234.
– (2021): Conclusion: Understanding the multiple interactions between institutions of minimum wages and industrial relations. In: Dies. (Hg.): Minimum Wage Regimes: Statutory Regulation, Collective Bargaining and Adequate Levels. London: 259-280. DOI: https://doi.org/10.4324/9780429402234.
Europäische Union (2022): Richtlinie (EU) 2022/2041 des europäischen Parlaments und des Rates vom 19. Oktober 2022 über angemessene Mindestlöhne in der Europäischen Union. Brüssel.
Frei, Marek / Kriwoluzky, Silke (2020): IAB-Betriebspanel Mecklenburg-Vorpommern. Ergebnisse der 23. Befragungswelle 2018. Berlin.
Goes, Thomas u.a. (2015): Gewerkschaften im Aufwind? Stärkung gewerkschaftlicher Organisationsmacht in Ostdeutschland. Frankfurt/M.
Hassel, Anke / Schroeder, Wolfgang (2018): Gewerkschaften 2030: Rekrutierungsdefizite, Repräsentationslücken und neue Strategien der Mitgliederpolitik. In: WSI Report 33.
Knabe, André (2022): Soziale Armut: Wahrnehmung und Bewältigung von Armut in sozialen Netzwerken. Wiesbaden. DOI: https://doi.org/10.1007/978-3-658-36141-9.
Köhlinger, Jörg / Habermann, Jakob (2020): Was kommt nach der Pandemie? Herausforderungen für die gewerkschaftliche Betriebs-, Tarif- und Organisationspolitik der IG Metall. In: WSI-Mitteilungen 73(6): 508-512. DOI: https://doi.org/10.5771/0342-300X-2020-6-508.
Lesch, Hagen / Schneider, Helena / Schröder, Christoph (2021a): Anpassungsverfahren beim gesetzlichen Mindestlohn. Argumente gegen eine politische Lohnfindung. Berlin. DOI: https://doi.org/10.1007/s41025-021-00230-7.

– (2021b): Mindestlohnanpassung und Living Wage: Was kann Deutschland von Frankreich und dem Vereinigten Königreich lernen? Köln.
Lévesque, Christian / Murray, Gregor (2010): Understanding union power: resources and capabilities for renewing union capacity. In: Transfer: European Review of Labour and Research 16(3): 333-350. DOI: https://doi.org/10.1177/1024258910373867.
Pusch, Toralf (2021): 12 Euro Mindestlohn: Deutliche Lohnsteigerungen vor allem bei nicht tarifgebundenen Beschäftigten. WSI (WSI Policy Brief). Düsseldorf.
– u.a. (2021): Effekte des gesetzlichen Mindestlohns auf die Haushaltsnettoeinkommen und den Bezug bedarfsgeprüfter Transferleistungen. In: WSI-Mitteilungen 74(2): 116-126. DOI: https://doi.org/10.5771/0342-300X-2021-2-116.
Röbenack, Silke / Artus, Ingrid (2015): Betriebsräte im Aufbruch? Vitalisierung betrieblicher Mitbestimmung in Ostdeutschland. Eine Studie der Otto Brenner Stiftung. OBS-Arbeitsheft 82. Frankfurt/M.
Schmalz, Stefan / Dörre, Klaus (2014): Der Machtressourcenansatz: Ein Instrument zur Analyse gewerkschaftlichen Handlungsvermögens. In: Industrielle Beziehungen 21(3): 217-237.
Schmalz, Stefan u.a. (2021): Abgehängt im Aufschwung: Demografie, Arbeit und rechter Protest in Ostdeutschland. Frankfurt/M./New York.
Schmalz, Stefan / Thiel, Marcel (2017): IG Metall's comeback: Trade union renewal in times of crisis. In: Journal of Industrial Relations 59(4): 465-486. DOI: https://doi.org/10.1177/0022185617714818.
Schrader, Klaus / Laaser, Claus-Friedrich (2020): Industrielle Strukturen und Potentiale im Norden: Eine regionale Analyse der deutsch-dänischen Industrielandschaft. Kiel.
Schroeder, Wolfgang / Fuchs, Stefan / Heller, Lukas (2019): Neue Mitglieder für die Gewerkschaften – Mitgliederpolitik als neues Politikfeld der IG Metall. Frankfurt/M.
Schulten, Thorsten / Lübker, Malte (2020): WSI-Mindestlohnbericht 2020: Europäische Mindestlohninitiative vor dem Durchbruch? In: WSI-Mitteilungen 73(2): 119-129. DOI: https://doi.org/10.5771/0342-300X-2020-2-119.
Schulten, Thorsten / Müller, Torsten (2017): Living wages – normative und ökonomische Gründe für einen angemessenen Mindestlohn. In: WSI-Mitteilungen 70(7): 507-514. DOI: https://doi.org/10.5771/0342-300X-2017-7-507.
Schulten, Thorsten / Pusch, Toralf (2019): Mindestlohn von 12 Euro: Auswirkungen und Perspektiven. In: Wirtschaftsdienst 99(5): 335-339. DOI: https://doi.org/10.1007/s10273-019-2453-5.
Stamp, Friedrich (2007): Im Wandel solidarisch bleiben: Geschichte der Metallarbeiter und ihrer Gewerkschaften in Mecklenburg und Vorpommern.
Statistisches Amt Mecklenburg-Vorpommern (2020): Statistisches Jahrbuch Mecklenburg-Vorpommern 2020. Schwerin.
Syrovatka, Felix (2022): Abseits des neoliberalen Pfads: Warum die Mindestlohnrichtlinie ein richtiger Schritt für Europa ist. In: PROKLA 209 52(4): 683-691. DOI: https://doi.org/10.32387/prokla.v52i209.2023.

PROKLA 211 | 53. Jahrgang | Nr. 2 | Juni 2023 | S. 289-304
https://doi.org/10.32387/prokla.v53i211.2051

Janis Ewen*

Schluss mit ausgeliefert?

Tarifpolitik in der plattformvermittelten Lieferarbeit

Zusammenfassung: Bei plattformvermittelten Essenslieferdiensten sind die Arbeitenden mehrfach fragmentiert. Die digitalen Arbeitsmodelle und Kontrollkonzepte der Plattformen führen zur räumlichen, organisatorischen und sozialen Trennung der Fahrradkurier*innen. Dies stellt die interessenpolitische Mobilisierung in diesem Feld der Erwerbsarbeit vor besondere Herausforderungen. Der Beitrag betrachtet die plattformspezifischen Bedingungen des ersten Tarifkonflikts in der Branche und diskutiert mögliche Konfliktstrategien der Gewerkschaft.

Schlagwörter: Plattformökonomie, Lieferdienste, Rider-Arbeit, Digitalisierung, Tarifpolitik, Arbeitsbeziehungen

No More Delivered?

Collective Bargaining in Platform-Mediated Delivery Work

Abstract: In platform-mediated food delivery services, workers are multiply fragmented. The digital work models and control concepts of the platforms lead to the spatial, organizational, and social separation of the bicycle couriers, which poses special challenges for the mobilization of interests in this field of employment. The article considers the platform-specific conditions of the first collective bargaining conflict in the sector and discusses possible conflict strategies of the trade union.

Keywords: Platform Economy, Delivery Services, Rider Work, Digitization, Collective Bargaining, Industrial Relations

Für etablierte Gewerkschaften galt das Feld der plattformvermittelten Arbeit lange als kaum organisierbar. Doch im Bereich der Plattform-Essenslieferdienste in Deutschland wurde die formale Selbstständigkeit der

* **Janis Ewen** ist wissenschaftlicher Mitarbeiter an der Professur für Wirtschafts- und Organisationssoziologie der Universität Hamburg.

Fahrradkurier*innen (Rider) durch Anstellungsverhältnisse abgelöst, womit sich der rechtliche Rahmen verschoben und interessenpolitische Möglichkeiten eröffnet haben. Nach mehreren Betriebsratsgründungen in den vergangenen Jahren hat die Gewerkschaft Nahrung-Genuss-Gaststätten (NGG) jüngst die zweite Konfliktarena des dualen Systems betreten. Sie möchte für die rund 7.000 Beschäftigten bei der marktführenden Essenslieferplattform in Deutschland einen Tarifvertrag durchsetzen. Im Februar 2023 wurde das Lieferunternehmen offiziell zu Verhandlungen aufgefordert.

Die Funktionsweise und die Arbeitsorganisation der Plattform zeichnen sich durch mehrere charakteristische Merkmale aus, die sie von verbetrieblichter Lohnarbeit abheben und sich deutlich auf die Arbeitsbeziehungen im Unternehmen auswirken. Arbeitsplattformen stellen in erster Linie digitale Infrastrukturen dar, die sich einerseits um die Vermittlung zwischen den verschiedenen Marktteilnehmer*innen kümmern und gleichzeitig die Organisation der Arbeit übernehmen, indem sie den Arbeitsprozess engmaschig über eine App koordinieren, strukturieren und kontrollieren. Es handelt sich damit um ein Erwerbsfeld, in dem der Betrieb als geteilter Arbeitsort durch ein digitales Kontrollkonzept mit relativ loser Koppelung der Beschäftigten ersetzt wird. Im Fall der Lieferplattformen ergeben sich für gewerkschaftliche Kämpfe aus der sozial-räumlichen Beziehungslosigkeit im Arbeitsprozess, der hohen Fluktuation der Belegschaft und der ausgeprägten Heterogenität der Rider besondere Hürden. In diesem Beitrag werden die spezifischen Herausforderungen der Tarifpolitik analysiert, die unmittelbar auf die Funktionslogik der Plattformarbeit verweisen und institutionelle Arrangements sowie betriebliche Mobilisierungen zu unterlaufen drohen.[1]

Aufgrund der algorithmischen Arbeitssteuerung und der Vereinzelung der Kurier*innen während der Arbeit ist die Organisationsbereitschaft der Rider gefragt, um soziale Verbindungen unter ihnen herzustellen. Nur durch ihr Handeln konstituieren sie eine Art betrieblicher Sozialordnung, die plattformseitig nicht intendiert ist, und schaffen die funktionalen Bedingungen, um kollektive Interessen überhaupt ermitteln und mobilisieren zu können. Dabei zeigt sich, dass große gewerkschaftliche Ressourcen notwendig sind, um die betriebliche Basis für eine Tarifauseinandersetzung aufzubauen, da die plattformtypischen Arbeitsbeziehungen die Organisationsmacht der Ge-

1 Die empirische Basis des Artikels sind problemzentrierte Interviews mit Fahrradkurier*innen einer großen Essenslieferplattform in Deutschland (n=24), die zwischen 2020 und 2022 geführt wurden. Teile der Gesprächspartner*innen waren zugleich aktive Gewerkschafter*innen, Betriebsräte und Mitglieder der Tarifkommission. Die Interviews wurden ferner um kontextbezogene Nachrichten aus Chatgruppen der Beschäftigten und Gewerkschaft ergänzt und das Datenmaterial inhaltsanalytisch ausgewertet (Mayring 2015; Kuckartz 2018).

werkschaft und die kollektive Handlungsfähigkeit der Beschäftigten unterminieren. Anknüpfen kann die NGG teilweise an eine basis- und vorgewerkschaftliche Rider-Kultur, die noch schwache Verbindungen zum Gewerkschaftsapparat aufweist und in der Vergangenheit eigensinnige Formen von Protest und mikropolitischen Konflikten hervorbrachte. Die Voraussetzung hierfür ist eine gewerkschaftliche Strategiefähigkeit, die sich organisational den Bedingungen der plattformvermittelten Arbeit anpasst.

Der Beitrag verbindet eine Analyse der Fragmentierungen der Beschäftigten im Arbeitsprozess mit Fragen der Gewerkschafts- und Tarifpolitik. Dafür wird zu Beginn die Lieferarbeit in den Kontext einfacher Dienstleistungen, erodierender Arbeitsbeziehungen und der Restrukturierung von Märkten und Erwerbsarbeit im Zuge der Digitalisierung eingeordnet, um von dort aus die Konfliktdynamiken im Feld zu skizzieren (1). Aufbauend darauf werden die spezifischen Probleme der Tarifpolitik in plattformisierten Arbeitsbeziehungen in den Blick genommen, die sich mit der mehrfachen Ausdifferenzierung der Arbeitenden arrangieren muss (2). Anschließend wird die unter diesen Bedingungen mögliche Konflikt- und Strategiefähigkeit der Beschäftigten und Gewerkschaft diskutiert (3) und der Beitrag mit einem Fazit beendet (4).

1. Deregulierte Arbeitsbeziehungen und die Plattformisierung einfacher Dienstleistungen

Bekanntlich haben sich durch den Wandel des Kapitalismus in den letzten Jahrzehnten die Formen und Inhalte der Erwerbsarbeit verändert. Die Tertiarisierung, der Aufstieg der Dienstleistungen, ist die offensichtlichste Erscheinungsform dieses Strukturwandels der Arbeit in »postindustriellen« Gesellschaften. Formale Rationalisierung steigert die Notwendigkeit von Planung und Organisation des Produktionsprozesses, Wissenschaft und Technik erlangen wachsende Bedeutung. Das Alltagsleben – auch der Lohnabhängigen – wird von kommerziellen Dienstleistungen durchdrungen (Jacobsen 2018). Dienstleistungstätigkeiten werden dabei häufig mit interaktiven Arbeitsprozessen verbunden, die im Zusammenspiel mit den Konsument*innen entstehen und die Subjektivität der Arbeitenden einbeziehen (Voswinkel 2005; Böhle/Glaser 2006).

Seit einigen Jahren nimmt insbesondere in urbanen Zentren die einfache Dienstleistungsarbeit zu, die diverse Reinigungs-, Pflege-, Liefer- und Servicetätigkeiten umfasst und sich nicht in das beschriebene Bild einfügt. In diesem Segment des Arbeitsmarktes sind zumeist keine formalen Qualifikationen notwendig, das Lohnniveau ist niedrig und der gewerkschaftliche Organisationsgrad gering (Artus 2008). Zudem dominieren strikte Formen betrieblicher Herrschaft, die sich unter anderem durch befristete Beschäftigungsverhältnisse, die Dezentralisierung von Unternehmensstrukturen sowie der Standardisierung von Tätigkeiten auszeichnen. Die betriebliche Kontrolle wird in der Regel über Personen durchgesetzt, womit soziale Rationalisierungsstrategien überwiegen, die die Belegschaften anhand informeller Hierarchien und Privilegien spalten. Die Abwertung der Arbeit und die herrschaftsförmige Subsumtion in den Arbeitsprozess führe dazu, so Bahl und Staab (2015: 381), dass »Fortschrittsoptimismus gegen die Antizipation einer vergehenden Zeit getauscht« und die »eigene Machtlosigkeit verschärft« werde. Damit schließen sie an Analysen zu prekären Arbeits- und Lebensverhältnissen an, die von einem gefühlten Zukunftsverlust der Betroffenen ausgehen, der längerfristige Lebensplanung unsicher erscheinen lasse und die subjektiven Voraussetzungen kollektiver Interessenpolitik untergrabe (z.B. Dörre/Castel 2009).

Tertiarisierung, Deregulierung von Arbeitsmärkten und Finanzialisierung haben betriebliche Sozialstrukturen durch prekäre Beschäftigung zunehmend unterschichtet (Kädtler 2010; Brinkmann/Nachtwey 2017). Vor diesem Hintergrund hat sich das System industrieller Beziehungen, in dem die Austauschbeziehungen zwischen Kapital und Arbeit geregelt und der Interessenkonflikt reguliert wird, ausdifferenziert. Wolfgang Schroeder (2016) spricht von drei Welten des deutschen Arbeitsmarktes, die durch unterschiedliche Grade institutioneller Bindungen und Absicherungen gekennzeichnet sind. Während die Beschäftigten in der ersten Welt von Flächentarifverträgen und intakten Mitbestimmungsstrukturen profitieren, finden sich in einer zweiten Welt Arbeits- und Beschäftigungsbedingungen, in denen Betriebsräte oder Tarifverträge ausgehöhlt sind oder nicht mehr für alle Arbeitenden gelten. Dabei führen Outsourcing oder Vermarktlichung dazu, dass die Grenzen zwischen den ersten beiden Welten verschwimmen. In der dritten Welt sind die Arbeitsbeziehungen weitgehend dereguliert, Betriebsräte und Tarifverträge inexistent und mangelhafter Arbeits- und Gesundheitsschutz die Normalität. Wie Dörre (2016: 355) feststellte, mangelt es in den Erwerbsfeldern außerhalb der institutionell regulierten Arbeitsbeziehungen sowohl an »kooperationswilligen Managern als auch an wirkungsmächtigen Interessenvertretungen, die eine Kooperation erzwingen könnten«. Demnach können sich Gewerkschaften nicht auf symbolische Mobilisierungen in routinierten Tarifrunden stützen, sondern müssen jenseits ihrer institutionellen Macht die einzelnen Betriebe im Konflikt erschließen (ebd.: 361).

Im Zuge der digitalen Transformation werden Märkte und Beschäftigungsverhältnisse erneut restrukturiert. Die Basistechnologie des Internets, die Verbreitung mobiler Endgeräte und die digitale Koordination von Arbeitsprozessen haben neue Konsummuster und modifizierte Marktordnungen, die beschleunige Distribution von Waren sowie veränderte Zugriffe auf Arbeitskraft hervorgebracht (Nachtwey/Staab 2020; Pfeiffer 2021). Als Zentrum dieses Prozesses werden vielfach digitale Plattformen ausgemacht, die eigene Märkte etablieren, sich als vermittelnde Instanz zwischen bestehende Unternehmen und Kund*innen schalten und die Arbeitskraft organisieren, auf die andere zugreifen können (Langley/Leyshon 2017; Srnicek 2018; Staab 2019). Kirchner (2019) beschreibt Plattformen aufgrund dieser Doppelfunktion als Hybride zwischen Organisation und Markt, was sie von klassischen Dienstleistungsfirmen abhebt. Die Plattformarchitektur der Unternehmen verstärkt dabei Machtasymmetrien zwischen Kapital und Arbeit und erhöht »den Druck auf das ohnehin von Erosionstendenzen betroffene deutsche Modell der Arbeitsbeziehungen« (Greef u.a. 2020: 222).

Unter anderem Heiland (2020: 17ff.) argumentiert, dass die plattformvermittelte Arbeit zur mehrfachen Fragmentierung der Arbeitskräfte führe: Befinden sich die Arbeitenden in Solo-Selbstständigkeit und nicht in abhängiger Beschäftigung, stehen sie außerhalb des arbeitsrechtlichen Rahmens und sind den Kräften des Marktes schutzlos ausgeliefert. Für Essenslieferdienste in Deutschland ist das allerdings nicht mehr die Regel. Auf EU-Ebene existieren Bemühungen, gegen Formen der Scheinselbstständigkeit in der Plattformökonomie vorzugehen (EU-Kommission 2021; Legantke 2022). Nachdem die EU-Kommission im Dezember 2021 einen Richtlinienvorschlag zur Regulierung der Plattformarbeit vorlegte, hat sich das EU-Parlament nach langer Diskussion und Änderungen am Gesetzesentwurf im Februar 2023 auf eine gemeinsame Position zur Verbesserung der Arbeitsbedingungen verständigt. Eine Einigung im Europäischen Rat steht noch aus. Aber selbst wenn die Arbeitenden – wie im hier betrachteten Fall – rechtlich in die Unternehmen integriert sind, werden sie durch die Plattformisierung der Arbeit fragmentiert. Ihre Tätigkeiten verrichten sie jenseits einer festen Betriebsstätte, es herrscht ein reger Zu- und Abgang von Arbeitskräften und die individuellen Abhängigkeiten von den Plattformjobs weichen deutlich voneinander ab.

Im Feld des in diesem Beitrag fokussierten Essenslieferdienstes etablieren Plattformunternehmen durch ihre Websites oder Apps eigene Marktplätze, auf denen verschiedene Restaurants ihre Speisen anbieten können und die Plattform die Bestellungen abwickelt. Sofern die Restaurants über keinen eigenen Lieferservice verfügen, lässt die Plattform ihre Fahrradkurier*innen das Essen abholen und ausliefern. Sie vermittelt zwischen Restaurants, bestellenden Kund*innen und Fahrradkurier*innen. Ihre digitale Infrastruktur strukturiert, koordiniert und überwacht die Arbeitsabläufe der Rider (Ivanova u.a. 2018; Schreyer/Schrape 2018; Kellogg u.a. 2020). Alle Rider nutzen die firmeneigene App, die ihnen Aufträge zuweist und sie zu den Restaurants und der Zieladresse der Kund*innen navigiert. Indem das algorithmische Management durch getrackte Daten und Informationsverarbeitung den Arbeitsprozess organisiert, wird die ansonsten in der einfachen Dienstleistungsarbeit übliche soziale und personelle Disziplinierung durch ein digitales Kontrollkonzept ersetzt.

Diese Form der Arbeitsorganisation und die fragmentierte Belegschaftsstruktur lässt kollektiven Widerstand und interessenpolitische Mobilisierungen zunächst unwahrscheinlich erscheinen. Zugleich provozieren die unregulierten Arbeitsbeziehungen beständig Konflikte zwischen Plattformen und Arbeiter*innen, die von einer hohen Intensität gekennzeichnet sind (Tassinari/Maccarone 2019; Joyce u.a. 2020; Heiland 2020). Weltweit kam es im Bereich der plattformvermittelten Essenslieferdienste zu zahlreichen Arbeitskämpfen, deren Austragungsformen von (spontanen) Streiks über öffentliche Proteste und medienwirksame Aktionen bis zu unzähligen mikropolitischen Auseinandersetzungen am Arbeitsplatz reichen (Cant 2020; Trappmann u.a. 2020; Heiland/Brinkmann 2020). Die organisatorischen Vorbedingungen dieser Arbeitskonflikte wurden intensiv untersucht. Heiland und Schaupp (2020) haben die Bedeutung von Chatgruppen unter Ridern hervorgehoben, die eine Basis für ihre arbeitspolitische Vernetzung bilden. Sie haben beschrieben, wie sich in den Chatgruppen Solidarkulturen vergemeinschaften, Netzwerke der gegenseitigen Unterstützung entstehen und eine gemeinsame Identität der Rider gestiftet wird.

In der plattformvermittelten Lieferarbeit waren traditionelle Gewerkschaften lange Zeit nur schwach vertreten. Die Kultur der jungen Start-ups, die hohe Fluktuation der Arbeitenden und die anfänglich verbreitete Solo-Selbstständigkeit der Rider machten den Bereich für klassische Interessenorganisation schwer durchdringbar. Die Vertretungslücke wurde teils von Basisgewerkschaften, in Deutschland durch die Freie Arbeiter*innen Union (FAU), sowie durch selbstorganisierte Rider-Kollektive gefüllt. Ihr aktivistischer Fokus liegt außerhalb institutionalisierter Interessenpolitik und sie versuchen durch direkte Aktionen und mediale Kampagnen kleine Verbesserungen der Arbeitssituation durchzusetzen. Diese Formen des »Social movement unionism« (Vandenberg 2006) sind weltweit typisch für das Feld der Plattformlieferdienste (Heiland 2020). Allerdings treten neben diese basis- oder vorgewerkschaftliche Rider-Kultur in den letzten Jahren verstärkt etablierte Gewerkschaften. Die anfänglich eigenständige Kampagne »Liefern am Limit« gliederte sich 2018 in die NGG ein. Mit der Wegentwicklung der Lieferplattformen in Deutschland vom reinen Modell der Gig Economy, in der die Kurier*innen formal selbstständig sind und pro Auftrag entlohnt werden, hin zu Anstellungsverhältnissen und Bezahlung nach Stundenlohn, haben sich Möglichkeiten für betriebliche Mitbestimmung eröffnet. Heute existieren bei der größten Lieferplattform in 16 Städten Betriebsräte, die vielfach im Konflikt durchgesetzt werden mussten und sukzessive zur stärkeren Formalisierung der Arbeitsbeziehungen beitrugen. Letztlich hat erst die Etablierung der Mitbestimmungsstrukturen zu Ansätzen einer betrieblichen Sozialordnung geführt, die im schlanken Plattformmodell der Unternehmen so nicht vorgesehen ist (Ewen 2022). Die aktiven Rider und die NGG konnten auf diesen Erfahrungen aufbauen und forderten den Essenslieferdienst zu Tarifverhandlungen auf.

2. Tarifpolitik am Limit: Kollektive Mobilisierung in plattformisierten Arbeitsbeziehungen

Der anstehende Tarifkonflikt beim marktführenden Essenslieferdienst ist die erste Tarifauseinandersetzung in der Plattformökonomie in Deutschland. Mit einem Mantel- und Entgelttarifvertrag möchte die NGG unter anderem einen Stundenlohn von mindestens 15 Euro, Weihnachts- und Urlaubsgeld, sechs Wochen bezahlten Urlaub pro Jahr, Sonn- und Feiertagszuschläge sowie die volle Bezahlung der letzten Fahrt nach Hause durchsetzen (NGG 2023). Die Gewerkschaft orientiert sich beim Aufbau der betrieblichen Basis am Konzept der »bedingungsgebundenen Tarifarbeit«. Diese macht den Organisationsgrad und die kollektive Handlungsbereitschaft der Belegschaft zu zwei zentralen Bedingungen für die Bereitschaft der Gewerkschaft, sich in den Tarifkonflikt zu begeben. Gleichzeitig strebt der Ansatz eine höhere Mitgliederbeteiligung und Entscheidungspartizipation durch die Tarifkommission an. Damit lässt er sich auch als Abkehr von rein stellvertretender Gewerkschafts- oder Tarifpolitik verstehen (Dilcher 2011; Thiel 2022). Im vorliegenden Fall erwies sich die »bedingungsgebundene Tarifarbeit« als durchaus widersprüchlich, da Organisationsmacht und die kollektive Handlungsfähigkeit aufgrund der Plattformlogik permanent gefährdet sind. Eine dauerhafte Konsolidierung ist schwierig. Deshalb sind die gewerkschaftlichen Ressourcen nicht erst im Konflikt, sondern bereits beim Aufbau der betrieblichen Basis für die Tarifauseinandersetzung von großer Bedeutung. Schließlich hat sich die NGG entschieden, die üblichen quantitativen Voraussetzungen aufgrund der spezifischen Bedingungen in der Plattformarbeit zu reduzieren und das Unternehmen nach anderthalbjähriger Vorbereitung zu Tarifverhandlungen aufgefordert.

Nun steht ein unternehmenszentrierter Konflikt bevor, in dem es zunächst darum geht, dass die Gewerkschaft überhaupt in eine Verhandlungsposition gelangt. Bislang hat das Unternehmen auf die Forderung nach einem Tarifvertrag nicht reagiert. Die NGG kann vor dem Hintergrund der Erfahrung der mangelnden Anerkennung von Mitbestimmungsstrukturen davon ausgehen, dass das Management Verhandlungen ablehnen wird. Entsprechend stellt sich die Gewerkschaft darauf ein, das Unternehmen durch Arbeitskämpfe zu Tarifverhandlungen zu bewegen. Dafür muss sie ihre organisatorische Macht und betriebliche Konfliktfähigkeit beweisen, die vor plattformspezifische Herausforderungen gestellt werden und von den kollektiven Akteur*innen eine enorme Strategiefähigkeit verlangt, um die eigenen Ressourcen effektiv im Tarifkonflikt einzusetzen. Insbesondere aus der räumlichen, organisatorischen und sozialen Fragmentierung der Belegschaft resultieren Probleme der interessenpolitischen Mobilisierung, der Beschränkung struktureller Macht sowie der gewerkschaftlichen Organisierung.

2.1. Räumliche Fragmentierung

Im Unterschied zur Online-Crowdwork oder plattformvermittelter Haus- oder Sorgearbeit, haben die Fahrradkurier*innen den Vorteil, dass sie in der Stadt sichtbar sind. Sie finden folglich bessere Bedingungen der Organisierung vor als Arbeitende in anderen Bereichen der Plattformökonomie (Vandaele 2018). Dennoch sind Rider im Arbeitsprozess isoliert tätig, da die algorithmische Arbeitssteuerung zur räumlichen Fragmentierung führt. Sie bewegen sich zwischen den Restaurants und Kund*innen. Während der Arbeit sind längere Kontakte zu Kolleg*innen die Ausnahme, wie ein Kurier schildert: »Klar, triffst du mal vorm Restaurant ein paar Leute. Aber ansonsten bist du eigentlich recht auf dich allein gestellt und die persönlichen Kontakte halten sich stark in Grenzen« (I 15).

Indem die betriebliche Organisation der Arbeit durch ein digitales Kontrollsystem ersetzt wird, sind die Rider zwar durch die Plattformlogik an das Unternehmen gebunden, aber es bedarf keiner geteilten Arbeitsstätte als Ort der Leistungserbringung (Kirchner/Beyer 2016). Somit existiert der Betrieb als wirtschaftliche Einheit fort, nicht aber als sozialer Raum, an dem Arbeitskräfte zusammenkommen. Diese räumliche Trennung erschwert es, soziale Beziehungen während der Arbeit aufzubauen, die eine wesentliche Voraussetzung für gewerkschaftliche Aktivitäten und Kämpfe darstellen. Die daraus resultierenden Schwierigkeiten für Organisierungsprozesse beschreibt ein Rider so: »Du hast keine Betriebsstätte, du hast kein Firmentor, an das du dich stellen kannst. [...] Meine scheiß Betriebsstätte ist das [...] Stadtgebiet. Da kann ich lange suchen, bis ich die Kollegen finde« (I 7).

Für die Gewerkschaft und die Tarifauseinandersetzung bedeutet das, dass unter solchen Bedingungen die potenziellen Organisationsmitglieder im städtischen Raum erst aufgesucht und kollektive Handlungsfähigkeit jenseits örtlicher Bindungen an eine Arbeitsstätte hergestellt werden müssen. Daher sind die Handlungs- und Organisationsfähigkeit der Rider, die Betriebsräte und Gewerkschaften von herausragender Bedeutung, um die abwesende Arbeitskooperation auszugleichen, die üblicherweise aus der betrieblichen Organisation der Arbeit entsteht. Die NGG kann allerdings an Strukturen anknüpfen, die sich Rider in den letzten Jahren eigenständig aufgebaut haben. In diversen Chatgruppen werden praktische Tipps bezüglichen des Jobs besprochen, arbeitsrechtliche Fragen diskutiert, Infos der Gewerkschaft geteilt und interessenpolitische Aktivitäten koordiniert. Sie können zu wesentlichen Multiplikatoren von Streiks werden, die ansonsten keinen zentralen Ort haben, an dem die Arbeitskämpfe für (noch) unbeteiligte Kolleg*innen sicht- und erfahrbar werden. Eine ähnliche Funktion nehmen selbstorganisierte Stammtische oder Repair-Cafés ein. Diese von Ridern initiierten (digitalen) Netzwerke und Treffpunkte könnten – auch wenn ihre Verbindungen zur Gewerkschaft zumeist schwach sind – zum organisatorischen Rückgrat des Tarifkonflikts werden, weil darin die räumliche Isolation und Beziehungslosigkeit im Arbeitsprozess überwunden wird und sich kollektive Interessen und Konfliktbereitschaft ermitteln lassen.

2.2. Organisatorische Fragmentierung

Die technische Standardisierung und Modellierung durch die App-Steuerung haben den Arbeitsprozess weiter vereinfacht. Weder lange Anlernzeiten noch spezifische Orts- und Sprachkenntnisse sind für die Tätigkeit notwendig. Die technologische Architektur der Plattformen erlaubt den Lieferunternehmen ein Beschäftigungssystem mit hoher Fluktuation der Arbeitskräfte. Die technologische Fragmentierung durch die algorithmische Arbeitssteuerung lässt somit die organisatorische Fragmentierung der Belegschaft zu, die mehrheitlich nur einige Monate im Unternehmen bleibt. Dieser Umstand stellt für die NGG eine weitere Hürde bei der Mitgliedergewinnung dar: »Also wir haben schon viele so Werbeaktionen gemacht und das größte Problem ist, denke ich, [...] dass die Leute kein Interesse haben, weil das ein Job ist, wo man im Durchschnitt vielleicht mal sechs Monate ist und dann wieder geht. Da ist den Leuten dann auch egal, ob mal 200 Euro fehlen, Hauptsache, die kriegen irgendwie ihre Kohle, [...] und dann sind sie irgendwann eh wieder weg.« (I 16)

Die gewerkschaftliche Organisationsmacht, die für den erfolgreichen Tarifkampf Priorität hat, wird durch das plattformtypische Beschäftigungssystem permanent unterlaufen. Plattformunternehmen organisieren einen stetigen Durchlauf an Arbeitskräften und bewahren sich eine hohe Flexibilität in Beschäftigtenzahlen, um auf Nachtfrageschwankungen auf den dynamischen Liefermärkten reagieren zu können. Vor diesem Hintergrund könnten etwaige Streikmaßnahmen der Gewerkschaft von der Kapitalseite mit kurzfristiger Rekrutierung neuer Arbeitskräfte beantwortet werden, um deren ohnehin begrenzte Produktions- beziehungsweise Distributionsmacht weiter zu unterminieren. Allerdings setzt das voraus, dass sie ein ausreichendes *Arbeitskräftereservoir* im Niedriglohnsektor vorfinden, was bei der momentanen Arbeitsmarktsituation nicht unbedingt der Fall sein muss. Darum erscheint der Zeitpunkt der Tarifauseinandersetzung günstig.

2.3. Soziale Fragmentierung

Mit der hohen Fluktuation ist schließlich eine soziale Fragmentierung der Arbeitenden verbunden. Rider stellen eine auffällig heterogene Gruppe dar, die sich in der individuellen Abhängigkeit vom Lieferjob und der subjektiven Bedeutungszuschreibung des Arbeitsverhältnisses deutlich differenziert. Die Liefertätigkeit wird oftmals als Einstieg in den (deutschen) Arbeitsmarkt ausgeübt, neben dem Studium, als Zweit- oder Drittjob oder zur kurzfristigen Überbrückung. Die wenigsten Rider sehen eine langfristige Erwerbsperspektive in der Tätigkeit (Heiland 2019). Für den hohen Anteil an migrantischen Beschäftigten treten neben materielle teilweise weitere Schwierigkeiten, wie ungesicherte Aufenthaltssituationen oder sprachliche Barrieren, die die Abhängigkeit von dem Job erhöhen (Schaupp 2021).

Da quantitative Regelungen, wie sie üblicherweise in Tarifverträgen fixiert werden, aggregierbare Interessen voraussetzen, birgt die Heterogenität der Gruppe der Rider die Gefahr der tarifpolitischen Partikularisierung. Zwar profitieren potenziell alle Kurier*innen von den Entgeltforderungen der Tarifkommission, doch vornehmlich für Voll- und Teilzeitfahrer*innen haben sie große Relevanz. Die Spaltung nach Vertragsarten, die tendenziell mit der Abhängigkeit vom Job korrespondiert, schlägt sich auch in der Bereitschaft zu arbeitspolitischer Aktivität nieder, wie ein Betriebsrat schildert: »Also bei den Minijobbern ist das Interesse deutlich geringer. Für die ist es oftmals so der Nebenjob, den man irgendwie zwei Abende in der Woche macht, um sich nochmal – keine Ahnung – einen Urlaub oder so zu finanzieren. Also wir haben viele, die das als Zweitjob machen. Oder die eben studieren, für die ist es dann so eine Nebentätigkeit, wo man sich gar nicht so damit befassen möchte oder kann vielleicht auch.« (I 9)

Die subjektive Motivation für den Tarifkonflikt hängt – was keine alleinige Spezifik der plattformvermittelten Arbeit ist – mit der persönlichen Erwerbsperspektive und den allgemeinen Möglichkeiten auf dem Arbeitsmarkt zusammen. Zwar finden sich unter den Betriebsrät*innen und aktiven Gewerkschafter*innen viele, die mehr aus politischen oder altruistischen Überzeugungen zur Regulierung prekärer Beschäftigungsverhältnisse beitragen wollen, aber für die Masse der Rider gilt das nicht. In der Kommunikation und Ansprache der Beschäftigten durch die Gewerkschaft ist deshalb Lernfähigkeit gefragt. Das politisierte Framing der Rider-Kollektive, das grundsätzliche Ansprüche, Gerechtigkeits- und Gesellschaftsfragen anspricht, könnte sich in diesem Kontext als erfolgreicher als sozialpartnerschaftliche Rhetorik herausstellen, die in der fluktuierenden Belegschaft mit ihrer fehlenden betrieblichen Integration auf wenig Resonanz stoßen dürfte.

3. Gewerkschaftliche Strategien im Konflikt

Die räumliche, organisatorische und soziale Fragmentierung der Arbeitenden des Plattformlieferdienstes unterminiert sowohl deren Konfliktfähigkeit am Arbeitsplatz als auch die Mitgliedergewinnung der Gewerkschaft. In der Plattformökonomie verschränken sich Trends digitalisierter, flexibilisierter und prekarisierter Arbeitsverhältnisse, deren Elemente sich aber auch in anderen Erwerbsfeldern zeigen. Der in diesem Beitrag betrachtete Tarifkonflikt findet daher unter besonderen Bedingungen statt, die der Gewerkschaft NGG organisationale Anpassungsfähigkeit, symbolische Kommunikationsfähigkeit und eine partizipative Strategie abverlangen, um mit den plattformisierten Arbeitsbeziehungen des Lieferdienstes umzugehen.

In der Rider-Arbeit verbinden sich auf subjektiver Ebene zwei Tendenzen, die Auswirkungen auf die tarifpolitische Konfliktstrategie der Gewerkschaft haben: Zum einen reduziert die hohe Fluktuation die individuelle Motivation zur interessenpolitischen Aktivität, weil die Exit-Option dem Arbeitskampf vorgezogen wird. Zum anderen bringt die geringe Identifikation mit dem Unternehmen (Heiland 2019) im Zusammenhang mit zahlreichen Anspruchsverletzungen durch die Plattformlogik eine vergleichsweise konfliktorientierte Handlungsstrategie der Kurier*innen hervor. Die »repressive Integration in die Betriebsfamilie« (Artus 2008: 30), die sich für andere Bereiche prekärer Dienstleistungsarbeit feststellen lässt, gestaltet sich für die Kapitalseite in der Plattformarbeit als schwierig. Es fehlt die betriebliche Sozialordnung, in die sich Rider integrieren könnten und wo sich kritische Ansprüche und Handlungsorientierungen verhandeln ließen. Vielmehr wird eine Sozialordnung »von unten« hergestellt, durch die Selbstorganisierung der Beschäftigten und Mitbestimmungsstrukturen. Diese Form der Selbstintegration in den Arbeitskontext entwickelt sich außerhalb des Zugriffs des Unternehmens, wo soziale Disziplinierungen durch Management, Vorgesetzte oder konforme Kolleg*innen kaum greifen. Dasselbe gilt für eine managementseitige Unternehmenskultur, die auf Ebene der Rider-Arbeit keinen sozialen Raum findet, in dem sie verfangen könnte (Ewen 2022: 160f.). In der relativen Abwesenheit personeller Kontrolle und herrschaftsförmiger Vergemeinschaftung liegt womöglich einer der Gründe, warum die globalen Arbeitskämpfe der Rider – trotz aller Fragmentierungen – in bemerkenswerter Intensität geführt werden. Für die Gewerkschaft lässt sich daraus schließen, dass mobilisierende Narrative keine »Arbeitsplatzbesitzer*innen« mit identitären Bindungen zum Unternehmen adressieren müssen, sondern lose eingebundene Arbeitskräfte mit auffälliger Konfliktbereitschaft.

Die arbeitspolitische Ordnungsbildung durch einen Tarifvertrag scheint für das Management der Plattform bislang keine Option zu sein. Ein auf gegenseitiger Anerkennung basierender Interaktionsmodus zwischen Gewerkschaft und Unternehmen ist nicht vorhanden. Die Kompromissbereitschaft der Kapitalseite lässt sich voraussichtlich nur durch wachsende Organisationsmacht und letztlich Streiks erzwingen. Aber gerade der Umstand, dass für jedes gewonnene Gewerkschaftsmitglied ein anderes das Unternehmen wieder verlässt, bedeutet für einen lang andauernden Tarifkonflikt eine enorme Herausforderung und bedarf eines stetigen Organisationsprozesses am Konflikt. Dieser ist wiederum durch die räumliche Fragmentierung der Arbeitenden erschwert, was zusammengenommen die Wirkmächtigkeit möglicher Streiks begrenzt. Rider können sich zwar kollektiv aus der App ausloggen und die Arbeit verweigern, der Arbeitskampf trifft aber keinen neuralgischen Punkt, an dem günstig positionierte Streikende den Liefervorgang komplett unterbrechen könnten. Dieser lässt sich lediglich durch Arbeitsniederlegungen verlangsamen, weil nicht-streikende Fahrer*innen die Arbeit übernehmen können, was die »strukturelle Macht« (Silver 2005) der Rider beschränkt. Erst durch eine hohe Streikbeteiligung, indem etwa gewerkschaftliche Kurier*innen die flexible Schichtplanung nutzen, um zeitgleich in relevanten Schichten zu arbeiten, ließen sich größere Lieferausfälle herbeiführen.

Die NGG ist in der Konfliktführung auf das Wissen der Rider über den Arbeitsprozess angewiesen, um die hochfrequentierten Restaurants und Routen der Kurier*innen zu kennen, die zu wichtigen Orten für Protest- und Streikaktivitäten werden können. Der städtische Raum, der sonst das Liefergebiet der Fahrer*innen ist, wird so zum zentralen Ort der Tarifauseinandersetzung, was sie öffentlich präsent macht und potenziell die Vergesellschaftung der Forderungen erleichtern dürfte. So wird es neben unberechenbaren Streiks auf die Kooperations- und Diskursmacht (Schmalz/Dörre 2014: 232ff.) der Gewerkschaft ankommen, um die mediale und gesellschaftliche Öffentlichkeit zum Teil des Arbeitskampfs zu machen. Diese Konfliktstrategie stellte sich in der Vergangenheit als effektiv heraus, da die Unternehmen in der massiven Konkurrenz auf den Wettbewerbsmärkten der Lieferbranche auf ihr Image bedacht sind, wovon nicht zuletzt ihre Marktbewertung abhängt (Ewen u.a.

2022). Zugleich lässt sich ein relativ großes gesellschaftliches Interesse an den Arbeitskonflikten in dem Bereich feststellen, das für die Tarifauseinandersetzung und die (politische) Koalitionsbildung vorteilhaft ist.

Schließlich ist der Tarifkampf durch eine spezielle Akteurskonstellation gekennzeichnet, von der die Konfliktdynamik maßgeblich abhängen könnte. Für die NGG wird es auch darauf ankommen, wie sie andere interessenpolitisch aktive Beschäftigte einbezieht – etwa aus der FAU und Rider-Kollektiven. Deren Wirkungsgrad beschränkt sich zwar auf wenige Metropolen, dort verfügen sie teils jedoch über große Netzwerke und starke Verankerung unter den Ridern. Die selbstorganisierten Gruppen weisen zwar eine geringere Beständigkeit als Strukturen der klassischen Gewerkschaften auf, sind dafür aber oftmals Zusammenschlüsse mit hoher Handlungsfähigkeit. An dieser Stelle wird verbindende Gewerkschaftsarbeit erforderlich, die auf verschiedene Akteur*innen zugeht, sie an Entscheidungsprozessen beteiligt und Tarifpolitik nicht als Verhandlungen von Funktionär*innen hinter verschlossenen Türen versteht. Die Eigensinnigkeit der Beschäftigten des Lieferdienstes würde so nicht als Bedrohung institutionalisierter Prozesse wahrgenommen, sondern als zusätzliche Ressource der Gewerkschaft im Arbeitskampf.

4. Fazit

Der Beitrag hat die Erosion von regulierten Arbeitsbeziehungen in der einfachen Dienstleistungsarbeit und speziell in plattformvermittelten Lieferunternehmen zum Ausgangspunkt genommen, um die Herausforderungen interessenpolitischer Mobilisierung in diesem Feld der Erwerbsarbeit zu diskutieren. Im vorliegenden Fall stellen sich die multiplen Fragmentierungen der Belegschaft des Essenslieferdienstes als wesentliches Hindernis für eine erfolgreiche Tarifauseinandersetzung dar. Die räumliche, organisatorische und soziale Ausdifferenzierung der Arbeitenden untergräbt die Möglichkeiten von Organisierungsprozessen, kollektiver Interessenartikulation und wirkungsvollen Streiks. Gleichwohl haben Kurier*innen in den letzten Jahren Betriebsräte und auch eigenmächtige Strukturen aufgebaut, in denen sie die Beziehungslosigkeit im Arbeitsprozess überwinden und teils konfliktorientierte Strategien ausbilden, an die die Gewerkschaft in der Tarifauseinandersetzung anschließen kann. Dafür werden Strategien notwendig sein, die weniger an die sozialpartnerschaftliche Verantwortung des Unternehmens appellieren, sondern im Konflikt organisieren und das Arbeitswissen der Beschäftigten und Rider-Kollektive einbeziehen, um effektive Streikaktivitäten zu entwickeln. Das setzt organisatorische Beweglichkeit und Lernfähigkeit sowie partizipative Strukturen seitens der Gewerkschaft voraus, die sich den herausfordernden Bedingungen der plattformvermittelten Arbeit anpassen muss. Die aktuelle Arbeitsmarktsituation, in der Unternehmen im Niedriglohnsektor zunehmend Schwierigkeiten haben, Arbeitskräfte zu finden, sowie eine konfliktorientierte Belegschaft bieten – bei allen plattformspezifischen Schwierigkeiten – günstige Bedingungen, um neue Standards in der Branche zu setzen.

Ob die Beschäftigten und die Gewerkschaft den ersten Tarifvertrag in der Plattformökonomie in Deutschland durchsetzen können, wird sich im Konfliktverlauf zeigen. Die Auseinandersetzungen könnten Pioniercharakter für zukünftige Kämpfe an den Rändern des (digitalisierten) Kapitalismus haben. Auch wenn sich in der Plattformarbeit verschiedene Probleme von Tarif- und Interessenpolitik idealtypisch verdichten, finden sich ähnliche Konstellationen in anderen prekären Erwerbsfeldern, in denen die Belegschaft ebenfalls fragmentiert ist und die gewerkschaftliche Erschließung als schwer möglich erscheint. Für die Forschung zu industriellen Beziehungen verdeutlicht der diskutierte Fall, dass die institutionelle Fixierung nur noch für einen schrumpfenden Teil der Arbeitswelt ihre Bedeutung hat. In den »Häuserkämpfen« rücken die Fragen struktureller und organisatorischer Macht wieder zurück ins Zentrum. Gerade im Bereich einfacher Dienstleistungsarbeit kommt es zu vielen nicht-normierten Konflikten, die systematisch in die Analysen aufgenommen und als Teil der Debatte um die Erneuerung von Gewerkschaften verstanden werden sollten. Nicht im Sinne der Integration der Kämpfe in regulierte Formen, sondern als Erweiterung des gewerkschaftlichen Handlungspotenzials.

Literatur

Artus, Ingrid (2008): Prekäre Vergemeinschaftung und verrückte Kämpfe: Repressive Integration als Herrschaftsmodus im prekären Dienstleistungsbereich. In: PROKLA 150 38(1): 27-48. DOI: https://doi.org/10.32387/prokla.v38i150.480.

Bahl, Friederike / Staab, Philipp (2015): Die Proletarisierung der Dienstleistungsarbeit. Institutionelle Selektivität, Arbeitsprozess und Zukunftsperzeption im Segment einfacher Dienstleistungsarbeit. In: Soziale Welt 66(4): 371-387. DOI: https://doi.org/10.5771/0038-6073-2015-4-371.

Böhle, Fritz / Glaser, Jürgen (Hg.) (2006). Arbeit in der Interaktion – Interaktion als Arbeit. Arbeitsorganisation und Interaktionsarbeit in der Dienstleistung. Wiesbaden. DOI: https://doi.org/10.1007/978-3-531-90505-1.

Cant, Callum (2020): Riding for Deliveroo. Resistance in the New Economy. Cambridge.

Dilcher, Oliver (2011): Handbuch bedingungsgebundene Tarifarbeit. Berlin.

Dörre, Klaus (2016): Die neue Konfliktformation. Klassen-Kämpfe in fragmentierten Arbeitsbeziehungen. In: Industrielle Beziehungen 23(3): 348-365. DOI: https://doi.org/10.1688/IndB-2016-03-Doerre.

– / Castel, Robert (Hg.) (2009): Prekarität, Abstieg, Ausgrenzung. Die soziale Frage am Beginn des 21. Jahrhunderts. Frankfurt/M./New York.

EU-Kommission (2021): Vorschläge der Kommission zur Verbesserung der Arbeitsbedingungen von Menschen, die über digitale Arbeitsplattformen arbeiten. URL: https://ec.europa.eu/, Zugriff: 12.2.2022.
Ewen, Janis (2022): Betriebsräte ohne Betriebe: Konfliktive Mitbestimmung in der plattformvermittelten Essenslieferarbeit. In: Ewen, Janis / Nies, Sarah / Seeliger, Martin (Hg.): Sozialpartnerschaft im digitalisierten Kapitalismus. Hat der institutionalisierte Klassenkompromiss eine Zukunft? Weinheim: 145-164.
– / Heiland, Heiner / Seeliger, Martin (2022): Dynamiken autonomer Arbeitskonflikte im digitalen Kapitalismus. Der Fall ›Gorillas‹. In: Ewen, Janis / Nies, Sarah / Seeliger, Martin (Hg.): Sozialpartnerschaft im digitalisierten Kapitalismus. Hat der institutionalisierte Klassenkompromiss eine Zukunft? Weinheim: 234-257.
Greef, Samuel u.a. (2020): Plattformökonomie und Crowdworking als Herausforderungen für das deutsche Modell der Arbeitsbeziehungen. In: Industrielle Beziehungen 27(2): 205-226. DOI: https://doi.org/10.3224/indbez.v27i2.06.
Heiland, Heiner (2019): Plattformarbeit im Fokus. Ergebnisse einer explorativen Online-Umfrage zu plattformvermittelter Kurierarbeit. In: WSI-Mitteilungen 72(4): 298-304. DOI: https://doi.org/10.5771/0342-300X-2019-4-298.
– (2020): Workers' Voice in Platform Labour. An Overview. Düsseldorf.
– / Brinkmann, Ulrich (2020): Liefern am Limit. Wie die Plattformökonomie die Arbeitsbeziehungen verändert. In: Industrielle Beziehungen 27(2): 120-140. DOI: https://doi.org/10.3224/indbez.v27i2.02.
– / Schaupp, Simon (2020): Digitale Atomisierung oder neue Arbeitskämpfe? Widerständige Solidaritätskulturen in der plattformvermittelten Kurierarbeit. In: Momentum Quarterly 9(2): 50-68. DOI: https://doi.org/10.15203/momentumquarterly.vol9.no2.p50-67.
Ivanova, Mirela u.a. (2018): The App as a Boss? Control and Autonomy in Application-Based Management. Frankfurt/Oder.
Jacobsen, Heike (2018): Strukturwandel der Arbeit im Tertiarisierungsprozess. In: Böhle, Fritz / Voß, Gerd-Günther/ Wachtler, Günther (Hg.): Handbuch Arbeitssoziologie. Wiesbaden: 233-262. DOI: https://doi.org/10.1007/978-3-658-14458-6_7.
Joyce, Simon u.a. (2020): A Global Struggle. Worker Protest in the Platform Economy. ETUI Policy Brief 2/2020. DOI: https://doi.org/10.2139/ssrn.3540104.
Kädtler, Jürgen (2010): Finanzmärkte und Finanzialisierung. In: Böhle, Fritz / Voß Gerd-Günter / Wachtler, Günther (Hg.): Handbuch Arbeitssoziologie. Wiesbaden: 619-639. DOI: https://doi.org/10.1007/978-3-658-21704-4_10.
Kellogg, Katherine C. u.a. (2020): Algorithms at Work: The New Contested Terrain of Control. In: Academy of Management Annals 14(1): 366-410. DOI: https://doi.org/10.5465/annals.2018.0174.
Kirchner, Stefan / Beyer, Jürgen (2016): Die Plattformlogik als digitale Marktordnung. In: Zeitschrift für Soziologie 45(5): 324-339. DOI: https://doi.org/10.1515/zfsoz-2015-1019.
Kirchner, Stefan (2019): Arbeiten in der Plattformökonomie: Grundlagen und Grenzen von »Cloudwork« und »Gigwork«. In: Kölner Zeitschrift für Soziologie und Sozialpsychologie 71(1): 3-25. DOI: https://doi.org/10.1007/s11577-019-00587-w.
Kuckartz, Udo (2018): Qualitative Inhaltsanalyse. Weinheim/Basel.
Langley, Paul / Leyshon, Andrew (2017): Platform capitalism: the intermediation and capitalization of digital economic circulation. In: Finance and Society 3(1) 11-31. DOI: https://doi.10.2218/finsoc.v3i1.1936.
Legantke, Katharina (2022): The Gig Economy's days in Europe are numbered – Zur EU-Regulierung von digitalen Arbeitsplattformen. WAO Sociology Discussion Paper 2022/1.
Mayring, Philipp (2015): Qualitative Inhaltsanalyse. 12. Auflage. Weinheim.
Nachtwey, Oliver / Staab, Philipp (2020): Das Produktionsmodell des digitalen Kapitalismus. In: Maasen, Sabine / Passoth, Jan-Hendrik (Hg.): Soziologie des Digitalen – Digitale

Soziologie? Soziale Welt, Sonderband 23. Baden-Baden: 285-304. DOI: https://doi.org/10.5771/9783845295008-285.
Nachtwey, Oliver / Brinkmann, Ulrich (2017): Postdemokratie und Industrial Citizenship: Erosionsprozesse von Demokratie und Mitbestimmung. Weinheim.
NGG (2023): Was wir fordern. URL: https://www.ngg.net/, Zugriff: 13.2.2023
Pfeiffer, Sabine (2021): Digitalisierung als Distributivkraft. Über das Neue am digitalen Kapitalismus. Bielefeld. DOI: https://doi.org/10.1515/9783839454220.
Schaupp, Simon (2021): Algorithmic Integration and Precarious (Dis)Obedience: On the Co-Constitution of Migration Regime and Workplace Regime in Digitalised Manufacturing and Logistics. In: Work, Employment and Society 36(2): 310-327. DOI: https://doi.org/10.1177/09500170211031458.
Schmalz, Stefan / Dörre, Klaus (2014): Der Machtressourcenansatz: Ein Instrument zur Analyse gewerkschaftlichen Handlungsvermögens. In: Industrielle Beziehungen 21(3): 217-237.
Schreyer, Jasmin / Schrape, Jan-Felix (2018): Algorithmische Arbeitskoordination in der plattformbasierten Gig Economy: Das Beispiel Foodora. In: Arbeits- und Industriesoziologische Studien 11(2): 262-278.
Schroeder, Wolfgang (2016): Konfliktpartnerschaft – still alive. Veränderter Konfliktmodus in der verarbeitenden Industrie. In: Industrielle Beziehungen 23(3): 374-392.
Silver, Beverly J. (2005): Forces of Labor. Arbeiterbewegungen und Globalisierung seit 1870. Berlin/Hamburg.
Srnicek, Nick (2018): Plattform-Kapitalismus. Hamburg.
Staab, Philipp (2019): Digitaler Kapitalismus: Markt und Herrschaft in der Ökonomie der Unknappheit. Berlin.
Tassinari, Arianna / Maccarrone, Vincenzo (2019): Riders on the storm: Workplace solidarity among gig economy couriers in Italy and the UK. In: Work, Employment and Society 34(1): 35-54. DOI: https://doi.org/10.1177/0950017019862954.
Thiel, Marcel (2022): Wieder mächtig werden, International Labour Studies - Internationale Arbeitsstudien. Frankfurt/M./New York.
Trappmann, Vera u.a. (2020): Global labour unrest on platforms. The case of food delivery workers. Berlin.
Vandaele, Kurt (2018): Arbeitskämpfe in der Plattformökonomie. Neuer Schwung oder drohender Abschwung für gewerkschaftliche Organisierung? In: BEIGEWUM (Hg.): Umkämpfte Technologien. Arbeit im digitalen Wandel. Hamburg: 203-217.
Vandenberg, Andrew (2006): Social-movement unionism in theory and in Sweden. In: Social Movement Studies 5(2): 171-191. DOI: https://doi.org/10.1080/14742830600807584.
Voswinkel, Stephan (2005). Welche Kundenorientierung? Anerkennung in der Dienstleistungsarbeit. Berlin.

PROKLA 211 | 53. Jahrgang | Nr. 2 | Juni 2023 | S. 307-318
https://doi.org/10.32387/prokla.v53i211.2055

Marvin Ester • Rhonda Koch*

Für eine psychoanalytisch-sozialpsychologische Perspektive auf die Klimakrise

Zusammenfassung: In diesem Beitrag stellen wir die Bedeutung einer psychoanalytisch-sozialpsychologischen Perspektive auf die Klimakrise für eine sozial-ökologische Transformationsstrategie heraus. Dabei fokussieren wir exemplarisch auf den Zusammenhang von Entfremdung, Ressentiment und Klimaangst, um den erkenntnisreichen Dialog zwischen kritischer Klimapsychologie einerseits und der ideengeschichtlichen Tradition der marxistischen Kapitalismuskritik andererseits her- und darzustellen.

Schlagwörter: Klimapsychologie, Klimaangst, Ressentiment, Transformationskonflikte

Towards a Psychoanalytic Social Psychological Perspective on the Climate Crisis

Abstract: In this paper, we highlight the importance of a psychoanalytic social psychological perspective on the climate crisis for an effective social-ecological transformation strategy. In doing so, we focus on the connection between alienation, resentment, and climate anxiety in order to establish and present the insightful dialogue between critical climate psychology on the one hand and the tradition of Marxist critique of capitalism on the other.

Keywords: Climate Psychology, Climate Anxiety, Resentment, Conflicts of Transformation

Die gegenwärtige Lage des Klimas ist mehr als ernst. Seit dem Siegeszug des fossilen Kapitalismus schreitet ein globaler Prozess der Destabilisierung und Zerstörung unserer Ökosysteme scheinbar unaufhaltsam fort. Gerade im sogenannten globalen Süden bedrohen und zerrütten dessen Folgen bereits seit

* **Marvin Ester** arbeitet als wissenschaftlicher Mitarbeiter am *Centre for Social Critique* an der Humboldt-Universität zu Berlin. In seiner Dissertation mit dem Titel »Narzissmus und Ideologie« entwickelt er im Anschluss an Karl Marx, Sigmund Freud, Cornelius Castoriadis und Theodor W. Adorno eine sozialphilosophisch-psychoanalytische Theorie regressiver Politik. | **Rhonda Koch** arbeitet zurzeit als wissenschaftliche Mitarbeiterin für die LINKE. Zuvor studierte sie Philosophie und Soziologie in Berlin und Toronto. In ihrer Masterarbeit setzte sie sich aus sozialphilosophisch-psychoanalytischer Perspektive mit dem Transformationskonflikt in der Lausitz auseinander.

Jahrzehnten die Lebensgrundlage unzähliger Menschen, treiben sie in die Flucht und intensivieren soziale Konflikte. Doch auch der »Norden« ist zunehmend – wenn auch mit einiger Verzögerung – von den Folgen der menschengemachten Klimakrise betroffen. Besonders im Sommer beunruhigen Berichte über Wasserknappheit, was besonders unter Landwirtschaftsbetrieben zusätzliche Konkurrenz und Planungsunsicherheiten erzeugt. Die Trinkwasserversorgung einiger Städte scheint phasenweise unsicher. Sturzfluten, wie zuletzt im Juli 2021 im Ahrtal, zerstören ganze Gemeinden. Realität und Schwere des Wandels sind nicht mehr abzustreiten. Zudem sind die Prognosen schlecht: Das Zeitfenster, innerhalb dessen weitere Klimafolgeschäden verhindert und der menschliche Umgang mit den Ökosystemen substanziell verbessert werden könnten, schrumpft mit jedem Tag.

Mit ihrem Einzug in den Alltag ist die Klimakrise auch im Empfinden der Menschen angekommen. Von der *American Psychological Association (APA)* wird »Klimaangst« bereits anerkannt als »chronische Angst vor dem Untergang einer von Menschen bewohnbaren Umwelt« (Kawasaki u.a. 2004, zit. n. Dodds 2021: 222). Entsprechend gesteigertes Interesse kommt im öffentlichen Diskurs der akademischen Disziplin der Klimapsychologie zu.[1] Ihr Gegenstand ist die Frage, wie Menschen die Klimakatastrophe wahrnehmen und wozu diese Wahrnehmung führt: Welche psychosozialen Faktoren sorgen dafür, dass Menschen sich zum klimapolitischen Engagement veranlasst sehen? Und unter welchen Umständen wird auf die fraglos beunruhigenden Aussichten mit Resignation oder sogar psychischer Abwehr und Verleugnung reagiert? Eine Klimapsychologie verweist so gesehen indirekt immer auch auf Fragen des Politischen, etwa in den Worten des kritischen Klimapsychologen Matthew Adams (2015): »How we (don't) feel, talk and think about anthropogenic climate change and related crises is important in making sense of how we respond individually and collectively to it.«

In diesem Beitrag geht es uns darum, die Bedeutung einer psychoanalytisch-sozialpsychologischen Perspektive auf die Klimakrise für eine effektive sozial-ökologische Transformationsstrategie herauszustellen.[2] Denn erst die Auseinandersetzung auch mit der subjektiven oder psychischen Dimension der Klimakrise erlaubt es, gesellschaftliche Reaktionen auf die klimapolitische Dimension sozial-ökologischer Transformationsprogramme verständlich zu machen (epistemischer Gewinn) und eröffnet damit der politischen Strategie bedeutsame Einsichten (strategischer Gewinn).

Unser Plädoyer für eine strategische Einbindung einer psychoanalytisch-so-

1 Vgl. u.a. van Bronswijk/Hausmann, (2022), van Bronswijk (2022), Dohm/Schulze 2022 u.v.m.

2 Dass eine subjektwissenschaftliche Perspektive in der ökosozialistischen Strategiedebatte mehr diskutiert werden sollte, betonen u.a. auch Markus Wissen und Ulrich Brand (2022). Denn erst mithilfe dieser ließen sich politische Perspektiven entwickeln, die an die »emanzipatorischen, gleichwohl widersprüchlichen Praxen und Wünsche der Menschen« (ebd.: 277) anknüpfen können.

zialpsychologischen Klimapsychologie ist in drei Schritte gegliedert: Zunächst skizzieren wir das generelle Anliegen einer kritischen Klimapsychologie, das im Kern darin besteht, das vorherrschende individualpsychologische Paradigma in der Klimapsychologie einer kritischen Revision zu unterziehen (1). Daraufhin umreißen wir anhand der Begriffe Entfremdung, Ressentiment und Klimaangst den Zusammenhang zwischen einer kritischen Klimapsychologie einerseits und der ideengeschichtlichen Tradition der marxistischen Kapitalismuskritik andererseits (2). Zum Abschluss entwerfen wir zwei strategische Schlussfolgerungen als Antwort auf die Frage, welchen spezifischen Gewinn eine sozial-ökologische Transformationspolitik aus der kritischen Klimapsychologie ziehen könnte (3).

1. Auf dem Weg zu einer kritischen Klimapsychologie

Spätestens seit den 1960er-Jahren gilt die Umweltpsychologie als eigenständige Teildisziplin der Psychologie. Gerade seit Anfang des 21. Jahrhunderts liegt ihr besonderer Fokus auf dem Zusammenhang von menschlichem Verhalten und der menschenbedingten Zerstörung der planetaren Lebensgrundlagen (Kühn/Bobeth 2022). Wie jedoch kritische Klimapsycholog_innen (selbst-)kritisch hervorheben, liegt der Hauptfokus der Klimapsychologie im Ganzen gegenwärtig noch immer darauf, die Möglichkeiten und Hindernisse *individueller* Verhaltensänderungen (insbesondere Konsum) zu analysieren (vgl. etwa Kühn/Bobeth 2022: 2; Räthzel/Uzzell 2009). Der Vorwurf von Seiten der kritischen Klimapsycholog_innen ist dabei nicht allein, dass durch den Fokus auf Fragen individuellen Verhaltens bestimmte soziale Faktoren aus dem Blick geraten. Eine solche Leerstelle ließe sich schließlich durch interdisziplinäre Arbeitsteilung lösen. Vielmehr sehen sie das tiefergehende Manko der derzeitigen Klimapsychologie darin, dass ihr methodischer Individualismus einer sozialtheoretisch reichhaltigeren Perspektive durch ihren atomistischen Begriff des Individuums geradezu entgegensteht (vgl. Kühn/Bobeth 2022; Räthzel/Uzzell 2019; Adams 2021). Daher fordern kritische Klimapsycholog_innen ein Forschungsprogramm mit einem neuen methodologischen Rahmen. Matthew Adams (2014: 253) etwa stellt dabei drei grundlegende Anliegen ins Zentrum:

Erstens: Eine kritische Klimapsychologie muss der Tatsache Rechnung tragen, dass sozialer Kontext und Interaktion maßgeblich beeinflussen, was wir gemeinhin als »individuelle Erfahrung« verstehen.

Zweitens: Eine kritische Klimapsychologie muss die relative Eigendynamik überindividueller Herrschaftsstrukturen anerkennen, deren Wirkung es ist, Handlungsfähigkeit zu beschränken, auch wo dies keiner willentlichen Handlung oder Intention einzelner Akteur_innen entspringt.

Drittens: Eine kritische Klimapsychologie muss sich parteilich darauf verpflichtet sehen, an der Überwindung dieser Zusammenhänge und Strukturen mitzuwirken.

Wenn wir argumentieren, dass die sozial-ökologische Strategiebildung auf die Einsichten einer kritischen Klimapsychologie angewiesen ist, schließen wir an diese kritische Strömung in der Klimapsychologie an. Daraus ergibt sich die Frage, wie sich eine kritische Klimapsychologie und die sozialkritische Gesellschaftsanalyse miteinander in Dialog bringen lassen. Anders gesagt: Um den epistemischen und strategischen Stellenwert einer kritischen Klimapsychologie für die Analyse und Kritik der Klimakrise herauszustellen, muss erläutert werden, wie die Analyse von Sozial- und Subjektstrukturen ineinandergreifen. Im Folgenden wollen wir diesen Themenkomplex beispielhaft anhand des Zusammenhangs von Entfremdung, Ressentiment und Klimaangst erläutern.

2. Von der Entfremdung zum Ressentiment? Zur strukturellen Dimension von »Klimaangst«

Die Frage nach dem Zusammenhang von Subjekt und Sozialstruktur, die für eine kritische Klimapsychologie elementar ist, wie sie von Wissenschaftler_innen wie Matthew Adams, Nora Räthzel, David Uzzell und anderen angestrebt wird, ist für die Denktradition einer materialistischen Kapitalismuskritik alles andere als neu. Schon Marx sah die spezifische Herrschaftsform im Kapitalismus im sprichwörtlich gewordenen »stumme[n] Zwang der ökonomischen Verhältnisse« (MEW 23: 765) – eine Form der Unfreiheit, die gerade ohne die personale Herrschaftsweise des Feudalismus auskommt, doch nicht minder freiheitsbeschränkend wirkt (vgl. dazu auch Mau 2021). Besonders für den frühen Marx ist der Begriff der »Entfremdung« kennzeichnend für diese in die Praxis- und Interaktionsformen eingelassene Herrschaftsform des Kapitalismus. Doch was genau meint Entfremdung?

Mit der Sozialphilosophin Rahel Jaeggi lässt sich Entfremdung beschreiben als ein »Verhältnis gestörter bzw. verhinderter Welt- und Selbstaneignung« (Jaeggi 2005: 20): Entfremdet sind soziale Verhältnisse, die zwar geschichtlich von den Menschen geschaffen wurden und sich durch ihr tagtägliches Verhalten reproduzieren, ihnen dabei jedoch – in Marx' Worten – entgegentreten »als ein fremdes Wesen, als eine [...] unabhängige Macht« (MEW 40: 511), die ihre Handlungsfähigkeit essenziell beschränkt. Entfremdung bezeichnet also nicht nur das, was uns daran hindert, die Welt so zu gestalten, wie wir wollen, sondern sie ist auch auf gewissermaßen vorgelagerter Ebene eine Reflexionsblockade, die »uns daran hindert, die Frage danach, wie wir leben wollen, auch nur angemessen zu stellen« (Jaeggi 2005: 14). Anders ausgedrückt: Das Leben unter den entfremdeten Verhältnissen der strukturellen Herrschaft kapitalistischer Gesellschaftsordnungen präsentiert sich den Menschen als ein Leben, das sich einer vollständig sinnhaften Aneignung entzieht, das unfrei und unerfüllt ist. Diese strukturell induzierte Unfreiheit findet, wie Jaeggi herausstellt, immer auch eine Ausdrucksweise im Register der subjektiven Erfahrung: »Entfremdung bedeutet Indifferenz und Entzweiung, Machtlosigkeit und Beziehungslosigkeit sich selbst und einer als gleichgültig und fremd erfahrenen Welt gegenüber. [...] Eine entfremdete Welt präsentiert sich dem Individuum als sinn- und bedeutungslos, erstarrt oder verarmt, als eine Welt, die nicht ›die seine‹ ist, in der es nicht ›zu Hause‹ ist oder auf die es keinen Einfluss nehmen kann.« (Ebd.: 21)

In Jaeggis Aneignung des marxschen Entfremdungsbegriff klingt an, dass Entfremdung – wenngleich sie ihre Grundlage auch in den »objektiven« Strukturbedingungen der kapitalistischen Sozialordnung hat – immer auch mit einem spezifischen Ausdruck im »subjektiven« Empfinden der Träger_innen dieser Ordnung korrespondiert. Und es ist dieses Empfinden, diese spezifische Verschränkung von Freiheits- und Unfreiheitserfahrungen, die für das Leben im Kapitalismus charakteristisch ist. Doch wie genau lässt sich dieser Zusammenhang von Entfremdung und Unfreiheit fassen? Oder anders: Was haben Entfremdung und Herrschaft miteinander zu tun, wenn Herrschaft hier gerade nicht primär im personalen Sinne gedacht ist?

Eine hilfreiche Formulierung dazu findet sich bei Klaus Holzkamp, dem wohl einflussreichsten Vertreter einer von Marx inspirierten kritischen Psychologie im deutschsprachigen Raum. Was aus Holzkamps Sicht die entfremdeten Verhältnisse des Kapitalismus charakterisiert ist das Vorherrschen »restriktive[r] Handlungsfähigkeit« (Holzkamp 1990: 43). »Restriktives Handeln« ist eine Form des Handelns, die auf den »Druck unmittelbarer Bedrohung oder Bedürftigkeit« zwar »bewältigend« reagiert, jedoch auf eine Weise, »durch welche die Widersprüche und Dilemmata, die man überwinden will, unbewußt selbst verstärkt und perpetuiert« werden (ebd.: 43). Anders gesagt: Restriktives Handeln ist Konfliktbewältigung zum Preis der Reproduktion struktureller Herrschaft und damit einer (zukünftigen) Selbstschädigung. »Hier wird nämlich durch die Befangenheit in herrschenden Denk- und Praxisformen eine Problembewältigung auf Kosten anderer angestrebt, durch welche ich – da an der Aushöhlung unserer gemeinsamen Basis der Verfügungserweiterung aktiv beteiligt – ›*letztlich an meiner eigenen Unterdrückung durch die Herrschenden partizipiere*‹.« (Ebd.: 26; vgl. auch Holzkamp 1985: 378)

So geht Holzkamp von der Annahme aus, dass die Selbst- und Welterfahrung von Menschen, die ihr Dasein in entfremdeten Herrschaftsverhältnissen fristen, von einer »existentiellen Verunsicherung« geprägt ist. Denn immer stellt sich unter entfremdeten Verhältnissen die Frage, »ob man tatsächlich das höhere Handlungsfähigkeitsniveau erreichen kann oder nicht stattdessen auch noch die Handlungsfähigkeit auf dem gegenwärtigen niedrigeren Stand einbüßen wird.« (Holzkamp 1985: 371) Daher, so Holzkamps These, erhält restriktives Handeln – also Selbsterhalt durch Herrschaftspartizipation zum Preis der Herrschaftsreproduktion – unter entfremdeten gesellschaftlichen Bedingungen eine gewisse Rationalität. Im Zentrum einer Theorie gesellschaftlicher Emanzipation steht damit die Frage, wie das Niveau allgemeiner und partikularer Handlungsfähigkeit gesteigert werden kann.

Womit Holzkamp dabei über Marx – der die subjektimmanente Dimension sozialer Herrschaft mit einem materialistisch-antipsychologistischen Gestus allenfalls andeutungsweise verhandelte – hinausgeht, ist die Annahme, dass die strukturell erzwungene Teilhabe an »restriktivem Handeln« mit subjektiv-psychologischen (Neben-)Effekten einhergeht. Holzkamp spricht dabei von »Abwehrbewegungen und Verleugnungsmechanismen« und »Realitätsausklammerung[en]« – kurz: Widerspruchs- und Konfliktbewältigungen, die den Preis der Wirklichkeitsverkennung und strukturellen Selbstunterwerfung mit sich bringen (vgl. Lessenich 2016; Brand/Wissen 2017).

Neu ist dieser Gedanke der psychologischen Verdrängung struktureller Konflikte nicht. Noch vor der kritischen Psychologie beschäftigten sich bereits die Psychoanalyse und ihre theoretischen Vorläufer mit derartigen Abwehrmechanismen. Bereits in Friedrich Nietzsches *Genealogie der Moral* von 1881 etwa heißt es, dass solche Bedrohungen, denen sich das Subjekt gegenüber in einem Zustand der Ohnmacht erlebt, zu Verleugnungen der Wirklichkeit, Projektionen – einem »Geist des Ressentiments« – führen, was gerade verhindert, dass sich die Subjekte aus der leidverursachenden Situation hinausbewegen können (vgl. Nietzsche 1999: 310).

Um hier Missverständnissen vorzubeugen: Selbstverständlich sind Abwehrmechanismen aus gesellschaftlicher Sicht nicht *per se* problematisch. In vielen Fällen haben sie die wichtige Funktion, ein »gesundes« Ich zu stabilisieren, indem allzu schmerzhafte oder bedrohliche Konflikte und negative Empfindungen sowie kognitive Dissonanzen reguliert beziehungsweise gelindert werden. Worauf Nietzsche und viele Theoretiker_innen der Psychoanalyse jedoch mit kritischem Nachdruck verweisen, sind solche Formen von Abwehr, die man in den Worten von Holzkamp als selbstschädigend beschreiben kann, weil sie verhindern, dass sich die betroffene Person oder soziale Gruppe einem leidverursachenden gesellschaftlichen Arrangement adäquat widmen kann, um es zu überwinden. Schon bei Nietzsche wird die Kritik am Ressentiment in diesem Sinne gerahmt durch eine Kritik jener Verhältnisse, die das Ressentiment als defizitäre Krisenbewältigung überhaupt hervorgebracht haben. Vor diesem Hintergrund erhellt sich, dass das Problem des Ressentiments erst mit Blick auf seine soziale Funktion erfasst werden kann: Es ist gerade die herrschaftsstützende, fortwährend entfremdende und die Handlungsfähigkeit beschränkende soziale Funktion, welche die ressentimentale Abwehr, Verleugnung oder Umdeutung einer Verletzungserfahrung problematisch macht (vgl. Jaeggi 2023).

Ein Blick auf einen konkreten politischen Zusammenhang wie den vielbesprochenen Transformationskonflikt in der Lausitz kann helfen, um den bislang noch recht theoretisch beschriebenen Zusammenhang von Entfremdung und problematischen Abwehrmechanismen greifbar zu machen. Obwohl die Kohlebeschäftigten in der Lausitz im Gegensatz zu ihren Kolleg_innen in vielen vergleichbaren Branchen ökonomisch vergleichsweise gut abgesichert sind (vgl. Greib u.a. 2019: 43), zeigen Erhebungen das Vorherrschen großer Unzufriedenheit. Viele beschreiben ihre gegenwärtige Erfahrung als »zweite Wende« (Bose u.a. 2019: 99). Die Enttäuschung über gebrochene Versprechen in einem zutragenden arbeits- und lebensweltlichen Wandel, der sich über den Köpfen der Beteiligten abspielt und an den sich die Kolleg_innen noch aus der Wendezeit erinnern, scheint sich für sie in der Gegenwart zu wiederholen: »Wir haben ja schon vieles erlebt, was alles versprochen wurde.« (Ebd.: 89)

Durch fehlende betriebliche Mitsprache und Beteiligung seitens der LEAG-Beschäftigten am Kohleausstieg sehen sich die Arbeiter_innen der Kohleindustrie einem Zustand der Ohnmacht ausgesetzt (vgl. Haas 2020). Zu diesem Empfinden, gegenüber der Gestaltung des Kohleausstiegs ausgeliefert zu sein, tritt der Eindruck, »nicht mehr anerkannt, nicht mehr wertgeschätzt« (Bose u.a. 2019: 102) zu werden – obwohl die LEAG-Belegschaften sich bewusst sind, mit dem Strom gerade etwas zu produzierten, »was jeder Bürger braucht« (ebd.): »In DDR-Zeiten, da waren wir die Helden der Nation, das wurde ja immer so gesagt. […] Und jetzt sind wir die Deppen oder die Bösewichter der Nation, weil wir mussten uns ja schon beschimpfen lassen als Nazis, als Mörder, als Umweltverpester und ich weiß nicht was alles! […] Und das schmerzt.« (Ebd.)

Ihrem Leid, das sich in den Interviews als ein »Empfinden sozialer Missachtung und Abwertung« (ebd.: 109) ausdrückt, können die Beschäftigten in ihrem gleichzeitigen Ausgeliefertsein nicht adäquat begegnen. Im Gegenteil schreiten viele Kolleg_innen, so Bose u.a., zu einer Strategie der »Wagenburg«, die »gegen vielfältige Attacken von außen verteidigt werden müsse« (ebd.: 103). Die Beschäftigten grenzten sich gegenüber der Politik und Öffentlichkeit ab, die sie als ignorant und inkompetent beschrieben, gerade auch weil diese mit dem »grünen Zeitgeist und dessen aktivistischen Akteur_innen« (ebd.) gemeinsame Sache machten. Schließlich relativierten einige von ihnen die Klimaproblematik insgesamt, so die Forscher_innen, um ihre Position nachträglich zu rationalisieren. Daher resümieren Bose u.a.: »Man sucht vor allem nach Argumenten, die der eigenen Interessenlage entsprechen.« (Ebd.: 108)

Psychoanalytisch gesprochen deuten sich hier mehrere Formen von Abwehr an. Der Zustand der Ohnmacht scheint Deutungen zu befördern, von denen sich die Beschäftigten unbewusst erhoffen, dass sie ihr Leid lindern können. Gefühle der Missachtung werden über die Relativierung beziehungsweise Leugnung der Dramatik der Klimakrise und über die Abgrenzung zu und Abwertung von »den Anderen« – hier verschwimmen Politik, Öffentlichkeit und Klimaprotest zu einem feindlichen Außen – verkehrt in eine Erzählung von vermeintlicher Stärke.

Wie weit dieses Ressentiment- und Abwehrpotenzial einzelner Beschäftigter trägt, hängt von verschiedenen Faktoren ab, die an anderer Stelle ausführlicher betrachtet werden müssten. Nur zwei Faktoren wollen wir hier nennen: Erstens entfalten sich derartige regressive Potenziale gerade dann, wenn sie ein politisches Umfeld finden, das ihre Ressentiments bestärkt. Damit Abwehr verfängt, muss sie politisch mobilisiert werden. Zweitens sind Ressentiments auf die (möglicherweise auch nur imaginäre) Kollektivierung einer sozialen Gruppe unter einer (geteilten) Identität angewiesen. Umso mehr Kolleg_innen die ressentimentgeladene Deutung ihrer Situation teilen, desto weniger vermögen sie sich aus diesem Zustand zu lösen. In der psychoanalytischen Tradition spricht man in diesem Fall auch von einer kollektiven Schiefheilung (vgl. Brunner 2016: 25). War die Skepsis gegenüber der Klimakrise zunächst lose und anfechtbar, wird sie in der Gegenöffentlichkeit der geschlossenen Gesinnungsgruppe zum festen Bezugspunkt. Wie schon Freud in seiner wegweisenden sozialpsychologischen Studie *Massenpsychologie und Ich-Analyse* von 1921 vordachte und Adorno später in Bezug auf die Struktur faschistischer Propaganda ausarbeitete (Adorno 1970), haben regressive, intern strukturell dissensfeindlich verfasste »Misstrauensgemeinschaften« (Zygmunt Baumann) für die Gruppenmitglieder abschottende Funktion, dass ihre Erzählung nicht durch äußere herausgefordert wird. Sie verstetigt damit den defizitären Umgang mit der konflikthaften Situation, auf die sie reagieren. So sind die Beschäftigten durch die »Schiefheilungen« (Freud 1967: 159) zwar psychisch entlastet, können jedoch keine kritische Distanz zu ihrer Selbst- und Realitätsinterpretation mehr entwickeln. Sie sind jetzt »geheilt«, indem sie an einem »kollektiven ›Symptom‹« (Brunner 2016: 22) teilhaben. Der möglichen »individuellen Symptombildung«, dem individuellen Gefühl von Kränkung und Missachtung, kann die »Teilhabe am kollektiven ›Symptom‹ entgegenwirken« (ebd.). Von nun an heißt es, sich gegen die »vielfältige[n] Attacken von außen« (Bose u.a. 2019: 103) zu verteidigen. Mit anderen Worten: Gelingt eine Schiefheilung und wird sie begleitet oder befeuert durch politische Kräfte, entsteht ein kollektiver Zusammenhalt, der von außen nur noch schlecht zu erreichen ist. Vor diesem Hintergrund ist die Möglichkeit ernst zu nehmen, dass Transformationskonflikte wie der in der Lausitz unter den Vorzeichen der austeritätsökologischen Krisenbewältigung absehbar zunehmen und sich intensivieren werden.

Doch nicht nur für ein vertieftes Verständnis derartiger Transformationskonflikte scheint eine sozialpsychologisch-psychoanalytische Perspektive gewinnbringend zu sein. Noch viel grundsätzlicher und aus klimapsychologischer Perspektive äußerst alarmierend ist, dass laut dem *Peoples' Climate Vote* mittlerweile mehr als 64 Prozent der befragten Menschen den derzeitigen Zustand des Weltklimas als »Notfall« einstufen (UNDP 2021), substanzielle Lösungsstrategien jedoch weitgehend außer Sicht sind.

Denn fraglos ist die Klimakrise unter gegenwärtigen Bedingungen für die allermeisten Menschen eine Krise, der sie weitestgehend ohnmächtig gegenüberstehen. Sie erfahren individuell und als soziale Gruppen die Wucht einer existenziellen Krise, der sie zugleich kaum entgegentreten können, da effektive Konterstrategien internationaler Bündnisse und grundlegender Umwälzungen nahezu aller Produktions- und Lebensweisen bedürften. Solange diese politischen Rahmenbedingungen, die derzeit gelinde gesagt unwahrscheinlich erscheinen, nicht geschaffen sind, sind die meisten Menschen der Klimakrise wortwörtlich ausgeliefert. Hinzu kommt noch, dass die Klimakrise bekanntermaßen zahllose andere Krisen und Ungerechtigkeiten intensiviert, die derzeit die Gesellschaft treffen: geopolitische Konflikte, Ungleichheiten von Wohlstand, Bildungschancen, medizinischer Versorgung etc.

Aus dieser Perspektive scheint klar, dass die Klimaangst nicht nur in den Köpfen, sondern auch in den Verhältnissen steckt. Umso entscheidender ist daher die Frage, welche politische Verarbeitung sie findet. Wie eingangs bereits erwähnt, beschreibt die *American Psychological Association* Klimaangst als eine »chronische Angst vor dem Untergang einer von Menschen bewohnbaren Umwelt«, deren Symptomatik von Panikattacken über Appetitlosigkeit, Gereiztheit, Schlaflosigkeit, Trauer und Trauma sowie verschiedene Formen der Abwehr und Verleugnung reicht (vgl. APA 2017; Dodds 2021).

Mit einer psychoanalytisch informierten Klimapsychologie ließe sich daher fragen, ob im Kontext gegebener Kräfteverhältnisse ein zunächst paradox erscheinender Zusammenhang immer realistischer wird, dass mit steigender Klimaangst zugleich die Leugnung und Abwehr der Klimakrise zunehmen dürfte und damit mögliche Anknüpfungspunkte einer emanzipativen Klimapolitik zunehmend erschwert werden. Was also sind die Einsichten, die eine kritische Klimapsychologie zur Analyse und Strategiebildung beitragen kann?

3. Schlussfolgerungen für eine sozial-ökologische Transformationsstrategie

Wir haben gezeigt, dass die politische Herausforderung einer sozial-ökologischen Transformationsstrategie angewiesen ist auf einen vitalen Austausch zwischen einer kritischen Theorie der politischen Ökonomie und einer kritischen Klimapsychologie. Wir hoffen, dass eine kritische Theorie der Klimakrise sich der fatalen Übersetzung von Klimaangst und sozialen Konflikten in »Klima-Ressentiments« annimmt, um effektive Gegenstrategien zu entwickeln. Denn die Entwicklung regressiver Potenziale wird vor dem sozialgeschichtlichen Hintergrund der »Aufkündigung des fordistischen Klassenkompromisses« und der austeritätsökologischen Krisenbearbeitung zunehmen, solange sich den Menschen keine überzeugenden Handlungsalternativen eröffnen.[3] Eine emanzipatorische Wendung dieses Krisengemenges muss daher verhindern, dass Ausbeutungsstrukturen in Leugnung und Verharmlosung der Klimakrise umschlagen, ohne jedoch im anderen Extrem in einen passivierenden apokalyptisch-fatalistischen Ton abzugleiten.

Auf politisch-programmatischer Ebene bedarf dies einer angstnehmenden und dennoch realitätsorientierten progressiven Klimapolitik, die sich vom Modell eines grünen Kapitalismus abgrenzt und es zugleich schafft, sich als bessere Alternative zur reaktionären Konsensbildung neo-autoritärer »Echokammern« und »Filterblasen« durchzusetzen.[4] Der Beitrag einer kritischen Klimapsychologie liegt dabei auch im

3 Wie entscheidend in diesen Arrangements politische Alternativen sind, zeigt u.a. die Analyse der Gelbwesten-Bewegung von Simon Schaupp (2021).

4 Für eine kapitalismuskritische Analyse des Ressentiment und diskursive Verarmung erzeugenden Charakters neuer sozialer Netzwerke vgl. Vogl (2021).

organisatorischen Wissen über den Umgang mit und der Prävention von Abwehr und Leugnung. In diesem Sinne ziehen wir zwei Schlüsse für eine emanzipative Klimapolitik unter Einbezug einer kritischen Klimapsychologie:

Erstens: Emanzipative Klimapolitik muss den Zustand von Ohnmacht sukzessive herausfordern. Im Fokus strategischer Überlegungen muss daher ganz im Sinne einer *transformativen ökologischen Erziehung* die Frage stehen, wie Menschen nicht als Rezipient_innen, sondern als handlungs- und gestaltungsfähige »Akteure eines Transformationsprozesses« einbezogen werden können (Räthzel/Uzzell 2009: 271, Übers. M.E./R.K.). Der Analyse Holzkamps folgend muss dabei berücksichtigt werden, dass die Entscheidung, Akteur_in zu werden, immer auch ein Wagnis ist, geprägt von der »existentiellen Verunsicherung«, am Ende einer Auseinandersetzung Handlungsfähigkeit einbüßen zu müssen. Damit emanzipatorische Klimapolitik überzeugt, müssen ihre Projekt- und Organisationsweisen im Kern partizipativ und von ihren Zielen her realistisch sein. Nur so lässt sich eine politische Verlässlichkeit schaffen, die eine entscheidende Voraussetzung des individuellen Einsatzes im Kampf um ein höheres Niveau an Handlungsfähigkeit im Angesicht der Klimakrise ist.

Zweitens: *Klimakommunikation muss abwehrsensibel sein.* Mit Blick auf die bereits bestehende Abwehr und Verleugnung der Klimakrise sollte gerade in Fragen politischer Kommunikation Berücksichtigung finden, dass – so eine zentrale Tatsache der psychoanalytischen Praxis – Verdrängung durch konfrontative Kritik oftmals noch verstärkt und radikalisiert werden kann (vgl. Dodds: 224). Das bedeutet, dass Klimakommunikation nicht bei den Fakten von der drohenden Klimakatastrophe stehen bleiben darf, sondern stets bemüht sein muss, auch über Möglichkeiten zu sprechen, wie sie gelindert werden kann. Dabei muss sich eine emanzipative Klimapolitik deutlich von einer individual- und konsumorientierten Klimakommunikation unterscheiden. Denn paradoxerweise liefe ein solches *framing* gerade Gefahr, Vereinzelung, »restriktives Handeln« und damit letztlich die Wahrscheinlichkeit der Übersetzung von Klimaangst in Ressentiments zu verstärken, statt Teil einer umfassenden emanzipatorischen Überwindung der objektiven *und* subjektiven Bedingungen der Klimakrise zu werden.

Literatur

Adams, Matthew (2014): Approaching Nature, ›Sustainability‹ and Ecological Crises from a Critical Social Psychological Perspective. In: Social and Personality Psychology Compass 8(6): 251-262. DOI: https://doi.org/10.1111/spc3.12104.

– (2015): Apocalypse When? (Not) Thinking and Talking about Climate Change. URL: https://archive.discoversociety.org/, Zugriff: 13.3.2023.

– (2021): Critical Psychology and Climate Change. In: Current Opinion in Psychology 42: 13-18. DOI: https://doi.org/10.1016/j.copsyc.2021.01.007.

Adorno, Theodor W. (1970 [1951]): Die Freudsche Theorie und die Struktur der faschistischen Propaganda. In: Psyche 24(7): 486-509.

APA (American Psychological Association) (2017): Mental Health and our Changing Climate: Impacts, Implications and Guidance. URL: https://www.apa.org/, Zugriff: 13.3.2023.

Bose, Sophie u.a. (2019): Braunkohleausstieg im Lausitzer Revier. Sichtweisen von Beschäftigten. In: Rosa-Luxemburg-Stiftung (Hg.): Nach der Kohle. Alternativen für einen Strukturwandel in der Lausitz. Berlin: 89-112.
Brand, Ulrich / Wissen, Markus (2017): Imperiale Lebensweise. Zur Ausbeutung von Mensch und Natur im globalen Kapitalismus. München.
van Bronswijk, Katharina (2022): Klima im Kopf. Angst, Wut, Hoffnung: Was die ökologische Krise mit uns macht. München.
– / Hausmann, Christoph M. (Hg.) (2022): Climate Emotions. Klimakrise und psychische Gesundheit. Gießen.
Brunner, Markus (2016): Vom Ressentiment zum Massenwahn. Eine Einführung in die Sozialpsychologie des Antisemitismus und die Grenzen psychoanalytischer Erkenntnis. In: Busch, Charotte u.a. (Hg.): Schiefheilungen. Zeitgenössische Betrachtungen über Antisemitismus. Wiesbaden: 13-26. DOI: https://doi.org/10.1007/978-3-658-10410-8_2.
Dodds, Joseph (2021): The Psychology of Climate Anxiety. In: BJPsych Bulletin 45(4): 222-226. DOI: https://doi.org/10.1192/bjb.2021.18.
Dohm, Lea / Schulze, Mareike (2022): Klimagefühle. Wie wir an der Umweltkrise wachsen, statt zu verzweifeln. München.
Freud, Sigmund (1967 [1921]): Massenpsychologie und Ich-Analyse. In: Ders.: Gesammelte Werke, Bd. 13. Frankfurt/M.: 72-161.
Greib, Martina u.a. (2019): Struktur- und industriepolitische Alternativen für die Lausitz. In: Rosa-Luxemburg-Stiftung (Hg.): Nach der Kohle. Alternativen für einen Strukturwandel in der Lausitz. Berlin: 9-72.
Haas, Tobias (2020): Die Lausitz im Strukturwandel. Der Kohleausstieg im Spannungsfeld zwischen autoritärem Populismus und progressiver Erneuerung. In: PROKLA 198 50(1): 151-169. DOI: https://doi.org/10.32387/prokla.v50i198.1853.
Holzkamp, Klaus (1985): Grundlegung der Psychologie. Frankfurt/M.
– (1990): Worauf bezieht sich das Begriffspaar »restriktive/verallgemeinerte Handlungsfähigkeit«? In: Forum Kritische Psychologie 26: 35-45.
Jaeggi, Rahel (2005): Entfremdung. Zur Aktualität eines sozialphilosophischen Problems. Frankfurt/M.
– (2023): Fortschritt und Regression. Berlin (im Erscheinen).
Kawasaki u.a. (2004): The Course of PTSD, Major Depression, Substance Abuse, and Somatization After a Natural Disaster. In: The Journal of Nervous and Mental Disease 192(12): 823-829. DOI: https://doi.org/10.1097/01.nmd.0000146911.52616.22.
Kühn, Thomas / Bobeth, Sebastian (2022): Linking environmental psychology and critical social psychology: Theoretical considerations toward a comprehensive research agenda. In: Frontiers in Psychology 13: 947243. DOI: https://doi.org/10.3389/fpsyg.2022.947243.
Lessenich, Stephan (2016): Neben uns die Sintflut. Berlin.
MEW – Marx, Karl / Engels, Friedrich: Marx-Engels-Werke. Berlin 1956ff.
Mau, Søren (2021). Stummer Zwang als besondere Form der Macht. Marx' Beitrag zur Theorie der abstrakten und unpersönlichen Herrschaft des Kapitals. In: PROKLA 205 51(4), 675-696. DOI: https://doi.org/10.32387/prokla.v51i205.1964.
Nietzsche, Friedrich (1999 [1887]): Zur Genealogie der Moral: Eine Streitschrift. Kritische Studienausgabe, Bd. 5, hg. v. Giorgio Colli und Mazzino Montinari. München.
Räthzel, Nora / Uzzell, David (2009): Transformative environmental education: A collective rehearsal for reality. In: Environmental Education Research 19(3): 263-277. DOI: https://doi.org/10.1080/13504620802567015.
– (2019): Critical Psychology – ›Kritische Psychologie‹: Challenging environmental beaviour change strategies. In: Annual Review of Critical Psychology 16: 1375-1413.
Schaupp, Simon (2021): Das Ende des fossilen Klassenkompromiss. Die Gelbwestenbewegung als ökologischer Konflikt des »Hinterlands«. In: PROKLA 204 51(3): 435-453. DOI: https://doi.org/10.32387/prokla.v51i204.1954.

UNDP (United Nations Development Programme) (2021): The Peoples Climate Vote. URL: https://www.undp.org/.

Vogl, Joseph (2021): Kapital und Ressentiment: Eine kurze Theorie der Gegenwart. München. DOI: https://doi.org/10.17104/9783406769559.

Wissen, Markus / Brand, Ulrich (2022): Emanzipatorische Perspektiven im »Anthropozän«. In: PROKLA 207 52(2): 263-281. DOI: https://doi.org/10.32387/prokla.v52i207.1992.

PROKLA 211 | 53. Jahrgang | Nr. 2 | Juni 2023 | S. 319-329
https://doi.org/10.32387/prokla.v53i211.2048

Frank Adler • Ulrich Schachtschneider*

Sozial-ökologische Reduktion – unverzichtbar für linke Transformationsstrategien

Zusammenfassung: Wir plädieren dafür, eine Reduktion des Wirtschaftsumfangs als eine linke Strategie sozial-ökologischer Transformation zu stärken. Der öko-modernisierende Weg, klimapolitisch entscheidende Ziele bis 2030 zu erreichen, wird wahrscheinlich scheitern. Umso dringlicher ist es, auch ohne immer weitergehenden Einsatz von finanziellen Ressourcen mit hohen Renditeerwartungen und Rebound-Effekten den ökologischen Fußabdruck des Globalen Nordens drastisch zu verringern. Dies wird auf heftige Widerstände treffen, weswegen die gesellschaftliche Linke heikle Fragen, blinde Flecken, Vorbehalte und Missverständnisse in Bezug auf eine sozial-ökologische Reduktion thematisieren sollte.

Schlagwörter: sozial-ökologische Transformation, Postwachstum, Degrowth, linke Transformationsstrategien, sozial-ökologische Reduktion

Socio-Ecological Reduction – Indispensable for Left Transformation Strategies

Abstract: We argue for strengthening a reduction in the scale of economic activity as a left strategy of socio-ecological transformation. The eco-modernising path of achieving climate policy decisive goals by 2030 is likely to fail. This makes it all the more urgent to drastically reduce the ecological footprint of the Global North, even without ever more extensive use of financial resources with high expected returns and rebound effects. This will meet fierce resistance, which is why the social left should address sensitive questions, blind spots, reservations and misunderstandings regarding socio-ecological reduction.

Keywords: Socio-Ecological Transformation, Degrowth, Leftist Transformation Strategies, Socio-Ecological Reduction

* **Frank Adler** ist Soziologe, forscht und publiziert zu Postwachstum/Degrowth und sozial-ökologischer Transformation. | **Ulrich Schachtschneider** arbeitet als Energieberater und freier Sozialwissenschaftler zu den Themen soziale Energiewende, Grundeinkommen und Postwachstumspolitiken.

1. Wirtschaftswachstum als blinder Fleck in linken Transformationsstrategien

Blickt man auf die vergleichsweise ambitionierten Reduktionsziele für Treibhausgasemissionen (THGE) bis 2030 der deutschen Ampel-Koalition und auch der EU, so zeigt sich, dass die Strategie der »Ökologischen Modernisierung« dominiert: Die ökologische Krise soll im Wesentlichen mit wachstumsbasierten öko-technologischen und industriepolitisch flankierten Maßnahmenbündeln beantwortet werden, während soziale Fragen ausgeblendet bleiben.

Dagegen setzen linke Strategien der »sozial-ökologischen Transformation« darauf, dass wesentlich auch die sozialökonomischen Verhältnisse transformiert werden müssen, um die ökologische Krise zu bearbeiten. Es geht dabei nicht nur um das (klassisch linke) Verkleinern der Armuts-Reichtumsschere, sondern um eine demokratische Ermächtigungsstrategie gegen die (kränkelnde) neoliberale Hegemonie: um mehr (staatlich-partizipative) Planung statt Markt, um eine Ausweitung öffentlichen Eigentums, aber auch um mehr direkte Mitbestimmung auf betrieblicher Ebene. Zentraler Bestandteil ist zudem die Forcierung von sektoralem Wandel durch Investitionslenkung. Statt zur Produktion von (ergrünten) materiellen Gütern soll sich die Wirtschaftstätigkeit hin zu Dienstleistungen wandeln: zur Bereitstellung öffentlichen Verkehrs statt der Produktion von Autos, zu Bildung, Gesundheit und Pflege (Care-Ökonomie), zu öffentlich verfügbaren oder günstigen Basisgütern statt zur Produktion von profitträchtigen Luxusgütern.

Linke Strategien favorisieren häufig eine mittlere Kritik-, Analyse- und Kampagnenebene: Branchenkonzepte (Energie, Autoindustrie, Chemie) werden erstellt oder bestimmte Politikbereiche (z.B. Arbeits- oder Wohnungspolitik) in den Blick genommen (etwa Lehndorff 2022; Witt 2022; Candeias/Krull 2022; Wissen u.a. 2021). Aussagen zur gesamten Wirtschaft zielen zwar allgemein auf die Notwendigkeit einer Demokratisierung und eine Verringerung des Ressourcenverbrauchs, bleiben aber analytisch hinter den Einzelkonzepten zurück. Offensichtlich wird davon ausgegangen, dass sich die Summe der Einzelkonzepte, die Ressourceneinsparungen ausweisen, schon zu einer stofflichen Gesamtreduktion der Naturbelastung aufsummieren beziehungsweise »runter-reduzieren« wird. Davon kann jedoch keineswegs ausgegangen werden.

Die Makroebene im Blick hat zwar beispielsweise die »Arbeitsgruppe Alternative Wirtschaftspolitik«. Ihr jüngstes Memorandum (2022) hinterlässt aber ein widersprüchliches Bild. Einerseits dürfe »der quantitative Umfang der materiellen Güter« nicht »von dem der Kapitalverwertung innewohnenden Wachstumsdrang immer weiter aufgebläht werden« und sei »letztlich zu reduzieren« (2022: 14). Zugleich hoffen die Autor*innen auf »eine (absolute) Entkopplung der Stoffströme von der wirtschaftlichen Entwicklung« durch »gezielte Ressourceneffizienzpolitik« und »konsequente zirkuläre Wirtschaft« (2022: 12). Die Bedeutung dieser Aussage bleibt unklar. Ist mit »wirtschaftlicher Entwicklung« im herkömmlichen Sinne das Wachstum des BIP gemeint?

Oder ist es ein Ausdruck für einen davon unabhängigen wirtschaftlichen Fortschritt im Sinne einer Verbesserung der Lebensumstände – was auch immer darunter verstanden wird. Wenn ein Wachstum des BIP gemeint ist, wird – hierin übereinstimmend mit der Strategie der »Ökologischen Modernisierung« – von der Möglichkeit ausgegangen, den ökologischen Fußabdruck vom Umfang der Wirtschaftstätigkeit durch ressourceneffiziente Techniken ausreichend zu entkoppeln. Daran gibt es zumindest großen Zweifel (Jackson 2017; Kallis 2018; Hickel/Kallis 2020).

Die Autor*innen des Memorandums vermeiden eine Aussage zu dieser Entkopplungsfrage beziehungsweise – wenn sie abschlägig beschieden wird – zu der daraus folgenden Notwendigkeit, auch eine Reduktion des Wirtschaftsumfangs in das Konzept der sozial-ökologischen Transformation einzubauen. Das ist kein Einzelfall. Die Konsequenzen, die sich aus der Notwendigkeit für eine drastische Reduktion des stofflich-energetischen Durchsatzes wahrscheinlich ergeben, werden in vielen linken Transformationsskizzen nicht gesehen (z.B. Brie 2021; Dörre 2021):[1] Weiteres BIP-Wachstum und – als weitere Konsequenz – ebenso eine darauf basierende gesellschaftliche Stabilität werden nicht fortsetzbar sein. Das mag unterschiedliche Gründe haben: Überschätzung technologischer Machbarkeiten, Zweifel an der politischen Durchsetzbarkeit, befürchtete Differenzen mit Gewerkschaften, Sorge um eine sich vertiefende Frontstellung zum Gros der traditionellen Arbeiterklasse, die am Erhalt ihres soziokulturellen und materiellen Status Quo orientiert ist, die Befürchtung, die Finanzierung der staatlichen Investitionsoffensiven nicht leisten zu können oder damit in eine Inflation oder Überschuldung zu geraten, möglicherweise aber auch Fehlwahrnehmungen von Postwachstum beziehungsweise Degrowth etc. (ausführlicher Adler 2022: 417 ff.). Diese Zurückhaltung scheint uns aber aus mehreren Gründen nicht angemessen:

Erstens ist eine ausreichende Entkopplung theoretisch nicht zu erwarten: Die Möglichkeit ausreichend großer und rechtzeitiger absoluter Entkopplung zwischen BIP-Wachstum und ökologischem Fußabdruck ist sehr unwahrscheinlich: Um das 1,5-Grad-Ziel zu erreichen, müsste Deutschland in den nächsten 27 Jahren eine CO_2-Reduktion von jährlich etwa drei Prozent (bezogen auf 1990) erreichen. Von 2010 bis 2019 wurden in Deutschland jährlich etwa ein Prozent eingespart. Bei der starken Rezession 2020 (ein Minus des BIP von 3,7 Prozent gegenüber dem Vorjahr) wurden neun Prozent weniger emittiert. Empirisch ist festzustellen, dass Reduktionen von drei bis vier Prozent nur in Zeiten ökonomischer Reduktionen erreicht wurden (Kallis 2018). Ein ähnliches Bild ergibt sich bei den Ressourcen: Die Rohstoffproduktivität ist zwar von 2000 bis 2016 um 35 Prozent gestiegen. Da die Wirtschaft im selben Zeitraum aber um 39 Prozent wuchs,

1 Positive Bezugnahmen auf weniger Wirtschaftstätigkeit als Bestandteil sozial-ökologischer Transformation oder eines »grünen Sozialismus« finden sich hingegen bei Brand (2021), Candeias (2022), Morgenthaler/Thiele 2021, Wissen/Brand (2022) oder Zelik (2020), mit anderer Stoßrichtung sehr deutlich bei Herrmann (2022).

erhöhte sich der Ressourceneinsatz im In- und Ausland um drei Prozent. »Eine explizite Betrachtung der Möglichkeit der Einhaltung mehrerer beziehungsweise aller planetaren Grenzen bei gleichzeitigem Wachstum der Wirtschaftsleistung ist den Autor/innen dieser Studie nicht bekannt«, heißt es in einer Studie des Umweltbundesamts (2018: 39). Grund dafür, dass die Gesamtwirkung von ressourcensparenden Innovationen systematisch überschätzt wird, ist: In einzelnen Sektoren mühselig erreichte Einsparungen werden durch diverse Rebound-Effekte wieder zunichte gemacht. Finanzielle Rebounds entstehen etwa, wenn Effizienzsteigerungen bei einzelnen Produkten zu Ersparnissen führen, die dann für andere Produkte ausgegeben werden. Materielle Rebounds entstehen durch erhöhten Bedarf an (neuen) Rohstoffen bei Basisinnovationen oder durch die parallele Nutzung von Alt und Neu.

Zweitens bestehen absehbare Umsetzungsschwierigkeiten: Selbst wenn es einen Masterplan für eine so schnelle Steigerung der Ressourceneffizienz geben würde, dass die ökologischen Ziele auch bei der Nebenwirkung weiteres Wachstum erreicht werden würden, ist zu erwarten, dass das sehr viel langsamer geschehen würde als in den relativ leicht zu erstellenden Blaupausen für Reduktionspfade. Schon heute fehlen etwa materielle und personelle Ressourcen bei der energetischen Gebäudesanierung (eine Sanierungsrate von vier Prozent pro Jahr ist notwendig für Klimaneutralität bis 2045, aktuell beträgt sie ein Prozent). Der Ausbau öffentlicher Infrastruktur (etwa Mobilität und Energienetze) erfordert eine planungsrechtliche Beschleunigung, die auf auch demokratisch legitimierte Widerstände stoßen wird. Diese Schwierigkeiten werden sich in den nächsten Jahren deutlicher manifestieren. Wenn dann an den Reduktionszielen ernsthaft festgehalten werden soll, wird das nur mit größeren Einschränkungen in vielen Produktions- und Konsumbereichen möglich sein.

Drittens die Perspektive Gebrauchswertorientierung: Weniger monetär bewertetes Wirtschaften bedeutet weniger sozial und ökologisch blinde Tauschwertorientierung. Nicht-monetäre Arbeitsformen wie Gemeinschaftsarbeit, bürgerschaftliche Arbeit, Arbeiten im Kontext solidarischer Ökonomien sind zwar keineswegs ohne Fußabdruck. Er ist aber geringer, denn diese postkapitalistischen Arbeitsformen sind näher an den von ihren Träger*innen definierten Gebrauchswerten als profitgetriebene Produktionen, denen es primär um den Tauschwert gehen muss. So würden Freiräume jenseits kapitalistischer Erwerbsarbeit geschaffen und damit die »Schicksalsgemeinschaft zwischen dem Kapital und der von ihm abhängigen Bevölkerung«, die Bedrohung der »alltäglichen Reproduktion« durch Rezessionen, sofern keine »organisierten alternativen Wirtschaftsstrukturen« aufgebaut sind, zumindest gelockert werden (Morgenthaler/Thiele 2021: 65).

Viertens die Einstellungen »Grün« und »Öko« von links zu problematisieren, kann sich nicht auf die Frage beschränken, wie viel soziales »Rot« jeweils darin steckt im Sinne von materieller Umverteilung, gerechter Übergänge, mehr betrieblicher Mitbestimmung und gesellschaftlicher Investitionslenkung, um dann davon auszugehen, dass die materiellen Reduktionsziele durch eine derart veränderte Regulationsweise des Kapitalismus erreicht werden könnten. Stattdessen ist zu prüfen, ob die grünen Klimaziele nicht auch auf »reduktive«, suffiziente Pfade angewiesen sind, die zugleich strukturelle und mentale Kopplungen vitaler Bedürfnisse an kapitalistisches Wirtschaftswachstum, Konkurrenzfähigkeit, Erwerbsstatus lockern beziehungsweise auflösen könnten.

2. »Reduktion« – sozial-ökologisch gestalten

Wachstumskritik und Strategien zur ökologisch begründeten, demokratisch legitimierten und sozial gerecht gestalteten Reduktion des Wirtschaftsumfangs in Ländern des Globalen Nordens werden nicht nur klimapolitisch dringlicher. Sie gehören auch ins Zentrum linker Konzepte einer sozial-ökologischen Transformation, die imperiale Lebensweisen zurückdrängen will. Die politische Umsetzung kann als »Suffizienzpolitik« (Schneidewind/Zahrnt 2013: 165) verstanden werden. Schneidewind und Zahrnt differenzieren diese in »Ermöglichung« (z.B. Arbeits- oder Bildungspolitik), »Rahmen«-Setzung (z.B. Infrastrukturen, Verteilungspolitik, Wohlstandsmaße), »Gestalten« (z.B. Mobilität, Wohnen, Ernährung) und »Orientierung« (z.B. Entschleunigung, Entrümpelung, Entkommerzialisierung). Eine Reihe von Reformansätzen aus diesen vier Bereichen sind heute schon Bestandteil linker Transformationsansätze. Andere, vor allem mit einer anderen Kultur und einer anderen Auffassung vom »guten Leben« verbundene reduktive Politiken wie »Entschleunigung« oder »Entrümpelung« finden sich dort hingegen kaum.

Reduktive Politiken beziehungsweise »Postwachstumspolitiken« (Adler/Schachtschneider 2017) sind hauptsächlich soziale, politisch zu gestaltende Innovationen, die ohne umfangreiche finanzielle Investitionen und ohne materiell umfängliche technische Innovationen mit je eigenen ökologischen Fußabdrücken und Rebound-Effekten auskommen, etwa: Erwerbsarbeitszeiten (geschlechter-)gerecht verringern – als direkter reduktiver Schritt, als solidarischer Puffer für die entfallenen Arbeitszeiten in den abgewickelten Bereichen, als Freiraum für Eigenarbeit, für Muße oder zum Verlernen problematischer Praktiken; ökonomische Basissicherheit in einer schrumpfenden Wirtschaft gewährleisten durch Grundeinkommen und/oder freien Zugang zu Basisgütern und -dienstleistungen (*Universal Basic Services*); Einkommens- und Vermögensungleichheit verringern, etwa durch umverteilende gewerkschaftliche und staatliche Lohnpolitiken sowie Vermögens- und Erbschaftssteuern mit dem Ziel, das ökonomische Oben und Unten an eine mittlere Bandbreite des reduzierten Naturverbrauchs anzunähern; Wirtschaftsförderung (auch) als Unterstützung lokaler nicht-monetärer wirtschaftlicher Betätigung (z.B. Praktiken der gemeinsamen Nutzung bei Maschinen, Wohnraum, Automobilität) zu praktizieren (vgl. Kopatz 2017).

Die meisten dieser Suffizienz ermöglichenden Politiken sind heute schon Bestandteil sozial-ökologischer Transformationskonzepte. Hinzukommen müssen aber Rückbaupolitiken wie etwa: Verbote und/oder Moratorien für Investitionen, die ökologisch besonders problematische Pfadabhängigkeiten zementieren (z.B. neue Flugplätze, Autobahnen); kontinuierlich sinkende Obergrenzen für den Verbrauch ökologisch problematischer Produkte (z.B. Autos/Fleisch) oder Naturverbräuche (z.B. Flächenversiegelung, Rohstoffentnahmen); strengere Regulierung von Werbung, etwa durch Verbote bei besonders klimaschädlichen Produkten und/oder Pflichten zum Labeln des ökologischen Fußabdrucks der Produkte und Dienstleistungen.

Sie könnten schrittweise – je nach Kräfteverhältnis – sofort praktiziert werden oder aber zumindest als Reservestrategie (klimapolitische »Notbremse») vorbereitet werden. Das könnte beispielsweise bedeuten: Werden die angestrebten Klimaziele auf den bisherigen Wegen nicht erreicht, tritt eine Streich-, Rückbau-, Verbots-, Kontingentierungsliste in Kraft. Viele dieser reduktiven Politiken sind allerdings, würden sie ohne komplementäre Reformen oder einschränkende Bedingungen eingeführt, nicht ohne problematische Nebenwirkungen. Aufgabe einer Strategieentwicklung für eine reduktive sozial-ökologische Transformation ist es, diese zu thematisieren und darauf antwortende Politiken zu entwickeln. Aber auch jenseits dieser Anforderungen hat eine Politik der Reduktion insgesamt mit riskanten (Neben-)Folgen zu rechnen:

Wenn das BIP sinkt, wie ist der Übergang zu einem wachstumsunabhängigen Typus von sozialer und institutioneller Stabilität zu sichern? Deutschland wird seinen traditionellen Status als Exportchampion einbüßen – könnte es Vorreiter eines neuen gebrauchswertorientierten Typs von Technologien und Gütern (langlebig, abfallfrei, reparaturfreundlich) oder gar eines neuen »Systemwettbewerbs« um mehr und sichere Lebensqualität für alle werden? Eine Politik jenseits der Akzeptanz eines wesentlich durch Markt und Wettbewerb bestimmten Wirtschaftswachstums impliziert zudem: Es ist viel mehr und anders als jetzt gesellschaftlich zu *gestalten* (konsultativ, politisch, öffentlich). Wie und mit welchen Verfahren ist praktisch zu sichern, dass die politisch-institutionellen Eingriffe tatsächlich demokratisch legitimiert sind? Wie wäre den Tendenzen zu einer bürokratisch-expertokratischen Herrschaft vorzubeugen?

Selbst die nur »moderate« Politik ökologischer Modernisierung führt heute schon zur Verstärkung eines »regressiv-autoritären« Lagers (Eversberg 2020), das in der sozial-ökologischen Transformation eine Bedrohung seiner Lebensweise und seines kulturellen und ökonomischen Status sieht und sich mehr oder weniger aktiv gegen weitergehende ökologische Politiken stellt (z.B. Einschränkung von Fleischproduktion, Energiewende, Tempolimit). Bei deutlicheren Einschränkungen im Rahmen von Rückbaupolitiken droht dieses Lager sich weiter zu vergrößern. Das Potenzial der AfD als kompromissloseste Partei zur Verteidigung der imperialen Lebensweise ist längst nicht ausgeschöpft und wirkt einschränkend auf die Bereitschaft anderer Parteien, deutlicher voranzugehen. Natürlich sollte der reaktionär angestachelte Gegenwind nicht dazu führen, das eigene

Projekt aufzugeben. Die Frage ist aber, wie es genügend Zustimmung oder zumindest Akzeptanz auch für eine reduktive Politik geben kann: Kann sie Bestandteil sein eines sozial-ökologischen Transformationsverständnisses, das ein hegemonialer »sozialer Block« trägt, ohne dass sie von allen dessen Teilen als eigenes elementares Anliegen interpretiert wird?

3. »Reduktive Wende«: Bruch trotz Anknüpfungen

So stark reduktives Denken von gängigen (neoliberalen, öko-modernisierenden) Vorstellungen abweicht, so bietet doch die gegenwärtige Situation auch *Anknüpfungspunkte* dafür. Jüngere Erfahrungen wie Flutkatastrophen und Hitzesommer, Coronapandemie und Energiekrise haben das gesellschaftliche Klima und Alltagspraktiken verändert. Einschränkungen, die durch äußere Umstände induziert sind, und politische Eingriffe in Marktmechanismen und persönliche Gewohnheiten, die darauf reagieren, erscheinen nicht als völlig abwegig. Manche frühere scheinbare ökonomische Selbstverständlichkeit der formal freien Verfügung auf einem freien Markt ist in den vergangenen drei Jahren durch neue Erfahrungen brüchig geworden:

Knappheiten, Engpässe und Kontingentierungen werden politisch verhandelt und sind Gegenstand präventiver Gesetzgebung (z.B. Energiesicherungsverordnungen). Globale Wertschöpfungsketten sind unterbrochen und werden als fragil wahrgenommen. Es gibt politische Debatten um soziale Preisgestaltungen, etwa bei Bahntickets, Strom- und Wärmepreisen. Insgesamt ist eine Zunahme angedachter oder auch realisierter staatlich-regulatorischer Interventionen in ökonomische und alltägliche Beziehungen zu beobachten.

Die Rückkehr zu früheren »Normalitäten« scheint ungewiss: Wenn sich abzeichnet, dass öko-technologische Offensiven nicht den erwünschten klimapolitischen Erfolg haben (können) und zugleich Symptome eines krisenhaften »Degrowth by Desaster« stärker den Alltag prägen, könnten ökologisch gezielte, sozial gerechte und demokratisch entschiedene Reduktionen des Gesamtumfangs der Produktion und des Konsums mehr Akzeptanz finden. Was innerhalb der reduzierten wirtschaftlichen Aktivitäten noch wachsen soll und was – neben THGE – schrumpfen muss, würde dann allerdings über die jetzt unmittelbar betroffenen Branchen und Gruppen hinaus zu einem zentralen *gesellschaftlichen Konfliktfeld.*

Das eröffnet gleichzeitig neue Chancen, den Horizont für sozial-ökologische Transformationen zu weiten, die Hegemonie des für den Kapitalismus notwendigen, aber ökologisch und sozial blinden Wachstumsparadigmas einzudämmen und emanzipatorische Alternativen konkret und offensiv in Konflikte und Diskurse einzubringen. Nicht die unterschiedlichen Label (Postwachstum, Ökosozialismus, Suffizienz, Gutes Leben etc.) dafür sind wichtig, sondern ihre wesentlichen Gemeinsamkeiten: Reduktion von Produktion und Konsumtion, sozial gerecht gestaltet als Gewinn an Lebensqualität und die darauf gerichteten politischen Forderungen.

Dennoch: Eine »reduktive Wende« in Verständnis und Praxis sozial-ökologischer Transformationen ist ein tiefer Einschnitt und hat mit vielfältigen Hemmnissen und heftigen *Widerständen* zu rechnen. Darauf sollte sich die gesellschaftliche Linke diskursiv und praxispolitisch einstellen und in diesem Kontext heikle Fragen, blinde Flecken, Vorbehalte und Missverständnisse thematisieren:

Erstens: *Warum* überhaupt sind Reduktionen notwendig, die über jetzige THGE-Reduktionsziele hinausgehen? Hier wäre eine »Offensive« ratsam, die sich richtet gegen den Glauben an eine nahezu unbegrenzte ökologische Problemlösungspotenz von Technik und Technologie, die Illusionen einer ökologisch neutralen Fortsetzbarkeit von BIP-Wachstum dank hundertprozentiger Energieeffizienz-Basis und Kreislaufwirtschaft, die Unterbewertung der Materialität von Wissens-, Dienstleistungsökonomie, Digitalisierung und »kulturalisiertem« Konsum.

Zweitens: Welche Branchen, Güter, Technologien, Konsum-, Freizeit-, Mobilitätspraktiken gehören mittel- und langfristig auf eine schon jetzt öffentlich – gegen scharfen Gegenwind – zu diskutierende »Streichliste«, über die bekannten »Verdächtigen« (Rüstung, Werbung, Verpackungen, SUVs, Inlandsflüge, Privatflugzeuge, Pkw-Tempos, öko-schädliche Subventionen etc.) hinaus? Wie wäre eine solche ökologisch und demokratisch legitimierte Auswahl politisch und ökonomisch praktisch umzusetzen, dabei Stabilität bei BIP-Schrumpfung zu sichern und soziale Kosten vertrauensbildend, gerecht, deprivilegierend und nach dem ökologischen Verursacherprinzip zu verteilen?

Drittens: Was bedeuten öko-sozial begründete BIP-Reduktionen – über die unmittelbaren Betroffenen hinaus – für *Kaufkraft und Konsum unterer und mittlerer Einkommensklassen*? Durch welche Umverteilungs- und Grundsicherungspolitiken ließe sich bei einem kleiner werdenden gesellschaftlichen Produkt die ökonomische Ungleichheit gleichzeitig verringern? Wie kann verhindert werden, dass Verknappungen zu Kostensteigerungen führen, die Ärmere nicht tragen können. Welche Rolle etwa könnten Konzepte für einen kostenlosen beziehungsweise kostengünstigen Basisverbrauch für alle spielen?

Viertens: Was bedeuten ein Bekenntnis zur und eine Politik für Reduktion für die Beteiligung *von Gewerkschaften* an Allianzen für sozial-ökologische Transformation (vgl. Lucht/Liebig 2023; Kaiser 2023)? Zwar lässt sich gut begründen, dass ein sozial gerecht verringerter ökologischer Fußabdruck, der mit einem reduzierten BIP einhergeht, die Lebensqualität insgesamt steigern kann, auch anknüpfend an zentrale gewerkschaftliche Forderungen (»Gute Arbeit«). Die Umsetzung von (ökologisch verantwortbaren) Produktivitätszuwächsen in erwerbsarbeitsfreie Zeit und Arbeitsentlastungen könnte mehrheitsfähig sein, auch wenn die gewerkschaftlich mobilisierungsbereite Klientel heute noch eher für Einkommenszuwächse erreichbar ist und dies zudem leichter durchsetzbar ist in Kämpfen mit der Kapitalseite. Diffizil wären aber ökologisch begründete Beschränkungen (gar Verbote) im konsumtiven Bereich, die viele Lohnabhängige in mittleren und unteren Einkommensklassen beträfen. Sie könnten als weiterer Statusverlust empfunden werden.

Fünftens: Durch welche *Politiken für einen Kulturwandel* könnten die konkurrente Selbstverwirklichung beziehungsweise -inszenierung und die kompensatorische Bedürfnisbefriedigung in einer sozial ungleichen, neoliberal »verwettbewerblichten« und »singularisierten« Gesellschaft zurückgedrängt werden? Durch welche Praktiken könnten Bedürfnisse nach Vergleich, Wetteifern, nach Neuem oder nach sozialer Anerkennung auf weniger problematische »Objekte« umorientiert werden? Könnten konsumtive Bedarfe reduziert werden, indem ihre Ursachen (z.B. Kompensation für »Bad Jobs«; patriarchale Männlichkeitsnormen) eingedämmt oder attraktive Alternativen geboten werden? Ist ein Kulturwandel hin zu postmateriellen Werten ein legitimes Ziel eines liberalen Staates, der sich nach gängiger Auffassung bei der Bestimmung und Förderung individueller Lebensziele herauszuhalten hat? Oder darf und soll er »Basisgüter« aktiv fördern wie »Freundschaft« (jenseits von ökonomischen Nützlichkeitserwägungen), »Anerkennung« (die ein Mindestmaß an ökonomischer Gleichheit voraussetzt), »Sicherheit« (gegen diverse Unbilden, nicht nur ökonomischer Art) oder »Muße« (Zeit für nicht-instrumentelle Tätigkeiten), die kulturübergreifend in hunderten von Studien von Menschen als das Wichtigste in ihrem Leben genannt werden (Skidelsky/Skidelsky 2013)?

Sechstens: Können Forderungen nach *bedingungsloser Grundsicherung* die mit Verknappungen und Umwälzungen auftretenden Abstiegs- und Verlustängste kontern? Wenn ja, wie aber ist die Wirkung von Konzepten wie dem bedingungslosen Grundeinkommen (geldlich) auf das monetäre Wachstum der Wirtschaft? Erfordert das möglicherweise eine Ausweitung des BIP? Doch auch der dazu alternativ oder ergänzend vorgeschlagene freie Zugang zu materiellen Basisgütern (*Universal Basic Services*) könnte weiteres Wachstum nötig machen.

Ziel von Debatten um diese und weitere Problemfelder herum kann nicht sein, diese »entscheidungsreif auszudiskutieren« oder Mehrheiten zu überzeugen. Eher geht es zunächst darum, Probleme zuzuspitzen, mögliche Lösungen vorstellbar zu machen und kritische Massen zu erreichen.

Neben einer Debatte um einzelne, hier beispielhaft aufgeführte Problemfelder ist eine generelle Diskussion darüber nötig, warum Reduktion von links offenbar häufig nicht als ein passendes »Projekt« in der aktuellen Lage gesehen wird. Natürlich ist es keineswegs so, dass eine sozial-ökologische Transformation, die jenseits des Mainstreams von ökologischer Modernisierung auf Umverteilung, Care-Revolution (sektoraler Wandel) sowie direktdemokratische Planung setzt, schon mehrheitsfähig ist. Möglicherweise ist die Differenz zwischen einer prinzipiellen Zustimmung, dass ein kultureller Wandel notwendig ist zur Reduktion, und der Ablehnung beziehungsweise Vorsicht, dies explizit zu machen und in entsprechende Forderungen umzusetzen, in der Angst begründet, die heute als erreichbar erscheinenden Koalitionen für sozial-ökologische Politiken mit kapitalismuszurückdrängender »Nebenwirkung« zu gefährden, sie gar zu überfordern. Möglicherweise steht zudem eine Strategie der Zweistufigkeit Pate, um zunächst durch Zurückdrängung des Neoliberalismus und eine Stärkung der Rolle gesellschaftlicher Planung auf verschiedenen Ebenen den sektoralen und technischen Strukturwandel voranzutreiben, und um erst danach – auf der Basis verringerter Konkurrenzorientierung und einer Verbreiterung solidarischer Praktiken – auch Fragen der Genügsamkeit und der Reduktion anzugehen. Ob ein solcher taktischer und/oder strategischer Aufschub der transformativen Bearbeitung eines elementaren kapitalismusimmanenten Problems der ökologischen Krise – der Persistenz nicht zukunftsfähiger konsumtiver Bedürfnisse – angemessen ist, bleibt zu diskutieren.

Literatur

Adler, Frank (2022): Wachstumskritik, Postwachstum, Degrowth. Wegweiser aus der (kapitalistischen) Zivilisationskrise. München.

– / Schachtschneider, Ulrich (Hg.) (2017) Postwachstumspolitiken. Wege zur wachstumsunabhängigen Gesellschaft. München.

Arbeitsgruppe Alternative Wirtschaftspolitik (2022): Memorandum 2022. Raus aus dem Klimanotstand – Ideen für den Umbruch. Kurzfassung.

Brand, Ulrich (2021): Wohlstand statt Wachstum. Anregungen der Postwachstums-Perspektive für eine emanzipatorische Organisation der Arbeit. In: Aulenbacher, Brigitte u.a. (Hg.): Mosaiklinke Zukunftspfade. Gewerkschaft, Politik, Wissenschaft. Münster: 52-60.

Brie, Michael (2021): Transformation heißt, das Ganze wagen. Ökonomische Mobilisierung im Kampf gegen den Faschismus USA 1940-1945. Hamburg.

Candeias, Mario (2022): Der Übergang. In: LuXemburg Online. URL: https://zeitschrift-luxemburg.de/, Zugriff: 10.2.2023.

– / Krull, Stephan (2022): Spurwechsel. Studien zu Mobilitätsindustrien, Beschäftigungspotenzialen und alternativer Produktion. Eine Veröffentlichung der Rosa-Luxemburg-Stiftung. Hamburg.

Dörre, Klaus (2021): Die Utopie des Sozialismus. Kompass für eine Nachhaltigkeitsrevolution. Berlin.

Herrmann, Ulrike (2022): Das Ende des Kapitalismus. Köln.

Hickel, Jason / Kallis, Giorgos (2020): Is Green Growth Possible? In: New Political Economy 25(4): 469-486. DOI: https://doi.org/10.1080/13563467.2019.1598964.

Jackson, Tim (2017): Wohlstand ohne Wachstum – das Update. Grundlagen für eine zukunftsfähige Wirtschaft. München.

Kallis, Giorgos (2018): Degrowth. The Economy – Key Ideas. Newcastle. DOI: https://doi.org/10.2307/j.ctv5cg82g.

Kaiser, Julia (2023): Rückkehr der Konversionsbewegung? Potenziale und Grenzen der Konversionsbestrebungen sozial-ökologischer Bündnisse rund um Autozuliefererwerke. In: PROKLA 210 53(1): 35-53. DOI: https://doi.org/10.32387/prokla.v53i210.2031.

Kopatz, Michael (2017): Wirtschaftsförderung 4.0. In: Adler, Frank / Schachtschneider, Ulrich (Hg.) (2017) Postwachstumspolitiken. Wege zur wachstumsunabhängigen Gesellschaft. München: 305-317.

Lehndorff, Steffen (2022): Sozial-ökologische Transformation der deutschen Industrie: Was läuft, wo es hakt, worauf es jetzt ankommt. Ein Überblick über die Studien des Projekts »Sozial-ökologische Transformation der deutschen Industrie« im Auftrag der Rosa Luxemburg Stiftung und der Arbeitsgruppe Alternative Wirtschaftspolitik.

Lucht, Kim / Liebig, Steffen (2023): Sozial-ökologische Bündnisse als Antwort auf Transformationskonflikte. Die Kampagne von ver.di und Fridays for Future im ÖPNV. In: PROKLA 210 53(1): 15-34.

DOI: https://doi.org/10.32387/prokla.v53i210.2037.
Morgenthaler, Ronja / Thiele, Lasse (2021): Den Absprung finden. Mit einem Green New Deal über den Kapitalismus hinaus? In: PROKLA 202 51(1:) 53-70. DOI: https://doi.org/10.32387/prokla.v51i202.1925.
Schneidewind, Uwe / Zahrnt, Angelika (2013): Damit gutes Leben einfacher wird. Perspektiven einer Suffizienzpolitik. München. DOI: https://doi.org/10.14512/9783865816481.
Skidelsky, Edward / Skidelsky, Robert (2013): Wie viel ist genug? Vom Wachstumswahn zu einer Ökonomie des guten Lebens. München.
Umweltbundesamt (Hg.) (2018): Gesellschaftliches Wohlergehen innerhalb planetarer Grenzen. Der Ansatz einer vorsorgeorientierten Postwachstumsoption. Dessau-Roßlau.
Wissen, Markus u.a. (2020): Zwischen Modernisierung und sozial-ökologischer Konversion. Konflikte um die Zukunft der österreichischen Autoindustrie. In: Dörre, Klaus / Holzschuh, Madeleine / Köster, Jakob (Hg.): Abschied von Kohle und Auto? Sozial-ökologische Transformationskonflikte um Energie und Mobilität. Frankfurt/M./New York: 223-266.
– / Brand, Ulrich (2022): Emanzipatorische Perspektiven im »Anthropozän«. In: PROKLA 207 52(2): 263-281. DOI: https://doi.org/10.32387/prokla.v52i207.1992.
Witt, Uwe (2022): Klimapolitische Rahmen für den Industrieumbau. Eine Studie im Rahmen des Projekts »Sozial-ökologische Transformation der deutschen Industrie« im Auftrag der Rosa Luxemburg Stiftung und der Arbeitsgruppe Alternative Wirtschaftspolitik. Online-Studie.
Zelik, Raul: (2020): Wir Untoten des Kapitals. Über politische Monster und einen grünen Sozialismus. Berlin.

PROKLA 211 | 53. Jahrgang | Nr. 2 | Juni 2023 | S. 331-341
https://doi.org/10.32387/prokla.v53i211.2032

Hans Rackwitz*

Probleme der sozial-ökologischen Klassenanalyse und die Grenzen des Umweltbewusstseins

Zusammenfassung: Der Beitrag diskutiert kritisch die Limitierungen der Bourdieuschen Klassenanalyse sozial-ökologischer Mentalitäten, die Dennis Eversberg in der PROKLA 210 vorgestellt hat. Es wird argumentiert, dass sein Ansatz den Vielschichtigkeiten und Widersprüchlichkeiten von Bewusstseinsformen nicht gerecht werden kann und analytisch auf der Zirkulationsebene verbleibt, während die Arbeits- und Betriebssphäre weitestgehend ausgeklammert wird. Diese Kritik schließt mit einem Plädoyer für eine ökosozialistische Klassenpolitik, die eine sozial-ökologisch transformative Politik statt von Einstellungsmustern und Positionen im sozialen Raum von einem Standpunkt der Arbeit her denkt.

Schlagwörter: Klassenanalyse, Klassenpolitik, sozial-ökologische Transformationskonflikte, Ökosozialismus, gesellschaftliche Naturverhältnisse

Problems of Social-Ecological Class Analysis and the Limits of Environmental Consciousness

Abstract: The article critically discusses the limitations of the Bourdieu class analysis of socio-ecological mentalities presented by Dennis Eversberg in PROKLA 210. It is argued that his approach cannot grasp the complexities and contradictions of forms of consciousness and analytically remains on the level of circulation, while the sphere of work is largely excluded. This critique concludes with a plea for an ecosocialist class politics that approaches social-ecological transformative politics from a standpoint of labour, rather than from patterns of attitudes and positions in social space.

Keywords: Class Analysis, Class Politics, Socio-Ecological Transformation Conflicts, Ecosocialism, Societal Nature Relations

In seinem Beitrag in der PROKLA 210 nimmt Dennis Eversberg (2023) sozial-ökologische Einstellungsmuster und Bereitwilligkeiten, den eigenen Lebensstil zu ändern, zum Ausgangspunkt für eine Suche nach Transformationswilligen und nach einer radikal sozial-ökologischen Bündnispolitik. So verständlich

* **Hans Rackwitz** ist Soziologe und promoviert am Arbeitsbereich Arbeits-, Industrie- und Wirtschaftssoziologie an der Friedrich-Schiller-Universität Jena.

und sinnvoll eine solche Herangehensweise aus einer pragmatischen Sicht der politischen Mobilisierung ist, birgt sie erhebliche Beschränkungen. Im Folgenden möchte ich eine Kritik an der konzeptionellen und politisch-strategischen Herangehensweise Eversbergs und alternativ die Perspektive einer ökosozialistischen Klassenpolitik vorschlagen.[1] Nach einer kurzen Darstellung seiner Analyse und ihrer politischen Implikationen diskutiere ich die Grenzen seines klassenanalytischen Ansatzes. Dabei argumentiere ich zugespitzt, dass seine Analyse in ihrer politischen Konsequenz für grundlegende öko-soziale Transformationspotenziale beschränkt bleiben muss, da sie die Arbeits- und Betriebssphäre weitestgehend ausklammert und sich tendenziell vor allem an Fragen der Konsumtion und der Alltagspraktiken sowie an der Mobilisierung von sozialen Gruppen auf Grundlage bestehender Einstellungen orientiert. Abschließend plädiere ich für eine organisierende ökosozialistische Klassenpolitik, die auf qualitative Veränderungen der Arbeits- und Produktionsverhältnisse zielt und damit das Zentrum von Umweltzerstörung und der Gestaltung der Naturverhältnisse in den Blick nehmen kann.

1 Dieser Beitrag ist als solidarische Kritik zu verstehen. Sie kann nicht immer den Details, Interpretationen, Einschränkungen und Absichten Eversbergs entsprechen und gerecht werden; sie spitzt zu, glaubt jedoch nichtsdestotrotz eine grundlegende Tendenz sichtbar zu machen und darauf aufbauend eine Differenz in einer polit-strategischen Grundsatzfrage markieren zu können. Eine Lektüre des Artikels von Eversberg ist für ein Verständnis der hier formulierten Kritik dringend zu empfehlen.

Sozial-ökologische Mentalitäten im sozialen Raum

Eversberg identifiziert in der deutschen Bevölkerung auf Grundlage quantitativer Befragungen zum Umweltbewusstsein und einer sozialökologisch erweiterten Bourdieuschen Klassenanalyse sozial-ökologische Mentalitäten, die er klassenmilieuspezifisch in drei Lager gruppiert: »Ein ökosoziale[s] Lager [...]; in dem Vorstellungen einer umfassenden, an Nachhaltigkeits- und Gerechtigkeitskriterien orientierten Transformation aktiv eingefordert oder zumindest im Grundsatz unterstützt wurden« (ebd.: 146), ein regressiv-autoritäres Lager, das sich »nicht zuletzt durch eine Abwehrhaltung gegen ökosoziale Anliegen und durch Neigungen zu autoritär-nationalistischem Gedankengut« auszeichnet (ebd.: 146f.), sowie ein liberal-steigerungsorientiertes Lager, das »die Mentalitäten derjenigen [bündelt], die in den Jahren zuvor das deutsche Kapitalismus- und Wachstumsmodell aktiv gestützt und davon profitiert haben« (ebd.: 147). Er erklärt diese Mentalitätsmuster durch die »relativ[e] Bedeutung von Bildung und materiellem Besitz für die Soziallagen der Einzelnen« (ebd.: 149). »Mit zunehmendem relativem Gewicht von Bildung [...] steigt die Bereitschaft, eigenes Handeln nach allgemeinen oder übergeordneten Gesichtspunkten auszurichten und gegebenenfalls zu ändern« (ebd.), während eine relativ stärkere Bedeutung ökonomischen Kapitals für die eigene soziale Position »über die Zeit Dispositionen zu dessen Verteidigung und zur Abwehr jeder Veränderung, die es gefährden könnte [erzeugt]« (ebd.: 149f.).

Anti- und pro-transformative Affinitäten sind demnach nicht einfach Ausdruck von Lebensstilpräferenzen, von sozialen Abgrenzungsdynamiken oder Ausdruck vertikaler Statuskonkurrenz. Vielmehr geht es darum, »wie die Lebensweise [...] eingerichtet ist [...] [und] wie dies als ermöglichend oder hemmend erlebt wird« (ebd.: 149). Statt eines rein kulturellen Konflikts um Lebensstilpraktiken und Einstellungen zur Umweltpolitik und Klimabewegungen besteht nach Eversberg ein »horizontaler Interessenkonflikt zwischen kulturellen und ökonomischen Klassenfraktionen«, in dem um das »Verteilungsverhältnis zwischen öffentlich-allgemeinem und privatem Eigentum« sowie um »die Frage [...], wo in den gesellschaftlichen Naturverhältnissen Anpassungsdruck verortet wird«, gestritten wird (ebd.: 150).

Die politische Verengung auf Einstellungen und Konsumpraktiken, die ich in Eversbergs Beitrag ausmache, ist bereits in seiner sozial-ökologischen Erweiterung des sozialen Raums angelegt. Er übersetzt die horizontale Dimension des sozialen Raums und die Kapitalausstattung als »Stellung zu den Mitteln der abstrakten Vergesellschaftung von Arbeit und Natur.« (ebd.: 142) Das kulturelle Kapital drückt dann die »handlungsermächtigende kognitive Beherrschung komplexer Zusammenhänge, die von der Verfügung über wissenschaftliches Wissen und der Fähigkeit zum Umgang« und das ökonomische Kapital »die Handlungs- und Verfügungsmacht gegenüber Menschen und Natur« (ebd.) aus. »Die vertikale Raumdimension beschreibt hingegen das Ausmaß, in dem die Akteure aktiv in abstrakt-expansive Vergesellschaftungsprozesse involviert sind, die horizontale unterscheidet zwischen primär wissensbasiert-kulturellen und ökonomischen Formen dieser Beteiligung.« (Ebd.)

Die horizontale Achse erklärt den Hintergrund von pro- und anti-transformativen Mentalitäten, die die Grundlage seiner Frage nach der politischen Mobilisierung dieser Lager zu politischen Allianzen ist. Dagegen scheinen hinter der vertikalen Verteilung Variablen wie Einkommen, Berufshierarchie, Wohnsituation/-besitz zu stecken, die aus meiner Sicht jedoch dem herrschaftlich relationalen Charakter der sozio-ökonomischen Produktionsverhältnisse nicht gerecht werden. Dieses Grundproblem ist bereits in Bourdieus Kapitalbegriff angelegt. Dessen Verständnis von *ökonomischem Kapital* ist einem neoklassischen Verständnis von Kapital als *Kapitalstock* näher als einem marxistischen Verständnis von Kapital als *Kapitalverhältnis*. Ersteres verbleibt letztlich auf der Zirkulationsebene und begreift unter ökonomischem Kapital in erster Linie Geldmittel. Auch andere materielle Besitztümer, wie Immobilien- oder Aktienbesitz, werden primär unter dem Aspekt ihrer Konvertierbarkeit in das Medium Geld und dessen Umwandlung in andere Kapitalsorten und Status betrachtet. Das marxsche Kapitalverständnis beschreibt dagegen den Verwertungsprozess von Wert, ist in der Produktionssphäre geerdet und begreift darunter ein antagonistisches Klassenverhältnis auf betrieblicher Ebene, deren Herrschaftscharakter in der Verfügung der Kapitaleigner über Produktionsmittel und Produktivkräfte in der ökonomischen Produktion und ihre

Subsumtion unter die Zwecke der Kapitalverwertung besteht. Diese Differenz hat weitreichende Implikationen für die Untersuchung der Ursachen der Umweltkrise und respektive für mögliche politische Strategien zu ihrer Eindämmung.

Für Eversberg markiert die vertikale Klassenposition die »Handlungs- und Verfügungsmacht gegenüber Menschen und Natur« oder auch »das Ausmaß, in dem die Akteure aktiv in abstrakt-expansive Vergesellschaftungsprozesse involviert sind« (ebd.: 142). Bei analytischer Ausklammerung der wirtschaftlichen Machtzentren (ebd.: 153f.) und der Betriebs- und Arbeitssphäre scheinen diese aktive Involviertheit und die herrschaftliche Verfügungsgewalt über Arbeit und Natur auf Konsumpraktiken der Lebensführung hinaus zu laufen. Nicht die Aneignung und Verfügung über Natur und Arbeitskraft im Produktionsprozess der entsprechenden Güter, sondern deren Nutzung und Verbrauch werden hier als herrschaftliche Verfügungsmacht über die in den Waren vergegenständlichte Arbeit und Natur verstanden. Einkommen als Verfügungsmacht über Arbeit und Natur zu interpretieren, lässt sich dabei nur unter der Annahme einer Souveränität der Verbraucher*innen aufrechterhalten – das heißt mit der Idee, dass die Produktion von Waren, ihr Produktionsvolumen und die Bedingungen ihrer Herstellung der marktvermittelten Steuerung durch die Endkonsument*innen unterläge. Die Realität entspricht jedoch vielmehr einer Souveränität der Produktionsmittelbesitzer*innen, bei der die Güterproduktion und die Bereitstellung von Dienstleistungen und damit auch die Konsumbedingungen von Unternehmen gesteuert werden und sich nach deren Profitabilitätskalkülen richten (Rackwitz 2022a: 105f.).

Diese Leerstelle in Eversbergs Argumentation verwischt tendenziell die Frage nach dem kapitalistischen Herrschaftscharakter, den die Einbindung von Menschen in die kapitalistische Produktions- und Lebensweise und in ihre jeweiligen konkreten Akkumulations- und Wachstumsregime annimmt. Die große Mehrheit der Individuen ist passiv-herrschaftlich in diese gesellschaftlichen Strukturen eingebunden. Auch ihre Alltagspraktiken sind eingebettet in eine maßgeblich durch kapitalistische Verwertungsinteressen produzierte Raumordnung und Angebote an Gütern, Dienstleistungen und Versorgungsinfrastrukturen, weshalb sich die Ökologie ihrer konsumtiven sozialen Reproduktion weitestgehend ihrem Einfluss entzieht. Und so ist auch die habituelle Inkorporierung dieser kapitalistischen Herrschafts- und durch diese strukturierten Naturverhältnisse eine passive.

Eversberg zielt nicht nur auf die Umweltprofile der Lebensführung, sondern vor allem auf die Frage ab, wie die beschriebenen Verhältnisse von den Individuen selbst empfunden werden und wie sich diese Unterschiede durch die Kapitalausstattung der Individuen erklären lassen. Seine Klassenanalyse des sozial-ökologischen Raums versteht die verschiedenen Positionen als »strukturell divergente und gegensätzliche (also er- oder entmächtigte, beherrschende oder beherrschte, kognitiv begreifende oder ökonomisch ergreifende, externalisierende oder internalisierende) Positionen innerhalb von Herrschafts- und Naturverhältnissen« (ebd.: 142). Dadurch verschiebt er scheinbar die gesellschaftlichen antagonistischen Herrschaftsverhältnisse zwischen sozialen Gruppen auf lebensweltlich ideologische Orientierungen, auf Unterschiede in der Zusammensetzung der Kapitalsorten und auf die Umweltprofile der Lebensführung. Wer die gesellschaftlichen Verhältnisse, beispielsweise aufgrund der relativ größeren Bedeutung von ökonomischem gegenüber kulturellem Kapital in der Kapitalausstattung, selbst als ermächtigend empfindet, wird jedoch dadurch noch nicht zu einem Akteur, der selbst Herrschaft ausübt, andere aktiv entmächtigt und Kosten und Schäden aktiv externalisiert (ebd.: 142).

Mir scheint hier eine weitreichende normative Überinterpretation vorzuliegen, die die Einstellungen und Alltagspraktiken innerhalb systematisch entmächtigenden, auf Externalisierung in Raum und Zeit sowie auf ökonomischen und politischen Herrschaftsverhältnissen beruhenden kapitalistischen Verhältnisse *selbst* zu Herrschaftsverhältnissen erklärt. Selbstverständlich gibt es in der vertikalen Verteilung des sozialen Raums beherrschte und herrschende Stellungen in der ökonomischen und betrieblichen Arbeitsteilung. Es gibt Produktionsmittelbesitzende und -kontrollierende sowie herrschaftsausübende Stellungen in der Berufshierarchie. Solche ökonomischen Klassengegensätze werden in den verwendeten Daten jedoch schlicht nicht abgebildet, da die gesamte Konstruktion des sozialen Raums ökonomisch auf der Zirkulationsebene verbleibt. Die Arbeits- und Betriebssphäre kommt hier nur noch als Bezugsquelle für Haushaltseinkommen sowie als Berufssozialstruktur eher kultureller oder ökonomischer Kapitalfraktionen vor, jedoch selbst nicht mehr als Ort der klassenherrschaftlichen Verfügung über produktive Ressourcen und Arbeitskräfte.

Die Betriebs- und Arbeitssphäre

Mit der Ausklammerung der Betriebsebene, der Produktionsverhältnisse und damit der Arbeitsverhältnisse wird gleichzeitig der zentrale Ort der Produktion ökologischer Gefährdungen[2] und der zentrale Ort der Naturumformung und -zerstörung aus der Analyse ausgeklammert. Das Mensch-Natur-Verhältnis, der Stoffwechsel zwischen Gesellschaft und Natur, wird grundlegend nicht durch die Kultur, sondern über die Ökonomie vermittelt, über die Art und Weise, wie gesellschaftliche Arbeit, Gebrauchswert- und Güterproduktion (und damit ebenso Zirkulation und Konsumtion) organisiert werden – also über die Produktionsverhältnisse (Rackwitz 2022; Stache 2018).

Konkret wird die Natureinwirkung dann von Eigentümer*innen, Investor*innen und Management bestimmt, da sie die Organisation von Arbeit samt der damit verbundenen Natureinwirkungen kommandieren und gemäß ihrer Rentabilitätskalküle gestalten. Die kapitalistische Organisation der Ökono-

2 Das gilt nicht für die im Produktionsprozess selbst stattfindenden sozial-ökologischen Schäden, sondern ebenso für solche, die durch die Nutzung der Güter anfallen. Letztere werden zwar im Verbrauch realisiert, entstehen aber ursächlich bereits in der Produktion.

mie als Kapitalverwertung und Lohnarbeitsausbeutung bedingt die Subsumtion der Naturverhältnisse unter die Zwecke und Imperative der Kapitalverwertung. Die als Klassenherrschaft der Produktionsmittelbesitzer*innen über die Lohnabhängigen gestaltete ökonomische Produktion ist zugleich die Herrschaft über die Zwecke, Formen und Folgen der über Arbeit vermittelten Naturumformung. Mit der Trennung der Arbeiter*innen von den Produktionsmitteln und der Ausgestaltung des Arbeits- und Produktionsprozesses sind diese gleichzeitig von der Regulierung des Stoffwechsels mit der Natur und ihrer Naturverhältnisse getrennt. Diese werden nach den Zwängen der Mehrwertproduktion, -aneignung und -realisierung, nach Profitmaximierung, Konkurrenz und Expansionismus reguliert. Die Arbeiter*innen sind nur mittelbar in das gesellschaftliche Naturverhältnis eingebunden, da sie in vom Kapital kommandierter Position die konkrete Naturaneignung und -umformung verrichten (Stache 2018: 100).

Die Produktionsseite ist nicht nur für die Regulation des Stoffwechsels einer Gesellschaft grundlegend entscheidend, sie ist damit ebenso für die Ausgestaltung des Angebots an Konsum- und Versorgungsgütern und damit für die Ökologie des Konsums und der lebensweltlichen sozialen Reproduktion entscheidend (Rackwitz 2022a: 105ff.). Sie ist spiegelbildlich verbunden mit Konflikten um die Lebensführung, die häufig als Kultur- und Wertekonflikte verstanden werden.

Doch die Ausklammerung der Betriebs- und Arbeitssphäre ist noch aus einem weiteren Punkt zu kritisieren. Sozial-ökologische Einstellungen werden nicht nur durch lebensweltliche Praktiken und die jeweilige Kapitalausstattung und -zusammensetzung geprägt, sondern sind ebenfalls maßgeblich durch betriebliche Klassenerfahrungen strukturiert. Das gilt umso mehr, je stärker sich die Arbeitsbedingungen der Lohnabhängigen heute aufgrund ökologischer Reformbestrebungen verändern. Denn mit einem ökologischen Modernisierungsdruck verändern sich nicht nur Produktionsabläufe, betriebliche Herrschaftsarrangements und die Formen der Arbeitskraftverausgabung, sondern ebenfalls die damit verbundenen Subjektivitäten der Beschäftigten. Wird die Bearbeitung der Umweltkrise von vielen direkt oder indirekt als Beschäftigungsabbau, Arbeitsverdichtung, Lohn- und Kaufkraftverlust, Prekarisierung oder kulturelle Abwertung erfahren, so sind Beharrungskräfte und Abwehrreaktionen auch gegen einen progressiven ökologischen Umbau wahrscheinlicher und können sich weiter verfestigen. Solche Einstellungen zum ökologischen Gesellschaftskonflikt müssen dabei auch als Rationalisierung der eigenen zunächst legitimen unmittelbaren Klasseninteressen und als Reaktionen auf sozial-ökologische Status- und Distinktionskämpfe verstanden werden (u.a. Bose u.a. 2019; Rackwitz 2022a: 112ff.).

Sie bilden sich darüber hinaus nicht nur durch lebensweltliche Alltagspraktiken und den medialen Diskurs, sondern ebenso in spezifischen betrieblichen Kommunikationsöffentlichkeiten und sind damit häufig durchzogen von Unternehmensnarrativen (Bose u.a. 2019). Jedoch bestehen grundsätzlich

Vielschichtigkeiten, Widersprüchlichkeiten, Eigensinnigkeiten, Spannungen und Brüche in den Einstellungsmustern und Subjektivitäten sowie Alltagspraktiken, die durchaus Sensibilitäten für die kleinen und großen gesellschaftlichen Umweltfragen offenbaren und mitnichten per se als anti-ökologisch verstanden werden können (siehe u.a. Bose u.a. 2019; Candeias/Krull 2021; Hürtgen 2020).

Auch methodisch können die Vielschichtigkeit und Widersprüchlichkeit der Bewusstseinsformen und subjektiven Verarbeitungsformen des ökologischen Gesellschaftskonflikts in kapitalistischen Klassengesellschaften ebenso wie ihre *Tiefenstruktur* in einer quantitativen Untersuchung wie derjenigen von Eversberg gar nicht erfasst werden. Die analytischen, normativen und politischen Interpretationen, die Eversberg aus den Daten ableitet, sind daher aus meiner Sicht viel zu weitgehend. In die Frageoptionen[3] und ihre Deutung durch die Befragten schreiben sich nicht nur die ideologischen Kräfteverhältnisse und Kulturkonflikte des herrschenden Diskurses ein, sondern ebenso die real existierenden Widersprüche zwischen ökologischer Nachhaltigkeit und sozialer Gerechtigkeit, zwischen Wachstumszwang, notwendiger metabolischer Schrumpfung und der Kopplung von Erwerbs- und Reproduktionsmöglichkeiten an die kapitalistischen Strukturen der Nicht-Nachhaltigkeit.

Wenn beispielsweise substanzieller Umweltschutz heute real im Konflikt mit Wirtschaftswachstum und damit Beschäftigung steht, ist es dann Ausdruck einer anti-ökologischen Einstellung, wenn Befragte in standardisierten Umfragen Problemen der sozialen Gerechtigkeit, der wirtschaftlichen Entwicklung oder von Arbeitslosigkeit eine höhere Wichtigkeit zuschreiben als Umwelt- und Klimaschutz? Wenn Umweltpolitik heute häufig als ökologische Austerität (Schaupp 2021) untere und mittlere Einkommenslagen überproportional belastet, während exzessiver Luxuskonsum der Superreichen oder die Verschwendung von Konzernen in der öffentlichen Debatte nicht präsent sind, ist dann die Ablehnung der Forderungen, dass *alle* ihren derzeitigen Lebensstandards zu Gunsten des Umweltschutzes einschränken müssen, auch Indikator anti-transformativer Einstellungen? Sind – vor dem Hintergrund stagnierender oder sinkender Reallöhne, strukturell beschränkter Möglichkeiten, sich tatsächlich sozial gerecht und nachhaltig verhalten zu *können*, und realen ökologischen Status- und Distinktionskämpfen – geringere Zustimmungswerte gegenüber teureren Fair-Trade-Produkten oder Ärger darüber, mit ökologisch motivierten Verhaltensaufforderungen konfrontiert zu werden, ebenfalls Ausdruck einer tendenziell anti-transformativen, anti-ökologischen Einstellung?

Solche Einstellungen sind definitiv Ausdruck der bestehenden kulturellen Spaltungslinien im ökologischen Gesellschaftskonflikt. Sie können jedoch nicht umstandslos als anti-ökologische und anti-transformative Einstellungen gedeutet werden. Eversbergs Bourdieusche sozial-ökologische Klassenanalyse von Mentalitäten kann zwar deren Tiefenstruktur und Relationalität im

3 Für die Frageitems und deren Interpretation siehe BMU (2021) und Eversberg (2020).

Verhältnis zur eigenen Ressourcenausstattung thematisieren. Sie vermag jedoch kaum diese Tiefenstruktur und Relationalität auch in Bezug zur politischen und ökonomischen Krisenentwicklung des Gegenwartkapitalismus sowie zu den Krisenbearbeitungsstrategien und ideologischen Deutungsangeboten der herrschenden Klassen und Funktionseliten in Beziehung zu setzen. In Summe besteht die Gefahr, den komplexen Vermittlungsschritten von Einstellungsmustern und deren Ambivalenzen nicht gerecht zu werden, ideologisch geprägte kulturelle Selbstwahrnehmungen in verdinglichten Herrschaftsverhältnissen umstandslos für bare Münze zu nehmen und damit zu riskieren, die kulturelle Repräsentation der herrschenden Bearbeitungsversuche der Umweltkrise, ihre realen sozial-ökologischen Widersprüche und die damit verbundenen kulturellen sozial-ökologischen Spaltungslinien analytisch zu reproduzieren.

Politisch plädiert Eversberg für eine Verbindung des sozial-ökologischen Lagers mit dem prekär-veränderungsoffenen Mentalitätstypen, das keinem der Großlager zugerechnet werden kann, also konkret für Bündnisse von sozial-/radikal-ökologischen mit arbeits- und reproduktionsorientierten, gewerkschaftlichen Kräften (Eversberg 2023: 155). Auch wenn seine Vorschläge für eine derartige Allianz Überschneidungen zu einem ökologisch-klassenpolitischen Ansatz offenbaren, scheinen sie mir auf die Addition von sozialen Bewegungen und arbeitsorientierten Kräften in politischen Bündnissen hinaus zu laufen, statt radikal ökologische Politik auch strategisch von einem Standpunkt der Arbeit, der Klasse und deren Selbstemanzipation anzugehen. Im Folgenden kritisiere ich die grundlegende polit-strategische Herangehensweise, politische Bündnisse primär nach Einstellungsmustern zu sozial-ökologischen Fragen statt nach demokratischen Kriterien und (potenziellen) strukturellen Machtressourcen zu bestimmen, die in der Lage wären, die kapitalistisch-systemischen Ursachen der gestörten Naturverhältnisse anzugehen.

Plädoyer für eine ökosozialistische Klassenpolitik

Vor dem Hintergrund der strukturell beschränkten metabolischen Steuerungs- und Veränderungsmöglichkeiten durch Umwelteinstellungen und Konsumverhalten sowie der strukturellen Selektivität des bürgerlichen Klassenstaates und seiner Umweltpolitik kommt es darauf an, die Menschen in ihrer sozialen Klassenposition als Lohnarbeiter*innen für eine ökologische Politik zu gewinnen.[4] Statt Menschen für radikal sozial-ökologische politische Allianzen entlang von Umwelt-, Transformationseinstellungen und Alltagspraktiken zu *mobilisieren*, müssten diese für eine ökosozialistische Klassenpolitik *organisiert* werden.[5] Eine ökosozialistische Klassenperspektive würde vor allem vom Standpunkt

4 Zu Grundzügen einer ökosozialistischen Klassenpolitik siehe Rackwitz (2022a). Für ökosozialistische Interventionen in sozial-ökologischen Transformationskonflikten siehe Rackwitz (2022b).

5 Zu der hier bedienten Unterscheidung zwischen einem Mobilisierungs- und einem Organisierungsansatz siehe McAlevey (2019).

der Arbeit das *strukturelle* Potenzial für Machtressourcen betrachten, in den Stoffwechsel und dessen Regulation eingreifen zu können – und darin läge der *Ausgangspunkt* der politischen Organisierung und Strategie machen. Aus einer solchen Perspektive werden beispielsweise die Beschäftigten der Automobil- oder Energieindustrie von einem *Hemmnis* für eine ökologische Transformationspolitik und von *Schuldigen*, die umweltschädliche Güter produzieren und daher bislang wenig im Fokus von Klimaaktivist*innen stehen, zu potenziellen ökologischen Transformationsakteuren in ökologisch besonders wichtigen Sektoren. Bei den Beschäftigten dieser Branchen bestünde nicht nur das *Know-how*, sondern potenziell auch die strukturelle ökonomische Macht, einen sozial gerechten ökologischen gebrauchswertorientierten Wirtschaftsumbau und -rückbau auf der Ebene des konkreten Arbeitsprozesses gegen die Interessen des Kapitals durchsetzen zu können. Dafür braucht es nicht nur mehr Mitsprache in den Betrieben, sondern eine grundlegende Demokratisierung der Unternehmen, um die Zwecksetzung der Produktion demokratisch und ökologisch umgestalten zu können.

Interventionen in die Kämpfe um die Verteilung des ökonomischen Mehrproduktes können als Einstieg für eine Politisierung der (sozial-)ökologischen Bedingungen der Produktion dieses Mehrproduktes erschlossen werden. Die sozialen Verwerfungen, die mit den herrschenden ökomodernistischen Bearbeitungsversuchen der Klimakrise einhergehen, bieten Interventionspotenzial für eine solche ökosozialistische Klassenpolitik. Die partielle ökologische Modernisierung des Kapitalismus verstärkt vielerorts soziale Ungleichheiten und produziert Spannungen, Verteilungs- und Betriebskonflikte um die Kosten und Lasten dieser Politik. Kollektive Erfahrungen von der Verschlechterung der Lebensbedingungen *im Namen des Klimaschutzes* breiten sich aus und können für größere Teile der Lohnabhängigen reale wie antizipierte ökonomische und kulturelle Unsicherheits-, Abstiegs-, und Abwertungserfahrungen mit sich bringen.

Doch gerade in den sozialen und ökologischen Widersprüchen dieser Umbruchs- und Krisenprozesse liegen Chancen für ökosozialistische Interventionen und für Bündnisse zwischen Klimaaktivist*innen und Beschäftigten, die sich sowohl gegen die sozialen Verwerfungen als auch gegen die ökologische Beschränktheit ökomodernistischer Politik stemmen. Ziel eines solchen Ansatzes wäre damit nicht die soziale Abfederung ökologischer Modernisierungsmaßnahmen oder die blinde Verteidigung von Arbeitsplätzen in fossilen Branchen. Stattdessen gelte es in der Verteidigung unmittelbarer Klasseninteressen, das Konflikt- und Protestpotenzial transformativ auf eine Demokratisierung und Ökologisierung der Wirtschaft durch die Beschäftigten selbst zu richten. Dass solche Perspektiven grundsätzlich auch heute möglich sind, zeigen die Konversionsbündnisse von Klimaaktivist*innen und von der Entlassung bedrohten Beschäftigten der Automobilindustrie, die sich sowohl gegen Entlassungen als auch gegen die sozial ungerechte und ökologisch ebenfalls zerstörerische E-Mobilität positionierten (Kaiser 2023), oder auch die Entwicklung der französischen *Gilet Jaunes* (Gelbwesten) zu einer sozial-ökologischen Bewegung mit ökologisch klassenkämpferischen Profil (Rackwitz 2022: 112f.; Schaupp 2021).[6]

Diese Beispiele zeigen auch, dass bewusste politisch aktivistische Interventionen zur sozial-ökologischen Bündnissen *von unten* erfolgreich sein können, wenn sie an »emanzipativen Potenzialitäten« (Hürtgen 2020: 179) im Bewusstsein und in den Interessen der Lohnabhängigen anknüpfen und diese in Verbindung mit den ökologischen Fragen unserer Zeit und den Defiziten ökomodernistischer Politik setzen.[7] Solche Ansätze müssen ausgeweitet und zu einer ökosozialistischen Klassenpolitik entwickelt werden, die die Einheit der kapitalistischen Ausbeutung von Mensch *und* Natur politisiert und die betont, dass ein tatsächlich effektiver und sozial gerechter Kampf gegen die Klimakrise nur durch einen Umbau der sozialen Formen der Arbeit und Produktion zu erreichen ist. Damit könnte die ökosozialistische Klassenpolitik gegenüber dem ökomodernistisch-liberalen sowie fossil-rechtsautoritären Block eine eigenständige interventionsfähige ökosozialistische Transformationsperspektive als Antwort auf die Umweltkrise entwickeln.

Literatur

BMU (Bundesministerium für Umwelt, Naturschutz, nukleare Sicherheit und Verbraucherschutz) (2021): Umweltbewusstseinsstudie 2018. Abschlussbericht. Dessau-Roßlau: Umweltbundesamt. URL: https://www.umweltbundesamt.de/, Zugriff: 12.4.2023.

Bose, Sophie u.a. (2019): Braunkohleausstieg im Lausitzer Revier. Sichtweisen von Beschäftigten. In: Rosa-Luxemburg-Stiftung (Hg.): Nach der Kohle. Alternativen für

6 Solch Konstellationen gelten vielen zunächst als unwahrscheinlich, und weder den Autobeschäftigten noch den vorstädtischen Autopendler*innen Frankreichs wurden im Umweltdiskurs sonderlich viel sozial-ökologisches Subversions- und Transformationspotenzial nachgesagt. Die Bosch-Beschäftigten in München, die für eine ökologische Konversionsperspektive gewonnen werden konnten, hätten sich meiner Vermutung nach sehr wahrscheinlich überwiegend nicht im sozial-ökologischen, pro-transformativen Mentalitätslager Eversbergs wieder gefunden. Auch die Gelbwesten-Bewegung wurde von Vielen zunächst als anti-ökologisch regressive Revolte abgestempelt, da sie sich an einer ökologischen Benzinsteuer entzündete und ihre automobilabhängige soziale Reproduktion verteidigte, sich dabei jedoch nicht gegen ökologische Reformpolitik per se positionierte, sondern gegen die sozial ungerechte und ökologisch falsche Umweltpolitik der liberalen Eliten.

7 Statt tatsächlich existierende anti-ökologische Ressentiments und Beharrungskräfte einfach als falsches Bewusstsein der Arbeiter*innen abzutun, können – durch qualitative Forschung ergänzte – Klassenanalysen sozial-ökologischer Mentalitäten im sozialen Raum wertvolle Hinweise darüber geben, an welche (sozial-ökologischen) Bewusstseinsstände eine progressive politische Vermittlung anknüpfen könnte. Denn so wie eine Klassenanalyse, die die politische Ökonomie und die Klassenverhältnisse der Produktion missachtet, politisch für das Ziel einer grundlegende Transformation von Produktions- und Lebensweise strategisch unterbestimmt bleiben muss, so bleibt spiegelbildlich eine rein strukturalistische Klassenanalyse, die die kulturellen Deutungen der gesellschaftlichen sozial-ökologischen Widersprüche und die realen sozio-ökonomischen und kulturellen Konfliktlinien innerhalb der Lohnabhängigen missachtet, politisch interventionsunfähig.

einen Strukturwandel in der Lausitz. Berlin: 89-112.

Candeias, Mario / Krull, Stephan (Hg.) (2021): Spurwechsel. Studien zu Mobilitätsindustrien, Beschäftigungspotenzialen und alternativer Produktion. Hamburg.

Eversberg, Dennis (2023): Anpassung, Verteilung, Externalisierung. Drei Dimensionen des sozial-ökologischen Transformationskonflikts. In: PROKLA 210 53(1): 137-159. DOI: https://doi.org/10.32387/prokla.v53i210.2038.

– (2020): Bioökonomie als Einsatz polarisierter sozialer Konflikte? Zur Verteilung sozial-ökologischer Mentalitäten in der deutschen Bevölkerung 2018 und ihren Unterstützungs- und Widerstandspotentialen gegenüber Bioökonomie als gesellschaftlichem Wandel. Working Paper Nr. 1 der BMBF-Nachwuchsgruppe »flumen«. Jena.

Hürtgen, Stefanie (2020): Arbeit, Klasse und eigensinniges Alltagshandeln. Kritisches zur imperialen Lebensweise – Teil 1. In: PROKLA 198 50(1):171-188. https://doi.org/10.32387/prokla.v50i198.1832.

Kaiser, Julia (2023): Rückkehr der Konversionsbewegung? Potenziale und Grenzen der Konversionsbestrebungen sozial-ökologischer Bündnisse rund um Autozuliefererwerke- In: PROKLA 210 53(1): 35-53. DOI: https://doi.org/10.32387/prokla.v53i210.2031.

McAlevey, Jane (2019): Keine halben Sachen. Machtaufbau durch Organizing. Hamburg.

Rackwitz, Hans (2022a): Der ökologische Gesellschaftskonflikt als Klassenfrage: Konvergenzen, Divergenzen und Wechselwirkungen von Klassen- und Naturverhältnissen. In: Graf u.a. (Hg.) (2022): Die Wiederkehr der Klassen. Theorien, Analysen, Kontroversen. Projekt Klassenanalyse Jena, Bd. 2. Frankfurt/M.: 91-122.

– (2022b): Die Zeichen stehen auf Sturm. In: Zeitschrift LuXemburg 3/2022: 54-61.

Schaupp, Simon (2021): Ende des fossilen Klassenkompromisses. In: PROKLA 204 (51): 435–453. DOI: https://doi.org/10.32387/prokla.v51i204.1954.

Stache, Christian (2018): Naturausbeutung als Klassenfrage. In: Z. 116: 96-105.

PROKLA 211 | 53. Jahrgang | Nr. 2 | Juni 2023 | S. 343-360
https://doi.org/10.32387/prokla.v53i211.2058

Stefan Schoppengerd*

Arbeit und sozial-ökologische Transformation

Eine kritische Rekonstruktion der Environmental Labour Studies

Zusammenfassung: Der Beitrag rekonstruiert die Perspektive der Environmental Labour Studies als dreifache Erweiterung des Arbeitsbegriffs: Subsistenzarbeit, Reproduktionsarbeit, Subjektverständnis. Beim Rückbezug auf Transformationskonflikte in der Industrie legt jede dieser drei Dimensionen bestimmte praktische Ansatzpunkte nahe (Externalisierungskritik, Arbeitszeitverkürzung, Gebrauchswertorientierung), die auf praktische Herausforderungen linker Transformationsstrategien verweisen. Zur Schärfung des analytischen Potenzials plädiert der Beitrag für eine Verknüpfung von Environmental Labour Studies mit der subjektorientierten Arbeits- und Industriesoziologie.

Schlagwörter: Lohnarbeit, Arbeitsbegriff, sozial-ökologische Transformation, Environmental Labour Studies

Labour and Socio-Ecological Transformation

A Critical Reconstruction of the Environmental Labour Studies

Abstract: The article reconstructs the perspective of Environmental Labour Studies as a threefold extension of the concept of labor: subsistence labor, reproduction labor, subjectivity. When referring back to conflicts over transformation pathways in manufacturing industries, each of these three dimensions suggests certain practical starting points (critique of externalization, reduction of working hours, use-value-orientation), which point to practical challenges of left transformation strategies. To sharpen the analytical potential, the article argues for a linkage of environmental labor studies with subject-oriented sociology of labor and industry.

Keywords: Wage Labour, Concept of Labour, Socio-Ecological Transformation, Environmental Labour Studies

* **Stefan Schoppengerd** ist wissenschaftlicher Mitarbeiter an der Hochschule für Wirtschaft und Recht Berlin (HWR) und Koordinator des Graduiertenkollegs »Krise und sozial-ökologische Transformation« (HWR Berlin/Rosa-Luxemburg-Stiftung).

Der folgende Beitrag schließt an Diskussionen über mögliche Verschränkungen umwelt- und klassenpolitischer Anliegen an (z.B. Lucht/Liebig 2023; Kaiser 2023). Er thematisiert entsprechende Möglichkeiten und Hindernisse nicht vorrangig auf der Ebene der politischen Bündnisbildung von Umwelt- und Klimabewegung, sondern nimmt konzeptionelle Überlegungen zum Verhältnis von Arbeit und Ökologie aus Diskussionen der Environmental Labour Studies auf und bezieht sie auf industrielle Transformationskonflikte.

Für den industriellen Bereich in Deutschland besteht ein Konsens über die Notwendigkeit von Transformation: Unternehmensverbände wie Industriegewerkschaften haben davon Abstand genommen, den Umbau zu blockieren, und vertreten in vielen Punkten deckungsgleiche Forderungen gegenüber dem Staat, um betriebliche Veränderungsprozesse zu flankieren und abzusichern (Lehndorff 2022: 28). Im Kern setzt diese Transformationsagenda auf technologische Modernisierung nach ökologischen Maßgaben, um Profitabilität und Wettbewerbsfähigkeit zu erhalten und, davon abhängig, auch Industriearbeitsplätze zu sichern. Die Art und Weise, wie die Industrieakteure den Transformationsbegriff verwenden, unterscheidet sich deutlich von Begriffsverwendungen, die nicht auf Stabilisierung durch Modernisierung, sondern auf die Veränderung sozialer Verhältnisse zielen (vgl. Graf u.a. 2023: 8f.).

Welchen Aufschluss über emanzipatorische Handlungsansätze in dieser Gemengelage geben nun die *Environmental Labour Studies* (im Folgenden: ELS)? Räthzel, Stevis und Uzzell (2021) bündeln in ihrem *Handbook of Environmental Labour Studies* verschiedene Ansätze der Theoretisierung von Naturverhältnissen, der Industriesoziologie, der Forschung zu sozialen Bewegungen und zu Gewerkschaften zu einem Forschungsfeld, dessen Aufgabe darin bestehe, »kritische Analysen davon zu leisten, wie Produktion im weitesten Sinne Umwelten herstellt und zerstört, und wie sich arbeitende Menschen zu diesen Prozessen verhalten können, um Lösungen für einige der drängendsten Krisen zu finden und zur Durchsetzung zu verhelfen, denen der Planet gegenübersteht.« (Ebd.: 18, Übers. St.S.) Dass hier von »Produktion im weitesten Sinne« die Rede ist, verweist bereits darauf, den Begriff von produktiver Arbeit nicht auf die industrielle Güterherstellung zu beschränken; auch die Wendung »arbeitende Menschen« ist in diesem Sinne programmatisch und soll neben Lohnabhängigen im kapitalistischen Betrieb jene Personen umfassen, die in informeller Arbeit, Subsistenzwirtschaft und unbezahlter Hausarbeit an der arbeitsteiligen Reproduktion der Gesellschaft beteiligt sind. Dass derart weit gefasste »Produktion [...] Umwelten herstellt und zerstört«, ruft eine Tradition der Theoretisierung gesellschaftlicher Naturverhältnisse auf, in der die Beziehung des Sozialen und des Natürlichen nicht als Gegensatz, sondern als dialektisch vermitteltes Verhältnis betrachtet wird.

Ist eine derart weit gefasste Perspektive hilfreich, wenn das forschende und politische Interesse den laufenden Transformationskonflikten in industriellen Kontexten gilt? Der Beitrag argumentiert, dass das weite Verständnis von arbeitsvermittelten Naturverhältnissen nicht bloß verlangt, die kritische Analyse der Modernisierung industrieller Herrschaftsbeziehungen um die Analyse weiterer Bereiche und Formen von Arbeit zu ergänzen, es wirkt auch auf die Art und Weise zurück, wie Transformationsprozesse innerhalb der industriekapitalistischen Akkumulationsprozesse betrachtet und politische Interventionsmöglichkeiten bestimmt werden. Um das zu verdeutlichen, rekonstruiere ich die Perspektive der ELS im Folgenden als eine konzeptionelle Erweiterung des Arbeitsbegriffs (1), und zwar in drei Dimensionen: Subsistenzwirtschaft (2), Reproduktionsarbeit (3) und Subjektverständnis (4). Jede dieser drei Dimensionen hat wiederum bestimmte Implikationen für analytische Perspektiven und politische Strategien in industriellen Transformationskonflikten, die sich unter den Schlagworten fassen lassen: Externalisierungskritik, Arbeitszeit und arbeitsinhaltliche Ansprüche. Da die dritte Dimension der subjektiven arbeitsinhaltlichen Ansprüche in den untersuchten Texten zwar angelegt, aber nicht zufriedenstellend ausgearbeitet ist, liegt das Augenmerk am Ende dieses Beitrags darauf, das Potenzial einer Verknüpfung der ELS mit Befunden der subjektorientierten Arbeits- und Industriesoziologie zu verdeutlichen und auf dieser Grundlage empirisch wie politisch offene Fragen herauszuarbeiten (5).

1. Arbeit und Ökologie: Der Arbeitsbegriff der Environmental Labour Studies

Das Ansinnen der ELS, die ökologische Krise und mögliche Auswege daraus über die Bedeutung und die sozialen Organisationsformen von Arbeit zu erschließen, birgt bereits eine zentrale politische Pointe dieser Herangehensweise. Das Ringen um eine nachhaltige Produktionsweise wird systematisch verbunden mit dem Protest- und Verweigerungsrepertoire der Arbeiter*innenbewegung, das in der kapitalistischen Herrschaft über Arbeit angelegt ist. Während es in der kritischen Diskussion als Common Sense gelten kann, dass die Ausbeutung von Menschen und Natur gleichermaßen im prinzipiell unersättlichen kapitalistischen Verwertungsstreben wurzelt, wird hier unterstrichen, dass auch Zweiteres, der Zugriff auf natürliche Ressourcen, stets über Arbeit vermittelt ist. Mit Blick auf emanzipatorische Handlungsmöglichkeiten treten die gesellschaftlichen Individuen damit nicht bloß als kritische Öffentlichkeit oder als aufgeklärte Konsument*innen ins Blickfeld, sondern als Subjekte arbeitsteiliger gesellschaftlicher Reproduktion (vgl. Hürtgen 2020). Der alltagspraktische Vollzug einer imperialen Produktions- und Lebensweise wird so maßgeblich in der sozialen Organisation von Arbeit verortet (vgl. Brand/Wissen 2021).

In ihrer Diskussion verschiedener Konzepte von Mensch-Umwelt-Beziehungen hebt Nora Räthzel (2021: 803ff.) das marxsche Verständnis von Arbeit als »Stoffwechsel mit der Natur« hervor, das er als unabänderliches Erfordernis für das menschliche Überleben betrachte: »Unabhängig von den gesellschaftlichen Produktionsverhältnissen, in denen Arbeit zu verschiedenen Zeiten, an verschiedenen Orten und innerhalb verschiedener Macht- und Herrschaftsbeziehungen stattfindet, wird Arbeit immer ein Prozess sein, in dem Menschen Natur transformieren, um ihre Überlebensbedürfnisse zu sichern.« (Ebd., Übers. St.S.) Derart allgemein gefasst beinhaltet der Begriff des arbeitsvermittelten gesellschaftlichen Stoffwechsels zum Beispiel den einfachen Griff nach reifen Früchten ebenso wie etwa die Errichtung und den Betrieb einer Müllverbrennungsanlage.

Für das Verständnis von Arbeit im kapitalistischen Industriebetrieb müssen die gesellschaftlichen Produktionsverhältnisse in Rechnung gestellt werden, die dieser Variante des gesellschaftlichen Stoffwechsels ihre Form und Dynamik verleihen: In kapitalistischen Verhältnissen hat Arbeit den doppelten Zweck, gleichzeitig konkreten Gebrauchswert und abstrakten Tauschwert produzieren zu müssen. Der Arbeitsprozess im kapitalistischen Unternehmen stellt sich so dar als arbeitsteilig organisierte Aneignung, Bearbeitung und Umgestaltung von Natur und von natürlichen Ressourcen zur Herstellung nützlicher Dinge und Dienstleistungen, deren übergeordneter Zweck aber die Realisierung ihres Tauschwertes zur Mehrung des eingesetzten Kapitals ist. Die Nützlichkeit der Arbeitsprodukte ist bloßes Vehikel des Tauschwerts. »Die Klassendimension der kapitalistischen Produktionsweise besteht in anderen Worten darin, dass Arbeits- und Produktionsprozesse inhaltlich und sozial der rein quantitativen, abstrakten Ausrichtung auf Wert- beziehungsweise Profitsteigerung folgen müssen, also einem Parameter, der in Form von Geld strukturell gleichgültig ist gegenüber seinen eigenen stofflich-natürlichen und sozialen Grundlagen und Voraussetzungen.« (Hürtgen 2020: 175)

Bevor ich unter 4. das emanzipatorische Potenzial betrachte, das in diesem Spannungsverhältnis zwischen gebrauchs- und tauschwertproduzierender Arbeit angelegt ist, folge ich zunächst der Erweiterung des Arbeitsbegriffs über diesen Rahmen industrieller Mehrwertproduktion hinaus. Das betrifft erstens die Einbeziehung subsistenzorientierter Produktionsweisen, die in der globalen Perspektive der ELS der Tatsache Rechnung trägt, dass die Produktion lebensnotwendiger Güter im Stoffwechsel mit der Natur für einen großen Teil der Weltbevölkerung nicht (primär) in Form von Lohnarbeit stattfindet. Zweitens, und eng damit verwandt, betrifft es die Verschränkung von Lohnarbeit mit nicht entlohnten Sorgetätigkeiten. Beides führt zwar gedanklich wieder aus den kapitalistischen Betrieben im frühindustrialisierten Teil der Welt hinaus; sowohl die Subsistenz- als auch die Sorgeperspektive bergen aber Herausforderungen für linke Transformationsstrategien, die ich am Ende jedes Abschnitts diskutiere. Beides zusammen führt zu einer dritten Weitung des Arbeitsbegriffs auf die Subjektivität der Arbeitenden.

2. Über den Tellerrand: Subsistenzarbeit

Die ELS nehmen für sich in Anspruch, gesellschaftliche Naturverhältnisse und ökologische Krise als *globale* Probleme in arbeitszentrierter Perspektive zu untersuchen. Schon aus quantitativen Gründen verbietet es sich dabei, die Arbeit der Gegenwart nur in ihrer Form als Lohnarbeit zu betrachten. Die alltägliche Reproduktion eines großen Teils der Weltbevölkerung vollzieht sich über Subsistenzpraktiken zum Beispiel in Landwirtschaft und Fischfang oder über Arbeit in informellen Sektoren (oder über Mischformen). Zu den Arbeiter*innen, deren Praxis den globalen gesellschaftlichen Stoffwechsel in Gang hält, zählen also neben jenen, die ihre Arbeitskraft im Rahmen eines Arbeitsvertrags verkaufen, etwa auch Tagelöhner*innen, prekäre selbstständige Gewerbetreibende und Kleinbäuer*innen beziehungsweise Fischer*innen (vgl. Graf 2022: 258). Räthzel zufolge könnte die allgemeine Feststellung, dass beispielsweise Metallarbeiter*innen und Kleinbäuer*innen im Arbeitsvollzug Natur aneignen und gestalten, über große Distanzen und differierende Lebensrealitäten hinweg auch einen hilfreichen Dialog zwischen Forschungen zu Fragen der Umweltgerechtigkeit im globalen Süden und zu gewerkschaftlichen Umweltpolitiken im globalen Norden begründen (Räthzel 2021: 804). Der utopische Horizont dieses Unterfangens ist die Aufhebung der Trennung zwischen verarbeitenden und extraktiven Industrien (Graf 2022: 260), eine politische Zusammenführung unterschiedlicher Lebens- und Konflikterfahrungen, also die praktische Beantwortung der Frage: »Welche neuen Formen des Widerstands wären möglich, wenn Arbeiter*innen aus allen Weltregionen und allen Produktionsbereichen sich als Verbündete betrachten könnten – verbündet untereinander und mit der Natur?« (Räthzel 2021: 812, Übers. St.S.)

Die Hindernisse auf diesem Weg sind groß. Die allgemein bestimmte Gemeinsamkeit, arbeitend an der Gestaltung und Aneignung von Natur beteiligt zu sein, ergibt nicht unmittelbar tragfähige politische Allianzen oder konvergierende soziale und politische Interessen. Auch wenn unterschiedliche Gruppen für sich beanspruchen, im Namen von Arbeiter*innen zu sprechen, können ihre Anliegen zunächst unvereinbar sein (Satheesh 2021). Es gibt zahlreiche Beispiele dafür, wie etwa die Expansion bestimmter Industriezweige oder der extraktivistischen Rohstoffgewinnung den Interessen von bäuerlichen und/oder indigenen Gemeinschaften zuwiderläuft. Häufige Konfliktthemen sind dabei Fragen von Landnutzung oder von Schadstoffemissionen. Das Interesse an der Bewahrung oder an der Neuschaffung von Arbeitsplätzen steht in diesen Fällen einem »environmentalism of the poor« (Martinez-Alier 2014) entgegen, für den der Schutz der natürlichen Umwelt unmittelbar zusammenfällt mit der Verteidigung der eigenen Reproduktionsbedingungen.

Gruppenübergreifende Bündnisse für Umweltschutz sind dann naheliegender, wenn die fraglichen ökologischen Probleme mit Gesundheitsgefährdungen einhergehen, die nicht nur die lokale Bevölkerung im Allgemeinen, sondern auch die (Familien der) Arbeiter*innen in der verursachenden Industrie selbst betreffen (z.B. Kojola 2021: 371; Barca/Leonardi 2018). Das setzt aber räumliche Nähe voraus, die im Fall von industrieller Produktion im globalen Norden, die Rohstoffe und Vorprodukte über den Weltmarkt bezieht und verarbeitet, gerade nicht besteht (Wissen 2020: 448). So ist die deutsche Industrie einschließlich der hegemonialen Transformationsstrategien über internationale Lieferketten mit den angesprochenen Konflikten in peripheren Regionen verbunden; die Strategien der Dekarbonisierung im Namen des Klimaschutzes führen trotz partieller Abkehr von fossilen Energieträgern und Rohstoffen aber nicht automatisch zu einer Entschärfung von Konflikten, die sich aus diesen extraktivistischen Beziehungen ergeben. Im Gegenteil geht zum Beispiel die Antriebswende in der Automobilindustrie mit einem wachsenden Bedarf an bestimmten Metallen einher; und die Umrüstung von Produktionsverfahren in der Stahl- oder der Chemieindustrie unter Verwendung von »grün« produziertem Wasserstoff oder Ammoniak verlangt große Flächen für die Gewinnung von Strom aus erneuerbaren Energiequellen zur CO_2-neutralen Herstellung dieser Grundstoffe. Kurz: Die Dekarbonisierungsstrategien in zentralen Industriezweigen führen eher zu einer Vervielfältigung solcher Konflikte um den Zugriff auf Land und Rohstoffe (Tittor 2023).

Die Verbindungslinien zwischen jenen, die als Arbeitende in die Transformationskonflikte hier und dort involviert sind, bleiben vergleichsweise abstrakt. So macht es für den konkreten Arbeitsprozess in einem deutschen Industriebetrieb keinen praktischen Unterschied, wo Energie, Roh- und Grundstoffe herkommen und unter welchen Bedingungen, zu wessen Lasten sie gefördert oder produziert worden sind. Weder hat Strom aus einer Solarzelle andere Eigenschaften als der aus einem Kohlekraftwerk, noch hat Wasserstoff aus windenergiebetriebener Elektrolyse andere Merkmale als der, der mittels Dampfreformierung gewonnen wurde. Seitens deutscher Gewerkschaften wird diese Dimension politisch aufgegriffen von Initiativen für die

Regulierung von Konzernverantwortung in internationalen Lieferketten. So unterstützen der Deutsche Gewerkschaftsbund (DGB), die IG Metall und ver.di die Initiative Lieferkettengesetz, die sich aktuell auf die Implementierung entsprechender Vorschriften auf europäischer Ebene einsetzt.[1] In industriepolitischen Forderungskatalogen zur Dekarbonisierung hat diese internationale Dimension allerdings marginalen Charakter.

Für die Entwicklung direkterer Formen internationaler Solidarität gibt es Anregungen in basisgewerkschaftlichen Initiativen, die sich der Initiierung grenzüberschreitender, weltumspannender (Kennen-)Lernprozesse verschrieben haben. So gelingt es zum Beispiel dem *exchains*-Netzwerk von *tie Deutschland* (*transnationals information exchange*), Arbeiter*innen in der südostasiatischen Textilindustrie mit Verkäufer*innen im deutschen Einzelhandel zu verbinden und über Themen wie Gesundheitsbelastungen bei der Arbeit Gemeinsamkeiten und Widerstandspotenziale herauszuarbeiten – eine Vorgehensweise, die in zahlreichen Branchen Anwendung finden kann (express 2021). Es wäre allerdings eine besondere Herausforderung, solche Vorgehensweisen dahingehend weiterzuentwickeln, dass sie nicht nur diejenigen einschließen, die an verschiedenen Positionen innerhalb einer spezifischen Liefer- oder Wertschöpfungskette arbeiten, sondern auch diejenigen, die als Außenstehende von den Extraktions- und Fertigungsprozessen negativ betroffen sind.

3. Zuhause: Mehr Zeit für Sorgearbeit?

Eine zweite Dimension der Erweiterung des Arbeitsbegriffes in den ELS betrifft die Familien- beziehungsweise Reproduktionsarbeit. Wie die Subsistenzarbeiten ist sie nicht in industriellen Lohnarbeitsverhältnissen verortet. Ihre Verbindung zu Letzteren tritt aber im Alltag sehr viel deutlicher zutage. Theoretisch formuliert hat der industrielle Arbeitsprozess einen anderen, ebenfalls arbeitsvermittelten Aspekt des gesellschaftlichen Stoffwechsels mit der Natur zur Voraussetzung: die »Produktion des Lebens« selbst. Damit ist die Verschränkung von Natur- und Geschlechterverhältnissen angesprochen: die Konstruktion von Sorgearbeit als Frauenarbeit und von Frauenarbeit als natürlich. Materialistisch-feministische Beiträge zu den ELS plädieren in diesem Zusammenhang für die Wiederaneignung ökofeministischer Positionen in nicht-essentialistischer Lesart. Die Verknüpfung von Frau und Natur, von Weiblichkeit und Natürlichkeit wird darin nicht affirmativ aufgenommen, sondern als eine soziale Konstruktionsleistung zur Rechtfertigung der unbe-

1 Vgl. https://lieferkettengesetz.de/.

zahlten Aneignung von Frauenarbeit wie von natürlichen Ressourcen kritisiert – »Natur« verlangt keine Bezahlung. Beides ist für den Erhalt kapitalistischer Akkumulation ebenso notwendig wie die Ausbeutung der Lohnarbeit (Saave/Muraca 2021: 756ff.; vgl. Barca 2020: 27ff.).

Das Abhängigkeitsverhältnis zwischen der sorgenden »Produktion des Lebens« und der herstellenden »Produktion der Lebensmittel« ist, so argumentiert Räthzel unter Bezugnahme auf Frigga Haugs Begriff von »Geschlechterverhältnissen als Produktionsverhältnissen«, ein wechselseitiges. Die eine Seite schafft die Voraussetzungen der jeweils anderen, auf die sie ihrerseits angewiesen ist. Unter dem Gesichtspunkt der Kapitalverwertung betrachtet, heißt das: Insofern mehrwertproduzierende industrielle Lohnarbeit nicht ohne Sorgetätigkeiten zur Reproduktion von Arbeitskraft denkbar ist, sind auch beide Formen von Arbeit in die Verwertungslogik eingebunden (Räthzel 2021: 809). Das nun ist nicht als ein Verhältnis der harmonischen Ergänzung misszuverstehen: Bekanntlich sind beide Formen von Arbeit entlang geschlechtlicher Zuweisungen hierarchisiert. Große Teile notwendiger Sorgearbeit werden unentgeltlich und in überproportionalem Umfang von Frauen geleistet. Wird sie als Erwerbsarbeit erbracht, dann auf einem Lohnniveau, das im Schnitt deutlich hinter dem beispielsweise von Facharbeit in der Industrie zurückbleibt.

Das Scharnier, über das die widersprüchliche Verschränkung von Sorgearbeit und herstellender Arbeit für betriebliche und gewerkschaftliche Transformationspolitik relevant wird, ist die Gestaltung der Arbeitszeit. Feministinnen vertreten schon seit Längerem, dass eine Verkürzung von Erwerbsarbeitszeiten zwar keine Garantie, aber zumindest gute Voraussetzungen für eine gerechte Verteilung und sachgerechte Organisation von Sorgetätigkeiten schaffen würde (z.B. Biesecker 2000: 11). Jüngere Beiträge bringen Arbeitszeitverkürzung häufiger auch mit ökologischen Verbesserungen in Verbindung. Wenn ein weiteres Wachstum industrieller Produktion sich aus ökologischen Gründen verbiete und die Arbeitenden zugleich mit dem Ausgleich zwischen den Anforderungen fremdbestimmter Erwerbsarbeit und ihren Sorge- und Betreuungsverpflichtungen überfordert seien, biete sich eine Reduktion von Erwerbsarbeitszeiten an, um ein sinkendes Erwerbsarbeitsvolumen gerecht zu verteilen und gleichzeitig Sorgetätigkeiten aufzuwerten. Sie wäre zentraler Bestandteil einer »revolutionären Realpolitik für Care und Klima« (Winker 2021). Andere Plädoyers für Arbeitszeitverkürzung betonen, dass diese einen anderen Blick auf das Ende wirtschaftlicher Wachstumsorientierung eröffne: Eine Reduktion von Produktion und Konsum materieller Güter stelle sich nicht als Verzichtsleistung, sondern als die Erlangung »wahren Wohlstands« (Schor 2016), als Zeitwohlstand dar. Bei näherem Hinsehen zeigt sich allerdings, dass der Zusammenhang zwischen kürzeren Erwerbsarbeitszeiten und ökologischen Effekten, zwischen Arbeits- und Produktionsvolumen, zwischen Arbeitszeit und Ressourcenverbrauch keineswegs so eindeutig ist wie mitunter angenommen wird, entsprechende Hoffnungen also erheblich relativiert werden müssen (Liebig 2019: 217).[2]

Gerade in besonders weitreichenden Modellannahmen einer *Degrowth*-Perspektive wiegt noch schwerer, dass sie oft gänzlich von der Konflikthaftigkeit der Arbeitszeitgestaltung absehen und »Arbeitszeit [...] eher als beliebig anpassbare Rechengröße [erscheint] denn als konfliktbehafteter Gegenstand, über deren Länge nicht zuletzt soziale und tarifpolitische Auseinandersetzungen entscheiden« (ebd.). Vor diesem Hintergrund ist es ein höchst bemerkenswerter Schritt, wenn die IG Metall ankündigt, die Ende 2023 beginnende Tarifrunde in der Stahlindustrie mit der Forderung nach flächendeckender Arbeitszeitverkürzung von 35 auf 32 Stunden pro Woche bei vollem Lohnausgleich (auch als 4-Tage-Woche bezeichnet) bestreiten zu wollen. Die Stahlindustrie mit ihren 89.000 Beschäftigten (Stand 2021) zeichnet sich durch einen hohen gewerkschaftlichen Organisationsgrad und eine hohe Tarifbindung aus. Der Gewerkschaftsvorsitzende machte bei Bekanntgabe der Forderung aber deutlich, dass sie eine Vorreiterfunktion auch für spätere Tarifrunden in anderen Branchen einnehmen könnte.[3]

Nicht zuletzt in der ungleich größeren Metall- und Elektroindustrie (M+E) wirkte in der Arbeitszeitdebatte der letzten Jahre eine Hypothek aus der Umsetzung der 1984 erkämpften 35-Stunden-Woche als Hemmnis für weitere Arbeitszeitverkürzung. Ihr Preis war eine Flexibilisierung und weitere Verdichtung der Arbeit. Kürzere Arbeitszeiten gingen mit gesteigerter Arbeitsbelastung einher. Wenn die Forderung nach Arbeitszeitverkürzung dadurch überzeugen soll, dass sie das Versprechen gesteigerter Lebensqualität im Sinne des oben zitierten »Zeitwohlstandes« einlöst, stehen Gewerkschaften vor der Herausforderung, sie mit dem Schutz vor intensivierter Bean-

2 »Der von der Ökologischen Ökonomik modellierte Mechanismus – mittels Verringerung des Arbeitsvolumens auf das Produktionsvolumen steuernd Einfluss zu nehmen und somit die Umweltbelastung zu reduzieren – stellt [...] nicht nur kein Ziel gewerkschaftlicher Arbeitszeitpolitik dar, seine Umsetzung ist im Rahmen praktischer Gewerkschaftspolitik auch gar nicht in dem modellierten Ausmaß möglich (abgesehen von einer Reaktion auf schwere Rezessionen; hier geht der Rückgang des Produktionsvolumens aber der Arbeitszeitverkürzung voraus und nicht etwa umgekehrt).« (Liebig 2019: 222)

3 Jörg Hofmann, Vorsitzender der IG Metall: »Die Stahlindustrie war schon oft Vorreiter für fortschrittliche tarifliche Regelungen – auch bei der Arbeitszeit. So streikten die Kolleginnen und Kollegen dort bereits 1978 für eine 35-Stunden-Woche. Insofern hat auch diese Forderung grundsätzlich Ausstrahlung über die Stahlbranche hinaus.« (Pressemitteilung der IG Metall, 5.4.2023)

spruchung der Arbeitskraft zu verbinden. Dazu wären neue tarifliche Regeln und/oder erweiterte betriebliche Mitbestimmungsmöglichkeiten nötig. Einen wichtigen Impuls dazu haben die Arbeitskämpfe für »Entlastungstarifverträge« gegeben, die die Gewerkschaft ver.di in mehreren Universitätskrankenhäusern geführt hat und führt. Gegenstand dieser Tarifverträge ist die Festschreibung verbindlicher Personalschlüssel, detailliert konkretisiert für verschiedene Abteilungen und Arbeitsbereiche einer Klinik. Damit wird gewerkschaftliche Mitsprache in einem Teil der Betriebsführung durchgesetzt, die zuvor alleiniges Hoheitsgebiet der Arbeitgeberseite waren. Diese Herangehensweise findet konzeptionell durchaus Widerhall auch in Diskussionen in der IG Metall. So schlagen Meine u.a. in ihrem Standardwerk *Handbuch Arbeit – Entgelt – Leistung* vor, die in der Metallindustrie vergleichsweise ausgereiften Mitbestimmungsmöglichkeiten bei Leistungszulagen mit tariflichen Regeln zum Personaleinsatz zu verbinden, und zwar dergestalt, »dass ein festes monatliches Grundentgelt mit einer Leistungszulage gezahlt wird und, unabhängig vom Entgelt, im Tarifvertrag Regelungen zur Mitbestimmung über die Personalbemessung durchgesetzt werden.«[4] Nicht, ohne anzufügen: »Dieser Ansatz ist konfliktgeladen, denn er wird auf den massiven Widerstand der Arbeitgeber treffen.« (Meine u.a. 2018: 324)

Dass eine progressive Arbeitszeitpolitik dennoch Rückhalt in den Belegschaften hat, wurde mit der Tarifierung des Optionsmodells in der M+E-Tarifrunde 2018 deutlich. Nicht zu Unrecht hat Klaus Dörre der IG Metall attestiert, sie habe damit einen weiten Arbeitsbegriff politisiert (Liebig 2019: 223). Das Optionsmodell ermöglicht unter bestimmten Voraussetzungen, sich gegen zusätzliche Lohnerhöhungen und für Arbeitszeitreduzierung zu entscheiden: Schichtarbeitende sowie Beschäftigte mit Kindern unter acht Jahren oder pflegebedürftigen Angehörigen können auf diesem Weg acht zusätzliche freie Tage in Anspruch nehmen – eine Möglichkeit, die großen Zuspruch fand. Inwiefern dieses Modell Auswirkung auf die Schonung ökologischer Ressourcen und auf eine gleichberechtigte Verteilung unbezahlter

4 Etwas detaillierter: »Umzusetzen wäre das über Tarifverträge, die die Festlegung eines zumutbaren Arbeitspensums und einer entsprechenden Brutto-Personalbemessung in Betriebsvereinbarungen regeln. Ersteres wäre ›das quantitative Arbeitspensum, das von den Beschäftigten für die Dauer eines Arbeitslebens und bei Einhaltung der vereinbarten Arbeitszeit ohne Gesundheitsbeeinträchtigung erbracht werden kann‹ (Meine u.a. 2018: 327). Brutto-Personalbesetzung wäre die Zahl der dafür vorzusehenden Leute unter Berücksichtigung von Urlaub, Krankenstand und ggf. zusätzlicher freier Tage. Beides wäre mit Reklamationsrechten von Betriebsrat und Beschäftigten zu gestalten, soll heißen: Wenn das definierte und dokumentierte Arbeitspensum nicht mit dem eingesetzten Personal und innerhalb der tariflichen Arbeitszeit zu schaffen ist, können Beschäftigte eine Änderung von Pensum und/oder Personalbemessung verlangen.« (Schoppengerd 2021: 9)

Reproduktionsarbeit hat, ist allerdings schwer zu ermessen, weil es weitgehend von privaten Entscheidungen abhängt (ebd.).

Gleichwohl kann damit aber unterstrichen werden: Arbeitszeitkonflikte im industriellen Bereich haben in den letzten Jahren wieder an Dynamik gewonnen und stellen für Gewerkschaften trotz aller Tücken im Detail eine interessante Option dar, notwendige Transformationsprozesse progressiv zu wenden. Inwiefern die in den ELS betonte widersprüchliche Verbindung von Erwerbs- und Reproduktionsarbeit und ökologische Akzente in den entsprechenden Kampagnen Niederschlag finden, wird nicht zuletzt von den bündnispolitischen Konstellationen abhängen, die sich entlang der Arbeitszeitfrage bilden.

4. Zurück in die Fabrik: Subjektive arbeitsinhaltliche Ansprüche

Mehrere Beiträge zum *Handbook of Environmental Labour Studies* nehmen die Forderung nach Arbeitszeitverkürzung in ihre programmatischen Entwürfe auf und begründen sie damit, dass so Räume geöffnet werden für allseitiges Tätigsein der Arbeiter*innen – für die Beteiligung an nicht entlohnten Sorgetätigkeiten, für ressourcenschonende Eigenarbeit, für politische Betätigung oder die Verfolgung kultureller Interessen beziehungsweise die persönliche Entwicklung (z.B. Brand/Wissen 2021: 714). Dies impliziert ein bestimmtes Verständnis der arbeitenden Subjekte und verweist auf eine Vorstellung von lohnarbeitenden Menschen, die eben nicht auf ihre Rolle als Lohnarbeiter*innen zu reduzieren sind, sondern deren Interessen, Wertvorstellungen und Bedürfnisse vielseitiger und komplexer sind. Ein solches Verständnis der arbeitenden Subjekte verlangt aber nicht nur eine Erweiterung der Perspektive auf andere Arbeits- und Tätigkeitsbereiche und auf die Frage, in welchem Verhältnis diese zur Arbeit im kapitalistischen Unternehmen stehen – es hat auch Konsequenzen für das Verständnis, wie die Einzelnen sich auf ihre Arbeit innerhalb des kapitalistischen Verwertungsprozesses beziehen. Das schließt potenziell auch den subjektiven Stellenwert der ökologischen Qualität von Arbeit ein. Dieser Aspekt des Arbeitsbegriffs der ELS sollte, so die These dieses Abschnitts, unter Rückgriff auf Konzepte und Befunde subjektorientierter Arbeits- und Industriesoziologie weiter geschärft werden – auch wenn diese ursprünglich nicht direkt dem Diskurs um Arbeit und Ökologie entstammen. Auf dieser Grundlage lassen sich wichtige Ansatzpunkte für die empirische und politische Weiterarbeit entwickeln.

Was ist mit subjektorientierter Arbeitssoziologie gemeint? Eckpunkte lassen sich anhand eines Textes von Ursula Knapp verdeutlichen. In *Industriearbeit und Instrumentalismus. Zur Geschichte eines Vor-Urteils* plädierte sie 1981 dafür, das arbeitende Subjekt im Spannungsfeld von Einpassung und Eigensinn in den Mittelpunkt des Forschungsinteresses zu rücken. Diese Position grenzt sich ab vom »Instrumentalismustheorem«, demzufolge Arbeiter*innen einen rein instrumentellen Bezug auf ihre Lohnarbeit pflegten – sie diene dem notwendigen Gelderwerb; das Arbeitsverhältnis solle möglichst von Dauer und seine gesundheitlichen Folgen sollten möglichst gering sein. Einerseits machen es die gesellschaftlichen Verhältnisse und der ihnen innewohnende Zwang zum Verkauf der Arbeitskraft unausweichlich, dass Arbeitende sich auf ihre Arbeit und ihre Arbeitskraft in dieser Weise als Mittel beziehen. Übersehen werde damit aber die Seite der »affektiven, d.h. auch positiven Besetzungen der Arbeit« in Form von Bedürfnissen nach Anerkennung, Selbstbestätigung und Selbstbewertung (Knapp 1981: 157). Die familiären und schulischen Sozialisationsprozesse, in denen sich diese Bedürfnisse entwickeln, konzipiert Knapp in der Tradition der Kritischen Theorie: Die ambivalente Gleichzeitigkeit von »Anhänglichkeit und Abhängigkeit« in der Familie, die Auseinandersetzungen mit Lehrer*innen-Autorität im Spannungsfeld von Autonomie- und Anerkennungsbedürfnissen bilden entscheidende Bedingungen für die Herausbildung von Subjekten, die ihre Arbeit nicht allein als strukturellen Zwang oder als schlichtes Mittel zum Zweck betrachten, sondern denen Arbeit zugleich Bedürfnis ist, weil sie eine spezifische Vergesellschaftungsfunktion erfüllt.

Das ist keine Romantisierung entfremdeter und körperlich belastender Arbeit. Knapp hat die tayloristisch verfasste Fabrik vor Augen, wenn sie feststellt, dass emotionale Regungen wie »Traumtätigkeit, Lust, Zärtlichkeit« vom Kapital nur als nicht-verwertbare Störfaktoren betrachtet würden, obwohl sie das Gelingen der arbeitsteiligen Zusammenarbeit oft überhaupt erst ermöglichten (ebd.: 161; vgl. Burawoy 1979: 161ff.). Unter Verwendung eines arbeitssoziologischen Schlüsselbegriffs lässt sich dies auch als ein spezifischer Aspekt des »Transformationsproblems« formulieren: Arbeitskraft wird im Kapitalismus als Ware gekauft; im Vergleich zu anderen Waren hat die Ware Arbeitskraft aber die Eigenart, dass ihr Gebrauch durch die Käuferin (die tatsächliche Verausgabung der Arbeitskraft im Sinne des Unternehmens) auf die Mitwirkung der Verkäuferin angewiesen bleibt. Lohnabhängige müssen dazu gebracht werden, die verkaufte Arbeitskraft auch tatsächlich zu verausgaben, und das ist notwendig ein sozialer Akt. Sie müssen in bestimmten sozialen Gefügen arbeiten, kommunizieren und kooperieren (vgl. Mayer-Ahuja 2021: 5f.).

Den darin enthaltenen Widerspruch greift Stefanie Hürtgen in ihrer Diskussion eines Begriffs von »Arbeit als sozial-ökologisch fürsorglicher Praxis« auf: »Arbeiter*innen reproduzieren in ihrer Lohnarbeitsverausgabung unhintergehbar subjektiv, das heißt unauslöschbar handelnd-reflexiv, den immer schon kooperativ-sozialen, aber als privat-konkurrenziell zugerichteten kapitalistisch-patriarchalen Arbeitsprozess. Und sie reproduzieren ihn also in seiner eklatanten Widersprüchlichkeit, mit sich selbst als subalternisierten (Arbeits-)Akteuren darin.« (Hürtgen 2022: 103) Einem Lohnarbeitsverhältnis, das nicht auf seine verwertungslogische Seite zu reduzieren, sondern *immer schon kooperativ-sozial* ist, wohnt das Potenzial der Überschreitung der Verwertungslogik inne, die sich gegen die »›strukturelle‹ Zurichtung als Objekt, das selbst nicht nach dem sozialen Inhalt seiner Vernutzung zu fragen hat«, richtet (ebd.: 104).

Dieser soziale Inhalt meint mehr als die sozialen Beziehungen am Arbeitsplatz und schließt auch den gesellschaftlichen Nutzen und Sinngehalt der hergestellten Güter und Dienstleistungen ein. Er berührt die normativen Maßstäbe der Bewertung und Kritik von Arbeitsbedingungen, also die Frage, welche normativen Ansprüche Beschäftigte an ihre Arbeit stellen. Der Begriff des Anspruchs ist hier mit Hürtgen und Voswinkel (2016) von einfachen Wünschen zu unterscheiden, gewinnt er doch über den Bezug auf Gerechtigkeitsvorstellungen, also ein gesellschaftliches Normengefüge, besondere Verbindlichkeit. Ansprüche sind legitim und einklagbar (nicht unbedingt im juristischen, aber im moralischen Sinn). Sie gelten überindividuell und legen daher auch die gemeinsame, kollektive Behauptung ihrer Gültigkeit nahe. Anspruchsverletzungen können auch dann Anlass für Empörung sein, wenn sie eine*n nicht unmittelbar selbst betreffen. »Die normative Legitimation eigener Anliegen verankert diese Ansprüche [...] in generellen, das einzelne Subjekt übergreifenden sozialen Ordnungen und bezieht ihre Gültigkeit damit notwendigerweise auch auf andere. Ansprüche thematisieren, was allgemein gelten soll. [...] Damit verweist die Kategorie des Anspruchs auch auf die (potenzielle) Gestaltbarkeit von Gesellschaft, deren Veränderbarkeit in sozialen Auseinandersetzungen.« (Hürtgen/Voswinkel 2016: 506)

Ist der Begriff von Arbeit als sozial-ökologisch fürsorglicher Praxis in diesem Sinne als Anspruch zu begreifen, der Konfliktbereitschaft begründet? Aus der feministischen Care-Debatte erwachsend, liefert der Begriff gute Belege für die Konzeption von Arbeit als *sozial* fürsorglicher Praxis: Insbesondere in versorgenden Berufen zeigt sich deutlich ein nicht-instrumenteller Bezug der Arbeitenden auf ihre Arbeit, ein Leiden an den Effizienz- und Verwertungsvorgaben, die gute Versorgung verunmöglichen, und eine Bereitschaft zur kämpferischen Politisierung der Bedingungen inhaltlich zufriedenstellender Arbeit (vgl. Rakowitz/Schoppengerd 2017).

Die Annahme, dass es analog zu diesem sozialen Aspekt auch einen solchen substanziellen Anspruch an Arbeit als ökologisch fürsorgliche Praxis gibt, der auch in analoger Weise die Möglichkeit der Konfliktbereitschaft impliziert, ist allerdings empirisch deutlich blasser. Es gibt einige Befunde zum Umweltbewusstsein von Arbeiter*innen. Bereits 1989 lautete die zentrale Feststellung in einem Forschungsprojekt zum Umweltbewusstsein von Industriearbeitern, dass es so etwas wie ein »Sonderbewusstsein« der Arbeiter*innen in dieser Frage nicht gebe. Von einem spezifischen Arbeiter-Umweltbewusstsein, »das gegenüber dem neuen Menschheits-Thema in unaufhebbarer Distanz und Fremdheit verharrt«, könne keine Rede sein: »Daß die Menschheit dabei ist, durch den industriellen Stoffwechselprozeß in hohem Maße das Leben auf diesem Planeten zu gefährden, ist für [die übergroße Mehrheit der Facharbeiter] eine nicht mehr zu bezweifelnde Tatsache, die längst den Charakter der abstrakten Medien-Nachricht verloren hat und deren Symptome auch schon in der eigenen Umgebung ›wahrgenommen‹ werden.« (Heine/Mautz 1989: 199) Vergleichbar kommt die jüngere Untersuchung von Boewe u.a. (2021: 3) zu dem Schluss, dass Belegschaften der Automobil- und Schienenfahrzeugindustrie mitnichten als »Bastion von Verfechter*innen einer vorökologischen Industriepolitik« zu sehen sind. Die Identifikation mit den Autounternehmen sinke, und die Befragten äußerten sich nicht selten kenntnisreich über die Perspektiven einer Mobilitätswende, die den Horizont der Umrüstung des Individualverkehrs auf Elektroantriebe überschreiten würde.

Politisch ist es vor diesem Hintergrund plausibel, dass eine linke Strategie, die die Gebrauchswertorientierung als Leitmotiv der sozial-ökologischen Transformation von Produktion, Reproduktion und sozialer Infrastruktur benennt, sinnvoll an vorhandene Orientierungen unter Lohnabhängigen anschließen müsste (Wissen 2020: 460). Soziologisch-empirisch ist es aber eine offene Frage. Sarah Nies, die die Gebrauchswertorientierung von Beschäftigten als Konflikt zwischen »Nützlichkeit und Nutzung von Arbeit« untersucht hat, hat wichtige Einschränkungen dieser Variante des subjektiven Bezugs auf den Inhalt der eigenen Arbeit ausgemacht. Grundsätzlich lässt sich eine solche Gebrauchswertorientierung in technischen wie in Dienstleistungsberufen feststellen. Beschäftigte artikulieren Ansprüche, »die sich auf die Wirkung ihrer Arbeit beziehen und auf ihren Vorstellungen darüber beruhen, was Sinn und Zweck ihrer Arbeitstätigkeit ist bzw. sein sollte.« (Nies 2015: 15) Diese müssen nicht deckungsgleich sein mit den an sie gestellten Erwartungen des Unternehmens. Im Gegenteil, das Verhältnis von Tauschwertorientierung des Kapitals und Gebrauchswertorientierung der Beschäftigten ist strukturell konfliktreich. Allerdings ist Letztere in ihrer Reichweite begrenzt. Sie bezieht sich nicht zwangsläufig auf die Sinnhaftigkeit von Produktionsprozess und -ergebnis in gesamtgesellschaftlicher

Perspektive, sondern bezeichnet vorrangig den Anspruch, den Erwartungen der unmittelbaren Nutzerin des eigenen Arbeitsproduktes bestmöglich gerecht zu werden. Dies können Kund*innen sein, aber auch Kolleg*innen, die im arbeitsteiligen Produktionsablauf auf die geleistete Vorarbeit angewiesen sind. Das bedeutet auch, dass die Gebrauchswertorientierung nicht gleichbedeutend ist mit der Bereitschaft zur Infragestellung des Arbeitsproduktes in seiner gesellschaftlichen Bedeutung. Die Beteiligung etwa an Auto- oder Rüstungsproduktion hat sich demnach mit Eintritt in den jeweiligen Betrieb entschieden. »Man hat gewissermaßen mit Arbeitsantritt die eigene Rolle im Gesamtgefüge gesellschaftlicher Arbeitsteilung und den ›Sinn oder Nicht-Sinn‹ der Arbeitstätigkeit als Rahmenbedingung akzeptiert, für eine Auseinandersetzung hierüber scheint der Betrieb nicht der richtige Ort zu sein.« (Nies 2015: 341f.)

Dies muss nun aber nicht das letzte Wort sein. In einer Situation, in der die ökologische Krise sich deutlich wahrnehmbar zuspitzt und – nicht zuletzt dank der Resonanz klimapolitischer Protestbewegungen – ihren festen Platz auf der gesellschafts- und wirtschaftspolitischen Tagesordnung hat, in einer Situation, in der nicht mehr das *Ob*, sondern vorrangig das *Wie* der Veränderung industrieller Strukturen zur Disposition steht, ist es sinnvoll, diesen Befund explizit in den Kontext der ökologischen Krise zu stellen und ihn neuerlich empirisch zu prüfen. Korrespondiert der gesellschafts- und wirtschaftspolitische Transformationsdiskurs mit einer Neukonfiguration nicht nur des Umweltbewusstseins, sondern der arbeitsinhaltlichen Ansprüche von Lohnabhängigen, die in die alltägliche Reproduktion der industriellen Strukturen eingespannt sind? Inwiefern sind solche Ansprüche mit Handlungs- und Konfliktbereitschaft unterlegt?

5. Fazit

Zentral für die Perspektive, die Räthzel u.a. in ihrem *Handbook of Environmental Labour Studies* entwickeln, ist eine konzeptionelle Weitung des Blicks (»Broadening Concepts«, Räthzel/Stevis/Uzzell 2021), die sich als dreifache Erweiterung des Arbeitsbegriffs ausbuchstabieren lässt. Sie ist nicht nur als Aufforderung zu interpretieren, das Spektrum an untersuchten sozial-ökologischen Dynamiken auf Ausbeutungsverhältnisse und Emanzipationsbestrebungen auszudehnen, die nicht lohnarbeitsförmig verfasst sind – sie rekontextualisiert auch die Transformationskonflikte im industriellen Bereich und eröffnet damit Ansatzpunkte für kritische Analyse und politische Intervention, die Lohnabhängige nicht als Objekte eines Modernisierungsprozesses, sondern als »prinzipiell gestaltungsfähige Träger gesellschaftlicher Veränderungen« (Hürtgen 2022: 107) begreifen. Diese konzeptionelle Weitung kann nicht mehr leisten als eine Rekalibrierung des kritischen Sensoriums.

Wie anhand der Herausforderungen für eine Politisierung extraktivistischer Verhältnisse, für Strategien der Erwerbsarbeitszeitverkürzung und für eine gebrauchswertorientierte Transformation der Ökonomie gezeigt wurde, stoßen Versuche, die drei Dimensionen der Kritik praktisch zu wenden, auf komplexe Probleme. Für eine Linke, die die sozial-ökologische Bearbeitung der Umweltkrise dezidiert als klassenpolitische Herausforderung begreift, kommt es auf dieser praktischen Ebene darauf an, die Ansätze der Zusammenarbeit von Klima- und Arbeiter*innenbewegung (z.B. Lucht/Liebig 2023; Kaiser 2023) weiter zu pflegen und sie in konkreten Auseinandersetzungen auszubauen. Bei aller Vorsicht vor Blicken in die Glaskugel: Die angesprochene Stahltarifrunde mit ihrer Schwerpunktsetzung auf Arbeitszeitgestaltung könnte dafür ein nächster interessanter Ansatzpunkt sein. Eine gelingende Zusammenarbeit in solchen Kampagnen kann auch Räume öffnen für die kritische Diskussion grün-kapitalistischer Transformationsstrategien in ihrem größeren, internationalen Zusammenhang.

Literatur

Barca, Stefania (2020): Forces of Reproduction. Notes for a Counter-Hegemonic Anthropocene. Cambridge/New York u.a. DOI: https://doi.org/10.1017/9781108878371.

– / Leonardi, Emanuele (2018): Working-class ecology and union politics: a conceptual topology. In: Globalizations 15(4): 487-503. DOI: https://doi.org/10.1080/14747731.2018.1454672.

Boewe, Jörn / Krull, Stephan / Schulten, Johannes (2021): »E-Mobilität, ist das die Lösung?« Eine Befragung von Beschäftigten zum sozial-ökologischen Umbau der Autoindustrie. Berlin.

Brand, Ulrich / Wissen, Markus (2021): Workers, Trade Unions, and the Imperial Mode of Living: Labour Environmentalism from the Perspective of Hegemony Theory. In: Räthzel, Nora / Stevis, Dimitris / Uzzell, David (Hg.) (2021): The Palgrave Handbook of Environmental Labour Studies. Houndmills: 699-7120. DOI: https://doi.org/10.1007/978-3-030-71909-8_30.

Burawoy, Michael (1979): Manufacturing Consent. Changes in the Labour Process under Monopoly Capitalism. Chicago/London.

express (2021): Am konkreten Körper. Emanzipatorische Analysetechniken von Arbeitsbedingungen in der Anwendung. In: express 12: 1-2.

Graf, Jakob (2022): Die Pluralität der Naturverhältnisse. Kapitalistische und nicht-kapitalistische (Re-)Produktionsweisen in der ökologischen Krise. In: PROKLA 207 52(2): 253-262. DOI: https://doi.org/10.32387/prokla.v52i207.1988.

– u.a. (2023): Editorial: Sozial-ökologische Transformationskonflikte und linke Strategien. PROKLA 210 53(1): 4-12. DOI: https://doi.org/10.32387/prokla.v53i210.2031.

Heine, Hartwig / Mautz, Rüdiger (1989): Industriearbeiter contra Umweltschutz? Frankfurt/M./New York.

Hürtgen, Stefanie (2020): Arbeit, Klasse und eigensinniges Alltagshandeln. Kritisches zur imperialen Lebensweise – Teil 1. In: PROKLA 198 50(1): 171-188. DOI: https://doi.org/10.32387/prokla.v50i198.1832.

– (2022): Gesellschaftliche Arbeit und soziale Demokratie. Der alltagspolitische Diskurs zu »Systemrelevanz« als Auseinandersetzung um eine sozialökologische Politik der Arbeit. In: PROKLA 206 52(1): 97-115. DOI: https://doi.org/10.32387/prokla.v52i206.1981.
– / Voswinkel, Stephan (2016): Ansprüche an Arbeit und Leben – Beschäftigte als soziale Akteure. In: WSI-Mitteilungen 69(7): 503-512.DOI: https://doi.org/10.5771/0342-300X-2016-7-503.
Kaiser, Julia (2023): Rückkehr der Konversionsbewegung? Potenziale und Grenzen der Konversionsbestrebungen sozial-ökologischer Bündnisse rund um Autozuliefererwerke. In: PROKLA 210 53(1): 35-53. DOI: https://doi.org/10.32387/prokla.v53i210.2031.
Knapp, Ursula (1981): Industriearbeit und Instrumentalismus. Zur Geschichte eines Vor-Urteils. Bonn.
Kojola, Erik (2021): Whose Labour, Whose Land? Indigenous and Labour Conflicts and Alliances over Resource Extraction. In: Räthzel, Nora / Stevis, Dimitris / Uzzell, David (Hg.) (2021): The Palgrave Handbook of Environmental Labour Studies. Houndmills: 365-387. DOI: https://doi.org/10.1007/978-3-030-71909-8_16.
Lehndorff, Steffen (2022): Auf dem Weg zur klimaneutralen Industrie. Was läuft, wo es hakt, worauf es jetzt ankommt. Ein Überblick über die Studien des Projekts »Sozial-ökologische Transformation der deutschen Industrie«. Rosa-Luxemburg-Stiftung. URL: https://www.rosalux.de/, Zugriff 30.9.2022.
Liebig, Steffen (2019): Arbeitszeitverkürzung für eine nachhaltigere Wirtschaft? Über mögliche Berührungspunkte zwischen sozial-ökologischen Arbeitszeitkonzepten und gegenwärtiger Tarifpolitik. In: Dörre u.a. (Hg.): Große Transformation? Zur Zukunft moderner Gesellschaften. Wiesbaden: 211-228. DOI: https://doi.org/10.1007/978-3-658-25947-1_11.
Lucht, Kim / Liebig, Steffen (2023): Sozial-ökologische Bündnisse als Antwort auf Transformationskonflikte? Die Kampagne von ver.di und Fridays for Future im ÖPNV. PROKLA 210 53(1): 15-33. DOI: https://doi.org/10.32387/prokla.v53i210.2037.
Martinez-Alier, Juan (2014): The environmentalism of the poor. Geoforum 54: 239-241. DOI: https://doi.org/10.1016/j.geoforum.2013.04.019.
Mayer-Ahuja, Nicole (2021): Arbeitssoziologie – Wie weiter? In: Mayer-Ahuja, Nicole/Menz, Wolfgang: Arbeitssoziologie und Zeitdiagnose. IfS Working Paper Nr. 13. Frankfurt/M.: 5-17.
– (2022): »Transformation« als Sachzwang? Ein Plädoyer für Arbeitspolitik und Demokratisierung. In: WSI-Mitteilungen 75(2): 160-162.
Meine, Hartmut / Rohnert, Richard/Schulte-Meine, Elke/Vetter, Stephan (Hg.) (2018): Handbuch Arbeit-Entgelt-Leistung. Entgelt-Rahmentarifverträge im Betrieb. 7. Auflage. Frankfurt/M.
Nies, Sarah (2015): Nützlichkeit und Nutzung von Arbeit: Beschäftigte im Konflikt zwischen Unternehmenszielen und eigenen Ansprüchen. Baden-Baden. DOI: https://doi.org/10.5771/9783845266176.
Rakowitz, Nadja / Schoppengerd, Stefan (2017): Ist Würde tarifierbar? Gewerkschaftliche Ansätze zur »Aufwertung« von Care-Arbeit in Kitas und Krankenhäusern. In: Widersprüche 145 37(3): 59-70.
Räthzel, Nora (2021): Society–Labour–Nature: How to Think the Relationships? In: Räthzel, Nora / Stevis, Dimitris / Uzzell, David (Hg.) (2021): The Palgrave Handbook of Environmental Labour Studies. Houndmills: 793-814. DOI: https://doi.org/10.1007/978-3-030-71909-8_34.
– / Stevis, Dimitris / Uzzell, David (2021): Introduction: Expanding the Boundaries of Environmental Labour Studies. In: Räthzel, Nora / Stevis, Dimitris / Uzzell, David (Hg.) (2021): The Palgrave Handbook of Environmental Labour Studies. Houndmills: 1-31. DOI: https://doi.org/10.1007/978-3-030-71909-8_1.
Saave, Anna / Muraca, Barbara (2021): Rethinking Labour/Work in a Degrowth Society. In: Räthzel, Nora / Stevis, Dimitris / Uzzell, David (Hg.) (2021): The Palgrave Handbook of Environmental Labour Studies. Houndmills: 743-768. DOI: https://doi.org/10.1007/978-3-030-71909-8_32.

Satheesh, Silpa (2021): Fighting in the Name of Workers: Exploring the Dynamics of Labour-Environmental Conflicts in Kerala. In: Räthzel, Nora / Stevis, Dimitris / Uzzell, David (Hg.) (2021): The Palgrave Handbook of Environmental Labour Studies. Houndmills: 199-224. DOI: https://doi.org/10.1007/978-3-030-71909-8_9.

Schoppengerd, Stefan (2021): Gleiche Arbeit in weniger Zeit? Wer Arbeitszeit verkürzen will, muss auch den Leistungsdruck begrenzen. In: express 9: 8-9.

Tittor, Anne (2023): Postfossiler Extraktivismus? Die Vervielfältigung sozial-ökologischer Konflikte im Globalen Süden durch Dekarbonisierung. In: PROKLA 210 53(1): 77-98. https://doi.org/10.32387/prokla.v53i210.2040.

Wissen, Markus (2020): Klimakrise und Klassenkampf. Zum Verhältnis von ökologischen und sozialen Konflikten. In: PROKLA 200 50(3): 441-461. DOI: https://doi.org/10.32387/prokla.v50i200.1900.

PROKLA 211 | 53. Jahrgang | Nr. 2 | Juni 2023 | S. 361-381
https://doi.org/10.32387/prokla.v53i211.2043

Dimitri Isabell Mader*

Herrschaft und Handlungsfähigkeit im Kapitalismus

Bedeutung und Grenzen der »Macht des Kapitals« für eine Analyse von Macht und Herrschaft im Kapitalismus

Zusammenfassung: Soziologische Untersuchungen von Macht und Herrschaft im Kapitalismus sollten die anonymen Zwänge der Kapitallogik berücksichtigen und können insofern von Søren Maus Marx-Rekonstruktion profitieren. Zugleich gilt es aber, Vereinseitigungen und begriffliche Entdifferenzierungen einer reinen Strukturperspektive zu vermeiden. Mein Beitrag zeigt, warum ein adäquates Verständnis von Macht eine komplementäre Akteursperspektive braucht und wie diese mit einer Strukturperspektive verknüpft werden kann. Entscheidend hierfür ist neben einer präzisen Bestimmung der Begriffe von Macht und Herrschaft die systematische Einbeziehung von Handlungsfähigkeit und sozialer Interaktion.

Schlagwörter: Macht, Herrschaft, Gewalt, Handlungsfähigkeit, Kapitalismustheorie

Domination and Agency in Capitalism

Meaning and Limits of the »Power of Capital« for an Analysis of Power and Domination in Capitalism

Abstract: Sociological studies of power and domination in capitalism should take into account the anonymous constraints of capital and can in this respect benefit from Søren Maus's reconstruction of Marx' *Capital*. At the same time, however, it is important to avoid the one-sidedness and conceptual de-differentiations of a purely structural perspective on power. My contribution shows why an adequate understanding of power needs a complementary actor perspective and how this can be linked to a structural perspective. Crucial for this, in addition to a precise definition of the concepts of power and domination, is the systematic inclusion of agency and social interaction.

Keywords: Power, Domination, Violence, Agency, Theory of Capitalism

* **Dimitri Isabell Mader** lehrt an der Uni Osnabrück und forscht im Projekt DigiCLASS zu ungleichen Digitalisierungserfahrungen, Zukunftserwartungen und arbeitsweltlichen Utopien.

Charakter und Verlaufsform zentraler Entwicklungen der Gegenwart, wie etwa der Digitalisierung oder der sozial-ökologischen Krise, sind stark durch gesellschaftliche Macht- und Herrschaftsstrukturen geprägt. Die Existenz von Akteursgruppen mit bestimmten, oft widerstreitenden Interessen und das Ausmaß ihrer jeweiligen Macht, um sie zu realisieren, sind wesentliche Faktoren dafür, was sich wie durchsetzt und wer von diesen Entwicklungen profitiert oder durch sie verliert. An diesen Spaltungslinien entzünden sich wiederum soziale Konflikte. Zudem stellt sich die Frage, wie (dys-)funktional bestimmte Machtstrukturen für soziale Kooperation und damit die Erzeugung und den langfristigen Erhalt sozialen Wohlstands sind.

Vor diesem Hintergrund ist Søren Maus Auseinandersetzung mit der »ökonomischen Macht im Kapitalismus« (Mau 2021b, 2021a) sehr begrüßenswert. Denn sie geht von der wichtigen Annahme aus, dass soziale Macht nicht nur von politischen Strukturen oder Diskursen abhängt, sondern wesentlich auch von der Ökonomie. Spezifischer nimmt sich Mau eine Rekonstruktion der »ökonomischen Macht des Kapitals« (Mau 2021b: 19) vor, das heißt, er möchte die machttheoretischen Implikationen der von Marx analysierten »Kernstruktur der kapitalistischen Produktion« (Mau 2021a: 693) herausarbeiten. Er folgt dabei in weiten Teilen der »neuen Marx-Lektüre«, indem er besonderes Gewicht auf die anonymen Zwänge der Kapitallogik legt, der alle im Kapitalismus lebenden Menschen unterworfen sind. Zugleich thematisiert er die darin eingelassenen vertikalen Machtbeziehungen zwischen den sozialen Klassen. In der Verbindung dieser beiden Aspekte liegt eine der zentralen Stärken seines Ansatzes. Für eine soziologische Analyse von Macht und Herrschaft ist Maus Arbeit relevant, weil sie verdeutlicht, inwiefern Macht von Akteuren durch die ökonomische Struktur bedingt ist. Wer von Macht *im* Kapitalismus reden will, so könnte das Motto von Maus Buch lauten, darf von der Macht *des* Kapitals nicht schweigen.

Gleichwohl weist sein Ansatz einige tiefgreifende Probleme auf, die einer einseitig strukturtheoretischen Sicht auf Macht sowie einer mangelhaften Differenzierung des Begriffsfeldes um Macht und Herrschaft geschuldet sind. Im Vergleich zu anderen Ansätzen nimmt Mau eine regelrechte Entdifferenzierung des Machtbegriffs vor. In seiner Betonung der Macht des Kapitals geht ihm ein Akteursbegriff von Macht verloren, der menschliche Handlungsfähigkeit einbezieht und ein entscheidendes Bindeglied zwischen strukturellen Bedingungen und individuellem Handeln darstellt. Auf konkrete Formen und Entwicklungen von Macht im Kapitalismus bezogen, verleitet diese Perspektive zu strukturalistisch vereinseitigten Beschreibungen und Erklärungen. Das erkenntnisleitende Interesse hinter meiner Auseinandersetzung mit Maus Ansatz besteht in den theoretischen Grundlagen für eine soziologische Analyse von Macht und Herrschaft in der Gegenwartsgesellschaft. Insofern weicht es teilweise von Maus eigenem Interesse ab, das sich auf das Wesen und die Struktur der »Macht des Kapitals« auf der Ebene des »idealen Durchschnitts« (Marx) bezieht. Damit lotet mein Beitrag auch das Potenzial und die Grenzen einer abstrakten Strukturtheorie für eine empirische Erforschung von Macht und Herrschaft aus.

Ausgangspunkt der folgenden Ausführungen ist das von Mau selbst ins Zentrum gestellte Konzept der »ökonomischen Macht«. Wie lässt sich dieses verstehen? Was ist ökonomische Macht? In drei Schritten werde ich zeigen, dass Mau keine überzeugende Antwort auf diese Fragen liefert, sondern dass das Konzept begrifflich mehrdeutig und sozialtheoretisch einseitig bleibt. Im ersten Teil meines Beitrages zeige ich, dass »ökonomische Macht« bei Mau eine spezifische *Form* von Macht in Kontrast zu Gewalt und Ideologie bezeichnet, zugleich aber auch ein *System* von Macht im Gegensatz zum Außerökonomischen. Als Machtform kann das Konzept so nicht überzeugen. Im zweiten Teil geht es um die Frage, wem oder was man ökonomische Macht zuschreiben kann. Mau erklärt die Verwertungslogik des Kapitals zur alleinigen *Trägerin* von Macht, wodurch die Macht von Akteuren sowie inter-agentiellen Machtbeziehungen zu deren Erscheinungsformen werden. Das Fehlen von »Akteursmacht« hinterlässt eine problematische Erklärungslücke. Der dritte Teil widmet sich schließlich der Differenzierung zwischen Macht und Herrschaft, die bei Mau fehlt. Sein Konzept unterscheidet weder systematisch zwischen ungleichen Machtverteilungen und Herrschaftsbeziehungen im Kapitalismus, noch klärt es, inwiefern die strukturelle Bedingtheit von Handeln durch die emergenten Kausalkräfte des Kapitals eine Form von Herrschaft darstellt. Die fehlende Klärung des Herrschaftsbegriffs führt zu unpräzisen und kryptonormativen Beschreibungen der Macht im Kapitalismus.

Die Kritik an Maus Konzeption gewinnt Kontur durch alternative Konzepte zur Erforschung von Macht und Herrschaft, wie ich sie an anderer Stelle bereits entwickelt habe (Mader 2022a, 2022b). Ich hoffe, durch diesen Theorie-Dialog einen Beitrag zu einem besseren Verständnis bestehender Macht- und Herrschaftsbeziehungen und deren Bedeutung für die Gegenwartsgesellschaft zu leisten.[1]

1. Machtformen: Warum »ökonomische Macht« als Machtform nicht überzeugt

Zum einen bezeichnet Mau ökonomische Macht als eine von »drei Formen der Macht« (Mau 2021a: 691) und stellt heraus, dass sich das Kapital zu seiner Reproduktion auf alle drei stützt. Ökonomische Macht wird dabei als eine

1 Ich danke Heiner Koch und Hartwig Schuck für wertvolle Hinweise.

von drei grundsätzlichen Weisen vorgestellt, in denen Macht auf menschliche Subjekte wirken kann: entweder als direkte Einwirkung auf den Körper (Gewalt) und die subjektive Wahrnehmungsweise (Ideologie) oder als indirekte Einwirkung auf Handeln durch Veränderung der Umweltbedingungen (ökonomische Macht) (ebd.: 692). Zum anderen ist ökonomische Macht für Mau aber an die Beziehungen und Mechanismen des Kapitalverhältnisses gebunden und wird von ihm synonym mit dem »stummen Zwang des Kapitals« (ebd.: 676) verwendet. Ökonomische Macht bezeichnet, anders als Gewalt und Ideologie, ein System von sozialen Relationen und Wirkmechanismen sowie die von diesem System ausgehenden Zwänge. Als ökonomisch bezeichnet Mau diese Macht dann, weil sie dem Ökonomischen als einer eigenen »Machtsphäre« (Mau 2021b: 68) immanent ist und nicht »äußerlich« (Mau 2021a: 678) hinzukommt, etwa in Form staatlicher Gewalt. Die Ambiguität liegt darin, dass das »Ökonomische« der »ökonomischen Macht« wahlweise in Abgrenzung zu Gewalt und Ideologie bestimmt wird oder in Abgrenzung zum Bereich des Außerökonomischen. In dieser Begriffsarchitektur muss Macht außerhalb des Verwertungskreislaufs des Kapitals (beziehungsweise »außerökonomische Macht«) dann zwangsläufig die Form von Gewalt oder Ideologie haben; umgekehrt kann Macht, die dem Kapitalverhältnis immanent ist, nicht auf Gewalt oder Ideologie beruhen.

Beide Annahmen sind zu bezweifeln: Erstens drängt sich die Frage auf, was mit all den Machtbeziehungen ist, die weder auf Gewalt und Ideologie beruhen noch der Logik des Kapitalverhältnisses entspringen. Maus Vorgehen legt den Eindruck nahe, dass die drei von ihm unterschiedenen Machtformen erschöpfend sind. Macht in vorkapitalistischen Gesellschaften oder außerhalb von Produktion und Zirkulation des Kapitals beruht wohl kaum *nur* auf Gewalt oder Ideologie.[2] Zweitens legt diese Parallelisierung von Machtform und gesellschaftlicher Sphäre Mau auf die Position fest, dass Gewalt und Ideologie irgendwie außerhalb der Kernstruktur des Kapitalverhältnisses anzusiedeln sind, obwohl er selbst einräumt, dass sie funktional notwendig für dessen Reproduktion sind (Mau 2021b: 67). Dabei ist fraglich, ob Macht in der Sphäre der Ökonomie »im idealen Durchschnitt« tatsächlich rein ökonomischen Charakter hat und nur historisch zufällig, das heißt systematisch unabhängig von der Struktur des Kapitalverhältnisses, mit Gewalt oder Ideologie zu tun hat.[3] Eine nähere Diskussion der relativen Bedeutung

2 Aus der Fülle möglicher Beispiele sei auf Michael Manns Darlegungen zur Bedeutung ökonomisch bedingter Macht in der Menschheitsgeschichte verwiesen (Mann 1986, vgl. zu »economic power«: 24ff.).

3 Vgl. Gerstenberger (2018) und Frings (2019) und die Ausführungen zu Gewalt weiter unten.

von Machtformen im Kapitalismus erfordert allerdings eine Klärung, wie sich diese sinnvoll voneinander abgrenzen lassen. Hier liegt jedoch bereits die nächste Unklarheit in Maus Konzeption.

Dass Macht nicht nur in Form von Gewalt oder Ideologie auftritt, ist in der sozialwissenschaftlichen Machtdebatte ein Gemeinplatz. Dieses Dritte wird dort beispielsweise als »instrumentelle Macht« (Popitz 1992: 79) bezeichnet. Sie besteht in der Macht über das Set von Handlungsalternativen der Akteure und kann mehr oder weniger indirekt wirken (für einen Überblick siehe Mader 2022a: 190ff.). Eine relativ direkte Art von instrumenteller Macht besteht in der Fähigkeit, Handlungsalternativen durch Drohungen oder Anreize zu ändern. Indirekter wirkt die Einwirkung auf soziale und materielle Hintergrundbedingungen des Handelns, etwa von Gesetzen oder Infrastruktur. Im Vergleich zu direkter physischer Einwirkung auf den Körper wirkt instrumentelle Macht aber stets *indirekt* auf das Handeln, weil sie sich auf das Handlungsumfeld und nicht die Handelnden selbst richtet. Wenn sich instrumentelle Macht vornehmlich auf die Monopolisierung von ökonomischen Ressourcen stützt, ist ihr Hebelpunkt die Bedürftigkeit und materielle Abhängigkeit ressourcenschwacher Akteure. Indirekte Einwirkung auf Handeln und ökonomische Abhängigkeit sind aber die zwei wesentlichen Eigenschaften, über die Mau die für den Kapitalismus spezifische ökonomische Macht bestimmt und sie von Gewalt abgrenzt. Dabei bleibt unklar, wie sich seine ökonomische Macht zu dem weiter gefassten Konzept der instrumentellen Macht verhält.

Diese fehlende Klärung macht die Abgrenzung gegenüber Gewalt problematisch. Zunächst ist Gewalt nicht per se eine Form von Macht. Gewalt kann als (willentlich kontrollierbare) Verletzung der körperlichen (oder auch psychischen) Integrität einer Person verstanden werden (Popitz 1992: 42; Gerstenberger 2018: 490). Zu einer Form von Macht wird Gewalt entweder *direkt* in Form von »Aktionsmacht« (Popitz 1992: 43), das heißt als Fähigkeit, auf das Verhalten anderer durch physische Eingriffe einzuwirken (beispielsweise durch Verletzung oder Einsperren), oder *indirekt* als Fähigkeit, andere durch die *Drohung* mit Gewalt zu beeinflussen. Wirkt Macht über die reine Androhung von Gewalt verhaltenssteuernd, wird sie aber zu instrumenteller Macht. Maus Gegenüberstellung von ökonomischer Macht und Gewalt als zwei »Machtformen« funktioniert schon deshalb nicht, weil er Gewalt*drohung* zu Gewalt zählt (Mau 2021a: 691) und sowohl ökonomische Macht als auch Gewaltdrohung als Formen instrumenteller Macht verstanden werden können. Die Drohung mit Gewaltmitteln ebenso wie die Drohung, monopolisierte Ressourcen vorzuenthalten, stellen eine Form von instrumenteller Verhaltenssteuerung dar und operieren über die Erzeugung von Zwang: »Wenn

Du X nicht tust, dann bist Du erwartbar mit den negativen Konsequenzen C konfrontiert«.[4] Auf der Ebene der *Machtform* besteht hier somit gar kein prinzipieller Unterschied. Der wesentliche Unterschied liegt auf der Ebene der *Machtmittel*, also derjenigen Mittel, mit denen faktisch oder legitimer Weise Verhalten instrumentell beeinflusst wird oder werden darf.

Macht, die sich stark auf *Gewaltmittel* stützt, muss sich daher keinesfalls durch eine hohe *Gewaltförmigkeit* auszeichnen. Es ist denkbar, dass sich ein bestimmtes Herrschaftssystem stark auf monopolisierte Gewaltmittel stützt und zugleich in seiner alltäglichen Operationsweise völlig ohne Gewaltanwendung auskommt – einfach, weil allein die glaubhafte Drohung mit Gewalt für Unterwerfung genügt. In der Debatte um den Stellenwert von Gewalt im Kapitalismus muss daher unterschieden werden zwischen der Bedeutung von Gewalt als Mittel von Macht (Machtquelle) einerseits und dem tatsächlichen Ausmaß von Gewaltförmigkeit als Ergebnis einer häufigen Anwendung dieses Machtmittels andererseits.

Versteht man unter Machtform die grundsätzliche Art und Weise, in der Macht auf Subjekte wirkt, dann wäre eine kohärentere Differenzierung diejenige zwischen äußerer und innerer Macht:[5] Äußere Macht besteht in der Macht über äußere Handlungsbedingungen und lässt sich in die zwei Unterformen der Aktionsmacht und der instrumentellen Macht differenzieren. Letztere kann auf unterschiedlichen Machtmitteln zur instrumentellen Verhaltenssteuerung beruhen. Innere Macht bezeichnet demgegenüber die Fähigkeit zur Beeinflussung der subjektinternen Maßstäbe und Interpretationsweisen der Handlungssituation. Darunter würde – mit einigen Qualifizierungen – das fallen, was Mau unter Ideologie verhandelt.

2. Träger von Macht: Macht im Kapitalismus als Erscheinungsform der Macht des Kapitals?

So verstanden könnte man Maus »ökonomische Macht« als eine Sonderform instrumenteller Macht verstehen, als instrumentelle Macht, die auf der Monopolisierung ökonomischer Ressourcen und der daraus erwachsenden Abhängigkeit der Nichtbesitzenden beruht. Maus Begriff sperrt sich einer solchen Interpretation aber, weil er die ökonomische Macht dem Kapital und nicht den Kapitalbesitzenden zuschreibt. Schließlich möchte er den stum-

4 Die Drohung mit beiden Machtmitteln kann durch die Erzeugung von Angst die psychische Integrität der bedrohten Subjekte verletzen und insofern auch als gewaltförmig verstanden werden. Das zeigt, dass Gewalt und Macht in einem komplexen Verhältnis zueinander stehen. Ich danke Hartwig Schuck für diesen Hinweis.
5 Vgl. hierzu Popitz (1992: 27) und Mader (2022a: 190ff.).

men Zwang des Kapitals näher verstehen. Die strukturellen Zwänge, die von der Kapitallogik ausgehen, dürfen nicht fälschlich einzelnen Akteuren und ihren Intentionen zugeschrieben werden (ebd.: 692). Instrumentelle Macht hingegen wird für gewöhnlich als Macht menschlicher Akteure verstanden, das Handlungsumfeld anderer *intentional* beeinflussen zu können.

Hier stoßen wir auf ein grundsätzliches Problem von Maus Machtkonzeption. Denn einerseits soll sie die anonymen Zwänge einer Strukturlogik erfassen (die Macht *des* Kapitals), andererseits aber auch die darin eingelagerten asymmetrischen Macht- und Herrschaftsbeziehungen zwischen Akteuren (Macht *im* Kapitalismus). Für beides benutzt Mau aber denselben Begriff. So denkt er auch die inter-agentiellen Machtbeziehungen im Rahmen eines Strukturbegriffs von Macht. Demzufolge ist die »Macht der Kapitalisten« nicht ein Handlungsvermögen menschlicher Akteure, das durch die ökonomische Struktur bedingt ist, sondern eine Struktureigenschaft des Kapitals, die durch die Akteure hindurchwirkt. Das ist eine strukturalistisch verkürzte Machtkonzeption, die keinen systematischen Raum für menschliche Handlungsfähigkeit vorsieht und zu strukturdeterministischen Analysen der Reproduktion von Macht und Herrschaft im Kapitalismus verleitet.

Weil die eigentliche Trägerin der ökonomischen Macht die Kapitallogik ist, wird die Macht der innerhalb dieser Struktur verorteten Akteure bei Mau zur »Erscheinungsform« dieser Strukturmacht: »Die Autorität des Kapitalisten am Arbeitsplatz ist lediglich eine *Erscheinungsform* der unpersönlichen Macht des Kapitals.« (Mau 2021b: 229, Herv. D.M.) Da die Macht des Kapitals unpersönlich ist, muss das auch für ihre Erscheinungsformen gelten.[6] Jakob Graf wendet in seiner Replik zu Recht ein, dass das an der Realität der Macht *im* Kapitalismus vorbeigeht und das falsche Bild eines von »personaler und direkter Herrschaft befreiten ›sauberen Kapitalismus‹« (Graf 2021: 701) zeichnet. Um die auf personale Autorität, Befehlsgewalt und intentionale Kontrollstrategien gestützte Herrschaft in der Lohnarbeit als per se indirekt, unpersönlich und abstrakt bezeichnen zu können, muss Mau von den konkreten Machtbeziehungen im Kontext des Lohnarbeitsverhältnisses abstrahieren und allein auf deren ökonomische Hintergrundbedingungen fokussieren. Macht bezieht sich dann aber auf die Positionen innerhalb der ökonomischen Struktur, wie die Position *als* Produktionsmittelbesitzende

6 Zwar betont Mau, dass die mit Klasse einhergehenden vertikalen Machtbeziehungen keinesfalls auf die aus der Wertform resultierenden horizontalen Zwänge reduziert werden können (Mau 2021b: 131). Die relative Eigenlogik bezieht sich aber auf zwei Strukturprinzipien (Klasse und Wert) des Kapitalverhältnisses, nicht auf das Verhältnis von Akteur und Struktur. Klasse ist bei Mau keine Erscheinungsform von Wert, aber die Macht der Akteure ist eine Erscheinungsform der Macht der Struktur.

in Relation zur Position *als* abhängige Nichtbesitzende. Sie bezeichnet dann nicht ein Handlungsvermögen menschlicher Akteure, sondern die »leeren Plätze« (Wright 2000a: 254) innerhalb einer sozialen Struktur, die Akteure als Machtquelle nutzen können. Mau setzt damit Macht mit positionell bedingten Machtressourcen gleich. Für manche Fragestellungen kann das eine legitime Abstraktion sein. Betrachtet man mit diesem Theorierahmen aber Mechanismen und Entwicklungen von Macht im Kapitalismus, verleitet das leicht zu strukturdeterministischen Sichtweisen. Entsprechend fehlt hier ein Akteursbegriff von Macht.

Doppelte Bedingtheit von Macht

Macht menschlicher Akteure ist immer in zweifacher Weise bedingt: erstens durch ihr internes Handlungsvermögen (agentielle Kausalkräfte) und zweitens durch ihre äußere Handlungssituation, die maßgeblich durch sozialstrukturelle Bedingungen, und damit auch durch strukturelle Kausalkräfte, geformt ist:[7] Die Fähigkeit, ein Buch zu lesen, hängt ab von der Kompetenz zu Lesen und dem Zugang zu einem Buch (Morriss 2002: 80). Daher gibt die Verteilung von strukturell gegebenen Macht*ressourcen* allein noch keinen hinreichenden Aufschluss über die Verteilung von Macht. Die Macht von Akteuren hängt immer auch von ihren internen Fähigkeiten ab, die Machtressourcen strategisch zur Realisierung eigener Zwecke einsetzen zu können.

Strukturelle Kausalkräfte bestehen in sozialen Mechanismen und Tendenzen, die sich aus dem Zusammenwirken von Handeln unter bestimmten Strukturbedingungen ergeben und die den Akteuren in Form von objektiven Möglichkeiten und Zwängen entgegentreten – wie dem Zwang, Profit erwirtschaften zu müssen, oder der Möglichkeit, sich die Arbeit anderer aneignen zu können. Diese Möglichkeiten und Zwänge wirken aber immer nur *vermittelt* durch die agentiellen Kausalkräfte. Zu letzteren gehört neben (teils sozial erworbenen) Wahrnehmungs- und Verhaltensdispositionen auch Reflexivität als das grundsätzliche Vermögen von Menschen, sich bewusst zu ihren Handlungsbedingungen verhalten zu können. Das von Mau etwas abschätzig behandelte »gängige Schrifttum zum Begriff der Macht« (Mau 2021b: 39) koppelt Macht daher aus guten Gründen an menschliche Handlungsfähigkeit, das heißt die Fähigkeit, so oder auch anders handeln zu können. Jenseits metaphorischer Verwendungsweisen bezeichnet Macht im Kontext von Gesellschaft gemeinhin die *Fähigkeit* menschlicher Akteure, etwas bewirken zu können. Fähigkeiten in diesem engeren Sinne sind Dispositionen,

7 Vgl. Sayer (2014); zu agentiellen und strukturellen Kausalkräften Elder-Vass (2017) und Schimank (2017); zum zugrunde liegenden sozialtheoretischen Rahmen Archer (2000).

die *intentional* aktiviert werden können (Morriss 2002: 27). Die Fähigkeit zu X setzt voraus, dass wir X tun können, *wenn wir wollen*. Dasselbe gilt eo ipso für Macht: Der Unternehmensbesitzer hat die Macht, seine Angestellten zu entlassen, aber das Kapital hat nicht die Macht, eine Finanzkrise auszulösen (die Kapitallogik besitzt nicht die Fähigkeit, ihre Disposition zu periodischen Krisen *absichtlich* auszulösen). Handlungsmacht in diesem Sinne stellt ein alltagssprachlich verankertes und sozialwissenschaftlich relevantes Phänomen dar, das man nicht in einem unspezifischen Begriff von Macht als kausaler Wirkmacht zum Verschwinden bringen sollte.

Zur Bedeutung von Handlungsfähigkeit für Macht im Kapitalismus

Um Macht *im* Kapitalismus zu untersuchen, ist es aus mindestens drei Gründen wichtig, neben den strukturellen auch die agentiellen Voraussetzungen von Macht in die Analyse einzubeziehen und beide in ihrer Wechselwirkung miteinander zu betrachten. Erstens sind *Formen* und *Ausmaß* von Macht in der Sphäre der Ökonomie neben den ökonomischen Strukturbedingungen immer auch von den agentiellen Fähigkeiten zum strategischen Einsatz der strukturell bedingten Machtressourcen abhängig. Wieviel und welche Art von Macht Akteure im Vergleich oder in Beziehung zueinander tatsächlich haben, hängt neben den ökonomischen Positionen von ihren agentiellen Fähigkeiten ab, ihre Positionen strategisch als Machtressource zu nutzen. Hierzu gehört die Fähigkeit der Unternehmerin, ihre Marktmacht in effektive Kontrolle am Arbeitsplatz zu transformieren. Wie die *labour-process-debate* in den 1970er-Jahren gezeigt hat, wird dabei auf eine große Bandbreite an Machtformen und -techniken zurückgegriffen (vgl. Thompson/Smith 2010). Die unternehmerischen Kontrollversuche treffen wiederum auf Strategien und Praktiken der Beschäftigten, die darauf zielen, ihre eigenen Interessen und Bedürfnisse zu realisieren. Beide Seiten können zudem Kollektivakteure bilden, etwa organisiertes Management auf der einen und Betriebsräte auf der anderen Seite. Deren jeweilige Fähigkeiten zu koordiniertem Handeln bildet als *Organisationsmacht* (Wright 2000b) eine weitere Machtressource, die sich wiederum auf das Machtverhältnis zwischen den individuellen Akteuren auswirkt. Die Größe der Machtasymmetrie und die implementierten Machtformen in einem Unternehmen hängen damit zu einem nicht unbedeutenden Teil von den Strategien und Fähigkeiten der miteinander interagierenden Akteure ab. Sicherlich sind die Handlungsspielräume beider Seiten durch ökonomische Bedingungen begrenzt. Unter bestimmten Marktbedingungen und Technologien kann ein Unternehmer nur wenig Spielraum bei der Gestaltung des Arbeitsprozesses haben, um profitabel produzieren zu können. Aber Markt- und andere Strukturzwänge *determinieren* nicht, welche Unternehmensstrategien und damit auch Herrschaftsformen in der Arbeit erfolgversprechend sind. Sie legen vielmehr unterschiedlich breite *Handlungskorridore* fest. Vor diesem Hintergrund ist die Behauptung der Alternativlosigkeit bestimmter Managemententscheidungen häufig nicht mehr als eine Rechtfertigung, um Beschäftigtenforderungen abzuwehren. Die Macht eines bestimmten Kapitalisten ist daher insofern keine Erscheinungsform der Macht des Kapitals, als dessen Macht auch von seinem subjektinternen Handlungsvermögen in Relation zum Handlungsvermögen der Beschäftigten abhängig ist.

Wenn Handlungsfähigkeit Bestandteil der Macht ökonomischer Akteure ist, dann ist sie zweitens auch intrinsischer Bestandteil der *Reproduktionsmechanismen* des Kapitals. Die zu einem gegebenen Zeitpunkt bestehenden Marktzwänge und ökonomischen Ungleichheiten sind das Resultat der durch Handlungsfähigkeit vermittelten vorangehenden Interaktionen. Wie die Unternehmensführungen und die Beschäftigten miteinander interagieren und wer zu welchem Grad dabei seine Interessen durchsetzen kann, entscheidet maßgeblich über die Verteilung des Surplus und über die Kontrollformen am Arbeitsplatz. Beides hat wiederum Rückwirkungen auf die Marktzwänge und Machtpositionen, die die Handlungssituation zu einem späteren Zeitpunkt formen. Wenn sich das Management in einigen Unternehmen einer Branche mit seinen Forderungen durchsetzt und den Preis der Arbeitskraft drückt, dann erhöht das den Druck auf die Arbeitenden in der gesamten Branche. Dieselbe Dynamik wirkt aber auch in die umgekehrte Richtung. Durch erfolgreiche Arbeitskämpfe können Marktzwänge zugunsten der Lohnarbeitenden verändert werden. Die Macht der Kapitalistinnen ist daher auch insofern keine Erscheinungsform der Macht des Kapitals, als sie niemals nur das Ergebnis einer automatisch wirkenden Funktionslogik ist. Sie ist stets das sedimentierte Resultat der – zwar strukturell *bedingten*, niemals aber *determinierten* – Interaktionen handlungsfähiger Akteure und insofern immer Ergebnis eines spezifischen Zusammenwirkens struktureller und agentieller Kausalkräfte.

Drittens muss Handlungsfähigkeit damit Teil der Erklärung von *Entwicklungen* der Macht im Kapitalismus sein. Das gilt sowohl rückblickend als auch für Prognosen. Daher kommt »genealogischen Erklärungen« (Lindner 2013: 306) ebenfalls ein wichtiger Stellenwert für das Verständnis der Machtstrukturen im Kapitalismus zu. Dieser Erklärungstyp erklärt soziale Sachverhalte durch die Rekonstruktion ihrer historischen Genese aus dem komplexen Zusammenspiel vieler Wirkfaktoren. Zu Letzteren gehören unterschiedliche soziale Mechanismen, wie der Profitzwang, aber auch Akteure mit ihren historisch geformten Bedürfnissen, ihrer Psychodynamik und ihrer Fähigkeit zu Reflexivität. Die »Macht des Kapitals« besteht vor diesem Hintergrund nicht darin, gesellschaftliche Entwicklungen vorherzubestimmen, sondern sie im

Sinne einer »strukturierten Kontingenz« (ebd.: 259) auf bestimmte Weise zu bedingen. So erklärt Marx beispielsweise die Durchsetzung des zehnstündigen Normalarbeitstages in England mit den Kämpfen der englischen Arbeiterklasse (MEW 23: 245ff.). Dass es den Arbeiterinnen gelang, die langfristig auch für die Reproduktion des Kapitals nachteilhafte Überverausgabung ihrer Arbeitskraft abzuwehren, ist kein Ausdruck der Macht des Kapitals, sondern Ergebnis sozialer Kämpfe und verdankt sich zu einem großen Teil der erfolgreichen Ausübung agentieller Kausalkräfte, also der individuellen und kollektiven Handlungsfähigkeit der Arbeitenden.

Indem Mau Macht nur der Kapitallogik zuschreibt, blendet er den Anteil der Akteure sowohl an der Reproduktion als auch an der Transformation ökonomischer Zwänge und Ungleichheiten systematisch aus. Wenn er auf dieser Grundlage dann über die dem Kapitalismus inhärenten Dynamiken, wie die reelle Subsumtion der Arbeit unter die Logik des Kapitals, spricht, dann nehmen seine Beschreibungen strukturdeterministische Züge an. So verteidigt er Harry Bravermans These einer dem Kapitalismus inhärenten Tendenz zur Dequalifizierung der Arbeitskraft mit dem Argument, dass Dequalifizierung funktional für die Reproduktion kapitalistischer Herrschaft am Arbeitsplatz sei (Mau 2021b: 239ff.). Dabei verschmelzen in Maus Darstellung die Interessen einzelner Kapitalistinnen mit den Funktionserfordernissen des kapitalistischen Verwertungskreislaufs: »Das Kapital ist nicht an der Dequalifizierung als solcher interessiert, sondern nur an der Dequalifizierung als Werkzeug seiner Herrschaft.« (Ebd.: 243) Dass Mau hier von den Interessen »des Kapitals« und nicht »der Kapitalisten« spricht, ist keiner Ungenauigkeit geschuldet, sondern in seiner strukturtheoretischen Machtkonzeption verankert. Ökonomische Macht wird der sozialen Struktur zugeschrieben (dem Kapital) und folgt dem Zweck, sich zu reproduzieren und zu expandieren. Dadurch nimmt das Kapital, trotz gegenteiliger Absichten (ebd.: 49ff.), subjektähnliche Qualitäten an. Menschliche Akteure (wie die Kapitalbesitzenden) hingegen erscheinen als bloße Funktionsträger des Kapitals: »Die reelle Subsumtion ist eine Auswirkung der Macht des Kapitals, da sie auf der Macht beruht, die den Kapitalist*innen durch die Produktionsverhältnisse verliehen wird.« (Mau 2021a: 687) Hier fehlen zwei wichtige Vermittlungsschritte zwischen dem, was für die Reproduktion des Kapitals funktional ist, und dem, was Akteure tatsächlich mit der Macht tun, die ihnen aufgrund ihrer ökonomischen Position verliehen wird. Erstens ist das, was funktional für das Kapital ist, nicht immer identisch mit den Interessen, die mächtige Akteure aufgrund ihrer ökonomischen Position haben. Die Überverausgabung von Arbeitskräften ist hierfür ein gutes Beispiel. Zweitens müssen Akteure ihre ökonomischen Interessen in Interaktionen mit anderen erfolgreich durchsetzen und es ist nicht von vornherein klar, inwieweit das gelingt. Erreichen die Arbeitenden eine Verteuerung ihrer Arbeitskraft, sind auf Technisierung und Höherqualifizierung setzende Rationalisierungsstrategien möglicherweise erfolgversprechender. Wenn es daher zu einer Dequalifizierung von Arbeitskraft kommt, dann ist das keine »Auswirkung der Macht des Kapitals«, sondern eine Auswirkung des komplexen Zusammenspiels von strukturellen und agentiellen Kausalkräften. Aufgrund dieser Komplexität ist das Ergebnis, also die Rationalisierungs- und Kontrollformen in der Lohnarbeit, wesentlich kontingenter, als es in Maus rein strukturtheoretischer Sichtweise erscheint.

Schreibt man Macht den Akteuren zu und versteht man ökonomische Positionen als eine Machtressource, auf die Akteure zur Realisierung ihrer je eigenen Zwecke zugreifen können, eröffnet das auch eine ganz andere Perspektive auf die Rolle von Gewalt im Kapitalismus. Mau betrachtet auch diese Frage aus der Perspektive der Funktionalität für die Systemreproduktion: Weil Gewalt nicht notwendig für die Reproduktion der Macht des Kapitals und im Vergleich zur ökonomischen Macht riskanter und sichtbarer ist, sei es für »das Kapital« attraktiver, auf sie zu verzichten (ebd.: 695). Was attraktiv für das Kapital ist, muss es aber nicht für einzelne Kapitalistinnen sein. Aus Sicht der Akteure ist die Transformation ökonomischer Ressourcen in andere Machtmittel häufig eine rationale Handlungsstrategie (Bourdieu 1992). Ob dabei auch eine Verwandlung in Gewaltmittel erfolgversprechend ist, hängt von spezifischen Kontextbedingungen ab. Die dem Kapitalismus inhärenten Strukturprinzipien der Konkurrenz und ökonomisch bedingten Herrschaft stiften grundsätzlich agonistische Instrumentalverhältnisse (Holzkamp 1979) zwischen den Menschen, die es strukturell nahelegen, Macht zur Durchsetzung eigener Partialinteressen gegen die Interessen anderer einzusetzen. Wenn Gewaltmittel in diesem Kampffeld Vorteile bringen, wird früher oder später auf sie zurückgegriffen. Die Geschichte des Kapitalismus zeigt das immer wieder. Ob das langfristig desintegrierende Folgen für die kapitalistische Akkumulation und die Gesellschaft hat, interessiert mächtige Akteure im Zweifelsfall nicht. Daher lässt sich argumentieren, dass der kapitalistischen Ökonomie eine inhärente Tendenz zur Gewaltförmigkeit innewohnt, die stets aktiv durch den Staat und andere Institutionen eingedämmt werden muss (vgl. Frings 2019: 441).

3. Herrschaft im Kapitalismus

Eine weitere wichtige Differenzierung, die im Konzept ökonomischer Macht verschwindet, ist die zwischen Macht und Herrschaft. Mau selbst benutzt die beiden Begriffe mehr oder weniger synonym und verzichtet auf eine Diskussion ihres Verhältnisses. Er begründet das damit, dass die »Macht zu« des Kapitals immer zugleich auch »Macht über« und damit Herrschaft darstellt (Mau 2021b: 57). Entsprechend müssten wir aber erstmal wissen, was denn eigentlich Herrschaft ist und was sie begrifflich von Macht unterscheidet. Der kursorische Verweis auf Macht über genügt hier nicht. Denn analog zur »Macht des Kapitals« bezieht Mau auch die »Herrschaft des Kapitals« (Mau 2021a, S. 678) auf drei Arten sozialer Beziehungen, die sich keinesfalls selbsterklärend als Macht über begreifen lassen: Erstens auf die Beziehung zwischen den Kapitalbesitzenden und Lohnarbeitenden in der Arbeit (»Herrschaftsverhältnisse am Arbeitsplatz«, Mau 2021b: 223), zweitens auf das Verhältnis zwischen den Produktionsmittelbesitzenden und Nicht-Besitzenden (»Klassenherrschaft«, Mau 2021a: 680) und drittens auf die »horizontalen« Konkurrenzzwänge auf Märkten (»Herrschaft des Marktes«, Mau 2021b: 211). Dabei wird offenbar ein weiter Herrschaftsbegriff unterstellt, der aber weder ausbuchstabiert noch in sich differenziert wird. Das ist mindestens aus zwei Gründen problematisch: Erstens ist Herrschaft seit der Moderne in höchstem Maße rechtfertigungsbedürftig, weil sie eine Einschränkung gleicher Freiheit darstellt (Wolf 2009: 37f.). Die Nutzung des Herrschaftsbegriffs erlaubt eine negative Bewertung sozialer Verhältnisse, die aber ohne Begriffsklärung gar nicht gerechtfertigt ist. Zweitens hat der Herrschaftsbegriff in einer kritischen Theorie des Kapitalismus neben der normativen auch eine deskriptive und erklärende Funktion. Bleibt er diffus, trägt das nicht unbedingt zu einem präziseren Verständnis der damit untersuchten Phänomene bei.

Es ist zunächst sinnvoll, sich eines Kerngehalts von »Herrschaft« zu vergewissern, um von dort aus zu überlegen, ob eine Ausdehnung des Begriffs sinnvoll ist. Sowohl alltagssprachlich als auch im Großteil der Literatur bezeichnet Herrschaft ein Verhältnis dauerhafter Macht von Menschen über Menschen. Gegenstand der Debatte ist davon ausgehend, wann Macht über vorliegt und ob sie näher qualifiziert werden muss, um Herrschaft zu konstituieren (Mader 2022a: 99ff.). Ein Vorschlag zur näheren Bestimmung von Herrschaft ist, sie als eine Einschränkung der Selbstbestimmungsmöglichkeiten der einen durch die Macht der anderen zu fassen (ebd.: 141ff.). Diese Definition hebt drei Aspekte hervor: Erstens beschreibt »Herrschaft« eine asymmetrische soziale Beziehung zwischen Akteuren (im Unterschied zu ungleichen Machtverteilungen). Zweitens stellt sie eine signifikante Freiheitseinschränkung dar (im Unterschied zu asymmetrischen Beeinflussungen). Um Herrschaft zu konstituieren, müssen asymmetrische Machtbeziehungen durch äußeren oder inneren Zwang gestützt sein: Akteure gelten demnach als beherrscht, wenn sie sich der Macht anderer nicht ohne erheblichen Schaden entziehen können. Die Einschränkung muss drittens in der Macht anderer Akteure liegen, das heißt von diesen willentlich kontrollierbar sein (im Unterschied zu unpersönlich verursachten Freiheitseinschränkungen).

Herrschaft in der Lohnarbeit

Mit diesem Herrschaftsbegriff lässt sich die Beziehung zwischen Unternehmensführung und abhängig Beschäftigten am Arbeitsplatz klar als Herrschaft charakterisieren. Innerhalb des Lohnarbeitsverhältnisses hat die Unternehmensführung gestützt auf ihre Verfügung über die Produktionsmittel mehr Macht über die Ziele und Bedingungen des Arbeits- und Produktionsprozesses als eine Arbeiterin, die unter diesen Bedingungen ihre Arbeitszeit und damit einen wesentlichen Teil ihrer Lebenszeit verbringt. Letztere ist mit erheblichen Hürden konfrontiert, sich dieser Macht zu entziehen: Sie verfügt weder über gleichberechtigte Mitsprachemöglichkeiten noch kann sie die Machtbeziehung ohne erhebliche Nachteile verlassen. Auch wenn sie gute Chancen auf dem Arbeitsmarkt hat, bleibt sie dem Zwang ausgesetzt, in irgendein Lohnarbeitsverhältnis einzuwilligen. Insofern die Alternative zum Verbleib in *diesem* Herrschaftsverhältnis der Eintritt in ein *anderes,* strukturell ähnliches Herrschaftsverhältnis ist, ist das keine echte Alternative. Die Herrschaftsbeziehung in der Lohnarbeit ist *strukturell bedingt* durch die Positionen beider Seiten in einer umfassenderen, marktvermittelten *Klassenstruktur* (Mader 2022b: 25ff.).

Maus Bezeichnung der Herrschaft in der Lohnarbeit im Anschluss an Marx und Michael Heinrich (2012) als »unpersönlich« (Mau 2021b: 227ff.) ist mehrdeutig und missverständlich. »Unpersönlich« kann Herrschaft in vier unterschiedlichen Hinsichten sein, von denen zwei auch auf andere Herrschaftsverhältnisse zutreffen und eine gerade nicht auf Lohnarbeit. Zum einen ist Herrschaft in der Lohnarbeit unpersönlich, insofern sie auf sozialen Positionen beruht, deren »Inhaberinnen« prinzipiell austauschbar sind. Sie steht und fällt damit nicht mit den persönlichen Eigenschaften des herrschenden Akteurs. Das gilt aber auch für institutionalisierte politische und bürokratische Herrschaft, wie bereits Weber hervorhebt (Weber 2013: 453; Koch 2022: 150). Zweitens kann sich »unpersönlich« darauf beziehen, dass die zentrale Machtquelle der Herrschaft nicht in der anerkannten Verfügung über Personen, sondern in der anerkannten Verfügung über Sachen beruht. Ihre sozial-strukturelle Grundlage ist damit ein sachlich vermitteltes Abhängigkeitsverhältnis. Diese Charakteristik lässt sich, ebenfalls mit Weber, als eine Variante von »Herrschaft kraft Interessenkonstellation« (Weber 2005: 129; Mader 2022a: 198ff.) fassen und findet sich in verschiedensten Herrschaftsbeziehungen, die auf der Monopolisierung von Ressourcen basieren. Drittens, und erst das ist das wirklich Besondere, ist die sachliche Abhängigkeit in der Lohnarbeit dezentralisiert. Die Arbeiterin ist nicht von einem einzigen

Kapitalisten abhängig, sondern von der Klasse der Kapitalbesitzenden, weil Letztere als Gruppe über die Produktionsmittel verfügen. Dennoch handelt es sich aber viertens um eine Macht-über-Beziehung zwischen konkreten Personen. Die Arbeiterin ist der willentlich kontrollierbaren Macht einer bestimmten Person ausgesetzt und nicht unpersönlichen Zwängen. Dieser auch für die Erfahrung von Herrschaft enorm wichtige Aspekt geht im Begriff der unpersönlichen Herrschaft völlig verloren. Die Lohnarbeitsbeziehung lässt sich damit präziser als strukturell bedingte und auf dezentralisierter sachlicher Abhängigkeit beruhende inter-agentielle Herrschaft fassen.

Klassenherrschaft

Herrschaft in der Lohnarbeit setzt für Mau »Klassenherrschaft« voraus, das heißt die »Beherrschung der Proletarier durch diejenigen [...], die die Produktionsmittel besitzen« (Mau 2021a: 682). Unter Proletariern versteht Mau nicht nur die in einem Arbeitsverhältnis stehenden Lohnarbeitenden, sondern alle, die aufgrund ihres Nicht-Besitzes an Produktionsmitteln existentiell abhängig vom Kapital sind. Die Unterscheidung von Lohnarbeitenden und Proletarisierten ist einleuchtend. Fraglich ist jedoch, inwiefern die Proletarisierten als solche und damit auch außerhalb der Lohnarbeitsbeziehung von den Kapitalbesitzenden *beherrscht* werden? Mau schreibt hierzu: »In diesem Zusammenhang bezieht sich Klassenherrschaft also auf das Verhältnis zwischen denen, die die Bedingungen der gesellschaftlichen Reproduktion kontrollieren, und denen, die vom direkten Zugang zu ihnen ausgeschlossen sind.« (Mau 2021b: 133) Inwiefern lässt sich aber sagen, dass die Kapitalbesitzenden die »Bedingungen der gesellschaftlichen Reproduktion kontrollieren« und darüber vermittelt über die Nichtbesitzenden herrschen? Drei Lesarten sind möglich, von denen jedoch keine überzeugt:

Eine erste, starke Lesart von *Kontrolle* der Reproduktionsbedingungen wäre, dass die Kapitalbesitzenden in der Lage sind, ihre ökonomische Macht in politische Macht über die Gestaltung gesellschaftlicher Rahmenbedingungen – wie Steuergesetze, soziale Rechte, Umweltauflagen oder Infrastrukturprojekte – zu transformieren. Insofern sie Macht über diese Rahmenbedingungen haben, haben sie indirekt auch Macht über die unter diesen Bedingungen lebenden Proletarisierten und man kann berechtigt von Herrschaft sprechen. Allerdings finden sich bei Mau keine Hinweise, dass er Klassenherrschaft in diesem Sinne versteht, vermutlich, weil sie für ihn nicht zur »Kernstruktur« des Kapitalismus gehört.

Eine zweite Lesart wäre, dass die private *Verfügung* über die Produktionsmittel die Kapitalbesitzenden in die Lage versetzt, über deren Einsatz und damit über Form und Richtung gesellschaftlich relevanter Lebensbedingungen zu bestimmen. Nicht die Gesellschaft als Ganzes entscheidet gleichberechtigt darüber, zu welchem Zweck die gesellschaftlichen Produktivkräfte eingesetzt werden – also welche Konsumgüter, Technologien und Infrastrukturen wir haben –, sondern eine kleine Gruppe von ökonomisch Mächtigen. Allerdings haben die einzelnen Kapitalbesitzenden nur begrenzte Macht darüber, was sie produzieren wollen und müssen sich auch danach richten, was auf Märkten nachgefragt wird. Solange sie sich nicht als Kollektivakteur koordinieren, haben sie als Klasse nicht wirklich *Kontrolle* über den Einsatz der produktiven Ressourcen. Man könnte ihnen höchstens einen überproportional großen Einfluss darauf attestieren.

Eine dritte Lesart stützt sich darauf, dass die proletarische Lage negativ durch die schiere *Existenz* des akkumulierten Reichtums auf der Kapitalseite bedingt ist. Der Zwang zur Lohnarbeit ist kein Ausdruck von unspezifischen Marktzwängen, sondern ergibt sich erst aus dem Zusammenspiel von klassenbedingter Ungleichheit und Marktabhängigkeit. Insofern der ökonomische Reichtum der Kapitalbesitzenden kausal mit der Situation des existenziellen Mangels der Proletarisierten verknüpft ist, hätten erstere Macht über die Situation letzterer. Das wäre aber eine sehr ungenaue Redeweise von Herrschaft, weil die einzelnen Kapitalbesitzenden keine willentliche Kontrolle über diese Konstellation haben. Die proletarische Lage ist daher am ehesten der *Verteilungsstruktur* der produktiven Ressourcen zuzuschreiben. Die Kapitalbesitzenden haben nur insoweit *Macht über* die Situation der Proletarisierten, wie sie Macht über die Aufrechterhaltung der Klassenstruktur haben (erste Lesart). Ist die Reproduktion der Klassen hingegen das vielleicht wohlwollend in Kauf genommene, aber nicht willentlich kontrollierbare Ergebnis vieler Einzelhandlungen auf einem Markt, dann ist die proletarische Lage, wenn man hier unbedingt von Herrschaft sprechen will, Ergebnis *struktureller Herrschaft*. Eine strukturelle Herrschaft aber, und hier liegt eine Stärke von Maus Beitrag, die immer nur vermittelt durch die jeweilige Klassenposition auf die Akteure wirkt.

Herrschaft des Kapitals

Für Mau konstituieren nicht nur die »vertikalen« Machtbeziehungen zwischen den Mitgliedern ökonomischer Klassen, sondern auch die »horizontalen« Marktbeziehungen ein Herrschaftsverhältnis (Mau 2021a: 682). Wie lässt sich eine solche Ausdehnung des Herrschaftsbegriffs auf die anonymen Strukturzwänge kapitalistischer Märkte rechtfertigen und welcher Erkenntnisgewinn könnte damit verbunden sein? Um hier keinen Streit um Worte zu führen, soll das von Mau bezeichnete Phänomen als *strukturelle Herrschaft* gefasst werden, die in Anschluss an Heiner Koch folgendermaßen definiert werden kann: »Strukturelle Herrschaft ist die dauerhafte objektiv erwartbare Einschränkung der

Selbstbestimmung, für die niemand verantwortlich ist und/oder über die niemand Kontrolle hat und die außerdem änderbar ist.« (Koch 2022: 8) Während inter-agentielle Herrschaft zwar *strukturell bedingt* sein kann, aber dennoch eine asymmetrische Beziehung zwischen Akteuren darstellt, bezieht sich *strukturelle Herrschaft* auf die Beziehung von Akteuren zu ihrem sozialstrukturellen Handlungsumfeld als Ganzem. Wie bei inter-agentieller Herrschaft wird hier die Selbstbestimmung von Akteuren dauerhaft eingeschränkt, diese Einschränkung liegt jedoch nicht in der Macht anderer Akteure. Inwiefern kann man nun sagen, dass »das Kapital« in diesem Sinne *Herrschaft* ausübt?

Mau führt drei zusammenhängende Argumente für die Rede von der Herrschaft des Kapitals an: Erstens ist das Kapital eine »emergente Eigenschaft gesellschaftlicher Verhältnisse« (Mau 2021b: 54) und besitzt als solche Kausalkräfte, die von niemandem willentlich kontrollierbar sind. Zweitens formen diese strukturellen Kausalkräfte das Handlungsumfeld aller im Kapitalismus lebenden Menschen. Und drittens können sich die Menschen dieser Formung ihrer Lebensbedingungen nicht entziehen, weil sich die »Verwertung des Werts« in den menschlichen Stoffwechsel eingeschaltet hat (ebd.: 136). Auf Grund dieser drei Kriterien »herrscht« das Kapital über die Menschen.

Weil Mau aber den Gebrauch des Herrschaftsbegriffs nicht explizit begründet, setzt er sich auch nicht mit den Problemen auseinander, die sich aus seiner Ausdehnung des Begriffs ergeben. Die Schwierigkeit ist, dass die genannten Kriterien nicht unbedingt spezifisch für den Kapitalismus sind, sondern auf alle komplexeren Gesellschaften zutreffen. Der Begriff der Emergenz, wie ihn Mau verwendet, entstammt dem Kontext des *Critical Realism*, wo er auf unterschiedliche soziale Strukturen bezogen wird, wie unter anderem Verteilungsstrukturen, Normkreise oder Organisationen (Elder-Vass 2007). Emergenz wird dort aber nicht als änderbare Herrschaft thematisiert, sondern als unabdingbare Tatsache von Gesellschaft. Mit der Bedingung von Handeln durch nicht durchgehend kontrollierbare Struktureffekte wird man in größeren Sozialverbänden wohl immer zu tun haben. Und die existenzielle Abhängigkeit der Einzelnen vom gesellschaftlichen Reproduktionsprozess gehört als »gesellschaftliche Vermitteltheit individueller Existenzsicherung« (Holzkamp 1985: 235) zur sozialen Natur des Menschen.

Soll die Rede von der Herrschaft des Kapitals kritisch gemeint sein und soll diese Kritik nicht auf ein nicht-gesellschaftliches Freiheitsideal hinauslaufen, dann stellt sich die Frage nach der Besonderheit der kapitalistischen Strukturzwänge gegenüber den Freiheitseinschränkungen, die mit jeder Gesellschaft unvermeidlich einhergehen. In aller Kürze seien hier zwei grundlegende Ebenen benannt, auf denen eine solche Besonderheit gezeigt werden könnte: Erstens lässt sich argumentieren, dass die Kapitallogik Tendenzen hat, solche Handlungsbedingungen zu reproduzieren, die systematisch die Realisierung menschlichen Wohlergehens blockieren. Ich bezeichne diese Ebene als Einschränkung von Handlungsmacht erster Ordnung, weil hier die Macht zur Realisierung von im Alltagsleben relevanten Wünschen eingeschränkt ist (Mader 2022a: 180ff.). Die Kapitallogik führt dann nicht zu *irgendwelchen* Freiheitseinschränkungen, sondern insbesondere zu solchen, die für die Realisierung von Wohlergehen relevant sind. Hier müsste gezeigt werden, dass es unter kapitalistischen Bedingungen *systematisch* immer wieder zu vermeidbaren und subjektiv erfahrbaren Einschränkungen des Wohlergehens kommt – und zwar selbst dann, wenn man Tendenzen der Anpassung von Wünschen an Lebensbedingungen berücksichtigt.

Zweitens kann die Selbstbestimmung der Menschen im Kapitalismus auch dadurch eingeschränkt sein, dass das erwartbare Auftreten der erstgenannten Art von Einschränkungen weder individuell noch kollektiv verhindert werden kann. Das ist dann eine Einschränkung von Handlungsmacht zweiter Ordnung, weil Macht über die gesellschaftlichen Rahmenbedingungen des Handelns fehlt. Diese fehlende Kontrollmöglichkeit stellt eine stets latente Bedrohung dar, wenn zu erwarten ist, dass sie sich jederzeit zu manifesten Einschränkungen von Handlungsmacht erster Ordnung zuspitzen kann. Homolog zur inter-agentiellen Herrschaft zeichnet sich also auch die Herrschaft des Kapitals durch ein grundsätzlich bedrohliches Ausgeliefertsein an nicht kontrollierbare Umweltbedingungen aus. Hier müsste gezeigt werden, dass es systematische Gründe dafür gibt, dass sich ökonomische Mechanismen und Tendenzen auch *kollektiv-politisch* nicht hinreichend kontrollieren lassen, so dass die negativen Auswirkungen der Kapitallogik beim besten Willen nicht verlässlich eingehegt werden können. Die strukturelle Herrschaft des Kapitals bezeichnet damit ein spezifisches Verhältnis von agentiellen und strukturellen Kausalkräften. Die Handlungsmacht von Menschen, ihre gesellschaftlichen Bedingungen bewusst zu gestalten, um dadurch Mangellagen abzuwehren, ist durch strukturelle Kausalkräfte erheblich eingeschränkt.

4. Handlungsfähigkeit ist Teil von Macht und Herrschaft

Mau legt eine Strukturanalyse von Macht vor, die sich eng an Marx' Analyse ökonomischer Formbestimmungen im *Kapital* orientiert. Diese schreibt Macht der ökonomischen Struktur zu, ihren Mechanismen und den Positionen innerhalb dieser Struktur. Damit kann er auf einer abstrakten Analyseebene die strukturellen Zwänge fassen, die auf alle Akteure wirken und sie mit den asymmetrischen Machtpositionen zwischen den Klassen zusammendenken. Die Stärke von Maus Rekonstruktion liegt darin, dass er Klasse und Markt als zwei zentrale, irreduzible, aber zusammenhängende Strukturprinzipien von Macht im Kapitalismus herausstellt.

Die Grenzen und Probleme dieser Analyse resultieren aus dem Fehlen von menschlicher Handlungsfähigkeit als Teil von Macht sowie eines übergeordneten sozialtheoretischen Rahmens, mit dem sich eine Struktur- und eine Akteursperspektive auf Macht zusammendenken lassen. Das führt zu Einseitigkeiten und Schieflagen in der Analyse von Herrschaft im Kapitalismus. Erstens führt dies zu dem Eindruck eines »sauberen Kapitalismus« (Graf), in dem Gewalt sowie personale Über- und Unterordnungsbeziehungen keine systematische Rolle mehr zu spielen scheinen, sondern historisch kontingente Phänomene, beziehungsweise bloße Erscheinungsformen oder allenfalls äußere Randbedingungen der unpersönlichen und abstrakten Macht des Kapitals darstellen. Demgegenüber zeigt eine Verbindung von Struktur- und Akteursperspektive, dass sowohl Gewalt als auch personale Herrschaft strukturell im Kapitalismus angelegt sind. Zweitens verleitet das Fehlen von Handlungsfähigkeit in der Analyse von Macht zu strukturdeterministischen Erklärungen ihrer Reproduktion und Transformation. Entwicklungsdynamiken im Kapitalismus sind nur aus dem Zusammenspiel von strukturellen und agentiellen Kausalkräften zu erklären und können keinesfalls aus der Strukturlogik allein abgeleitet werden. Auf der Strukturebene lassen sich allenfalls Tendenzen ausmachen, zu denen häufig aber auch Gegentendenzen existieren.

Schließlich behindert das Ausblenden von Handlungsfähigkeit das grundsätzliche Verständnis der Problematik von Macht und Herrschaft. Macht ist gerade deshalb ein so wichtiger Gegenstand politischer und sozialwissenschaftlicher Diskurse, weil von ihr abhängt, wer in welchem Ausmaß und mit welchen Konsequenzen seine subjektiv relevanten Ziele realisieren kann. Das gilt auch für Herrschaft in all ihren Formen: Herrschaft zwischen Akteuren ist unter anderem deshalb problematisch, weil hier die einen zur Realisierung ihrer Ziele die anderen instrumentalisieren und in ihrer Handlungsfähigkeit einschränken. Und die strukturellen Kausalkräfte des Kapitals lassen sich überhaupt nur sinnvoll als Herrschaft bezeichnen, insofern sie die Handlungsfähigkeit der im Kapitalismus lebenden Menschen auf eine veränderbare Weise einschränken. Wer also von Macht und Herrschaft reden will, kann von Handlungsfähigkeit und Selbstbestimmung nicht schweigen.

Literatur

Archer, Margaret S. (2000): Being Human. The Problem of Agency. Cambridge. DOI: https://doi.org/10.1017/CBO9780511488733.

Bourdieu, Pierre (1992): Ökonomisches Kapital – Kulturelles Kapital – Soziales Kapital. In: Ders.: Die Verborgenen Mechanismen der Macht. Schriften zu Politik & Kultur 1, hg. v. Margareta Steinrücke. Hamburg: 49-80.

Elder-Vass, Dave (2007): For Emergence. Refining Archer's Account of Social Structure. In: Journal for the Theory of Social Behaviour 37(1): 25-44. DOI: https://doi.org/10.1111/j.1468-5914.2007.00325.x.
– (2017): Wie wirken Normen? Critical Realism und die kausale Kraft sozialer Strukturen. In: Lindner, Urs / Mader, Dimitri (Hg.): Critical Realism meets kritische Sozialtheorie. Ontologie, Erklärung und Kritik in den Sozialwissenschaften. Bielefeld: 77-93.
Frings, Christian (2019): Sklaverei und Lohnarbeit bei Marx. In: PROKLA 196 49(3): 427-448. DOI: https://doi.org/10.32387/prokla.v49i196.1836.
Gerstenberger, Heide (2018): Über direkte Gewalt in kapitalistischen Arbeitsverhältnissen – und über Geschichtsphilosophie. In: PROKLA 192 48(3): 489-500. DOI: https://doi.org/10.32387/prokla.v48i192.919.
Graf, Jakob (2021): Macht der Märkte oder Macht in Märkten? In: PROKLA 205 51(4): 699-717. DOI: https://doi.org/10.32387/prokla.v51i205.1965.
Heinrich, Michael (2012): Individuum, Personifikation und unpersönliche Herrschaft in Marx' Kritik der politischen Ökonomie. In: Elbe, Ingo / Ellmers, Sven / Eufinger, Jan (Hg.): Anonyme Herrschaft. Zur Struktur moderner Machtverhältnisse (Eigentum – Gesellschaftsvertrag – Staat 3). Münster: 15-33.
Holzkamp, Klaus (1979): Zur kritisch-psychologischen Theorie der Subjektivität II. Das Verhältnis individueller Subjekte zu gesellschaftlichen Subjekten und die frühkindliche Genese der Subjektivität. In: Argument Sonderband 41; Forum Kritische Psychologie 5: 7-46.
– (1985): Grundlegung der Psychologie. Studienausgabe. Frankfurt/M./New York.
Koch, Heiner (2022): Strukturelle Herrschaft. Dissertation. Fakultät für Geisteswissenschaften der Universität Duisburg-Essen.
Lindner, Urs (2013): Marx und die Philosophie. Wissenschaftlicher Realismus, ethischer Perfektionismus und kritische Sozialtheorie. Stuttgart.
Mader, Dimitri (2022a): Herrschaft und Handlungsfähigkeit. Elemente einer kritischen Sozialtheorie. Frankfurt/M./New York.
– (2022b): Herrschaft und Handlungsfähigkeit in der Lohnarbeit. Eine Metastudie zu betrieblichen Machtordnungen. Frankfurt/M./New York.
Mann, Michael (1986): The Sources of Social Power. Volume I: A history of power from the beginning to A.D. 1760. Cambridge.
MEW – Marx, Karl / Engels, Friedrich: Marx-Engels-Werke. Berlin 1956ff.
Mau, Søren (2021a): Stummer Zwang als besondere Form der Macht. In: PROKLA 205 51(4): 675-696. DOI: https://doi.org//10.32387/prokla.v51i205.1964.
– (2021b): Stummer Zwang. Eine marxistische Analyse der ökonomischen Macht im Kapitalismus. Berlin.
Morriss, Peter (2002): Power. A philosophical analysis. Second Edition. Manchester/New York.
Popitz, Heinrich (1992): Phänomene der Macht. 2., stark erweiterte Auflage. Tübingen.
Sayer, Andrew (2014): Macht, Kausalität und Normativität. Eine kritisch-realistische Kritik an Foucault. In: Zeitschrift für Kritische Sozialtheorie und Philosophie 1(2): 325-349. DOI: https://doi.org/10.1515/zksp-2014-0012.
Schimank, Uwe (2017): Nimm Zwei! Zwei Kausalkräfte des Sozialen, zwei Arten sozialer Strukturen, zwei Grunderfahrungen und zwei Formkritiken von Sozialität. Ein Kommentar zu Dave Elder-Vass. In: Lindner, Urs / Mader, Dimitri (Hg.): Critical Realism meets kritische Sozialtheorie. Ontologie, Erklärung und Kritik in den Sozialwissenschaften. Bielefeld: 95-116. DOI: https://doi.org/10.1515/9783839427255-003.
Thompson, Paul / Smith, Chris (Hg.) (2010): Working Life. Renewing Labour Process Analysis. Houndsmills/New York.
Weber, Max (2013): Wirtschaft und Gesellschaft. Soziologie. Unvollendet 1919 – 1920. Gesamtausgabe Schriften und Reden, Band I/23, hg. v. Borchardt, Knut u.a. (Hg.). Tübingen.

– (2005): Wirtschaft und Gesellschaft. Herrschaft. Gesamtausgabe Schriften und Reden, Band I/22,4, hg. v. Hanke, Edith u.a. Tübingen.
Wolf, Frieder Otto (2009): Radikale Philosophie. Aufklärung und Befreiung in der neuen Zeit. 2., um ein Nachwort erweiterte und korrigierte Auflage. Münster.
Wright, Erik Olin (2000a): Class Counts. Student edition. Cambridge.
– (2000b): Working-Class Power, Capitalist-Class Interests, and Class Compromise. In: American Journal of Sociology 105(4): 957-1002. DOI: https://doi.org/10.1086/210397.

PROKLA 211 | 53. Jahrgang | Nr. 2 | Juni 2023 | S. 383-400
https://doi.org/10.32387/prokla.v53i211.2050

Ulrich Brand • Christoph Görg*

»Der Frankfurter Marxismus war immer anders.«

Gespräch mit Joachim Hirsch

Zusammenfassung: Joachim Hirsch leistete seit Ende der 1960er-Jahre wichtige Beiträge zur historisch-materialistischen Staats- und Gesellschaftstheorie und prägte den Begriff des »radikalen Reformismus«. Als Professor für Politikwissenschaft an der Goethe-Universität (1972-2003) und Redakteur der Zeitschrift *links* intervenierte er auch in gesellschaftspolitische Debatten. In dem Gespräch blickt er auf seine inhaltliche und praktische wissenschaftliche Arbeit in unterschiedlichen Phasen zurück und schätzt sie vor dem Hintergrund aktueller Entwicklungen ein. Das Gespräch erscheint anlässlich seines 85. Geburtstages.

Schlagwörter: Historisch-materialistische Staats- und Gesellschaftstheorie, Formbestimmung des Staates, Fordismus/Postfordismus, radikaler Reformismus, Hochschulpolitik

»Frankfurt Marxism has Always Been Different.«

Conversation with Joachim Hirsch

Abstract: Joachim Hirsch made important contributions to historical-materialist state and social theory from the late 1960s and coined the term »radical reformism«. As a professor of political science at Goethe University (1972-2003) and editor of the journal *links*, he also intervened in socio-political debates. In the conversation, he looks back on his substantive and practical academic work in different phases and assesses it against the background of contemporary developments. The conversation is published on the occasion of his 85th birthday.

Keywords: Historical-Materialist State and Social Theory, Explanation of the State Form, Fordism/Post-Fordism, Radical Reformism, Higher Education Policies

* **Ulrich Brand** lehrt und forscht an der Universität Wien. | **Christoph Görg** lehrt und forscht am Institut für Soziale Ökologie an der Universität für Bodenkultur (BOKU), in Wien. | **Joachim Hirsch** ist emeritierter Professor der Goethe-Universität Frankfurt/M., Mitglied der *links-netz*-Redaktion und Vorstandsmitglied der Stiftung medico international.

Vorbemerkung: Christoph Görg und Ulrich Brand studierten seit Ende der 1970er beziehungsweise Anfang der 1990er bei Joachim Hirsch und kooperierten in den 1990er-Jahren wissenschaftlich als Mitarbeiter beziehungsweise in Forschungsprojekten sowie in der Redaktion der Zeitschrift *links* und später im *links-netz.de* mit ihm.

Kritische Staatstheorie

Christoph Görg: Wir haben 2018 ein Buch zu der von dir im deutschsprachigen Raum maßgeblich mitgeprägten historisch-materialistischen Staatstheorie herausgegeben.[1] Wenn du dir die Aufsätze ansiehst, wie würdest du jetzt aus einer Rückschau deine eigene Arbeit sehen? Wo denkst du, dass es dir besonders gelungen ist, bestimmte Sachen auf den Punkt zu bringen? Wo hast du was verpasst und hättest du im Nachhinein Sachen anders gemacht?

Joachim Hirsch: Ich habe mich sehr stark auf die Besonderheiten der Macht- und Herrschaftsbeziehungen in entwickelten kapitalistischen Gesellschaften konzentriert, also das, was man in der deutschen Diskussion als Formbestimmung des Staates bezeichnet: Was es bedeutet, dass die politische Herrschaftsapparatur von der ökonomisch herrschenden Klasse formell getrennt ist, der Staat aber gerade in dieser Form einen integralen Bestandteil des Produktionsverhältnisses darstellt. Nicos Poulantzas hat das als »relative Autonomie« des Staates bezeichnet. Das heißt, dass dieses Produktionsverhältnis mittels des Staates nicht grundsätzlich verändert werden kann, weil er in seiner materiellen wie personellen Existenz und in der Reichweite seiner Mittel wesentlich vom Gelingen des Akkumulationsprozesses abhängt. Das hat wichtige Konsequenzen für die Dynamik der politischen Prozesse – siehe etwa die permanente Krise der liberalen Demokratie im Widerspruch zwischen »Volkssouveränität« und privater Verfügungsmacht über die Produktionsmittel. Und diese Formbestimmung ist zugleich auch die Grundlage für die Staatsillusion, das heißt die Annahme, der Staat sei tatsächlich das Zentrum der gesellschaftlichen Macht und eine autonome Instanz, die in demokratischen Regimen den Volkswillen ausführt. Wie wichtig das ist, zeigt sich aktuell am desaströsen Versagen der Linken im Zusammenhang mit der Coronakrise und dem Ukraine-Krieg. Hier haben die Staatsillusion ebenso eine Rolle gespielt wie das Fehlen ei-

1 Brand/Görg (2018). An dieser Stelle möchten wir Bert Preiss, der das Gespräch transkribiert hat, sehr herzlich danken.

ner genauen Kapitalismus- beziehungsweise Imperialismus-Analyse. Die staatlichen Maßnahmen wurden weitgehend kritiklos akzeptiert, wenn nicht gar überboten, und dass der Ukraine-Krieg etwas mit den sich verschärfenden geopolitischen Rivalitäten zwischen den USA und der NATO auf der einen und Russland und China auf der anderen Seite zu tun hat, war kaum einer Erwähnung wert. Und auch bei den klimapolitischen Bewegungen für einen »System Change« fehlt oft eine genauere Analyse des Staates, was dann politisch-strategische Implikationen hat.

Diese Überlegungen haben mich auch dazu geführt, mich mit dem »radikalen Reformismus« zu beschäftigen, also mit der Frage, welche Bedingungen angesichts gescheiterter Revolutionen grundlegend für gesellschaftliche Veränderungen sind. Ein weiterer Schwerpunkt war die Analyse der historischen Entwicklung der kapitalistischen Formation und der dabei wechselnden Rolle des Staates – Stichwort: Fordismus-Postfordismus. Dazu gibt es von mir neben dem *Sicherheitsstaat* (1980) vor allem das zusammen mit Roland Roth verfasste Buch *Das neue Gesicht des Kapitalismus* (1986/1990) sowie die *Materialistische Staatstheorie* (2005). Zu kurz gekommen ist bei mir die Analyse konkreter politischer Prozesse – wenn man von eher journalistischen Arbeiten etwa in Zusammenhang der Arbeiten in der Zeitschrift *links* und der Internetplattform *links-netz* absieht. Natürlich ist dabei zunächst einiges unterbelichtet geblieben, etwa die Frage der Ökologie beziehungsweise grundsätzlicher des gesellschaftlichen Naturverhältnisses oder die feministische Theorie.

CG: Mein Eindruck ist, dass du diese konkreten Analysen in den 1970er-Jahren sogar noch mehr gemacht hast.

JH: Das stimmt. Meine wissenschaftliche Tätigkeit hat mit der Analyse konkreter politischer Prozesse begonnen: Haushaltsplanung und Wissenschaftsplanung insbesondere. Diese Arbeiten haben die staatstheoretischen Fragen aufgeworfen, die später in das Zentrum meiner Arbeiten gerückt sind. Ich fand gerade in der Auseinandersetzung mit diesen konkreteren empirischen Fragen, dass die kritische Staatstheorie Defizite aufwies.

CG: Die Entwicklungen der marxschen Theorie gingen ja in verschiedene Richtungen, dazu kam die Kritische Theorie. Ich empfand das um 1978 als sehr spannend, diese Vielfalt hatte etwas Fruchtbares gehabt. Ich wollte die Bemerkung von dir nochmals aufgreifen, dass du Themen um Feminismus und Ökologie herum nicht von dir aus so stark gemacht hast. Ist es nicht generell auch die Funktion von sozialen Bewegungen, die Relevanz solcher Themen deutlich zu machen, und dass sie weniger aus der Theoriebildung kommen? Wie siehst du das heute, die Bedeutung der theoretisch angeleiteten Kritik? Was kann sie dazu beitragen? Du hast dich oft sehr kritisch gegenüber einer abstrakten Theorieproduktion geäußert.

JH: Natürlich entstehen soziale Bewegungen nicht aus theoretischen Diskussionen, sondern aus der Wahrnehmung konkreter gesellschaftlicher Probleme. Aufgabe der Theorie ist es, deren Zusammenhang und Dynamik zu entschlüsseln. Erst die Frauenbewegung hat die Entstehung einer breiteren feministischen Theorie und einer theoretisch angeleiteten Kritik möglich gemacht. Das hat mich nicht unberührt gelassen. Das gilt auch in Bezug auf die Ökologiebewegung – immerhin haben wir in den 1990er-Jahren stark zur Internationalisierung des Staates im Kontext ökologischer Regulierungsansätze geforscht.

Ulrich Brand: Und wie steht es um die Arbeiter*innenbewegungen, Gewerkschaften oder auch die von Gewerkschaften unabhängig organisierten Teile der Arbeiter*innenbewegung?

JH: Das hat bei mir eine geringere Rolle gespielt. Die Arbeiter*innenbewegung war für mich nicht der zentrale Bezugspunkt, obwohl das Thema im Sozialistischen Büro (SB)[2] und insbesondere über die Zeitschrift *express* ja sehr präsent war. Aber ich war immer nur in der *links*-Redaktion, sonst nicht im SB aktiv. In meinem staatstheoretischen Ansatz habe ich auf die Gewerkschaften mit dem Begriff der »massenintegrativen Apparate« Bezug genommen.

UB: Der SB-Ansatz war eigentlich »Revolutionäre im Beruf«, also Gesundheit, Bildung, soziale Arbeit, auch Wissenschaft – das war für dich auch eher am Rand von Bedeutung?

JH: Ich fand das wichtig und richtig, aber es war nicht das, wozu ich arbeiten wollte.

UB: Alex Demirović schrieb in dem eingangs erwähnten Buch von 2018, dass es in deiner Argumentation zwei Tendenzen gäbe. Du sagst, es gibt die Durch-

2 Das Sozialistische Büro (SB) entstand aus dem Zerfall der Protestbewegungen der 1960er-Jahre und wendete sich explizit gegen die damals kursierenden Parteigründungen. Es verfolgte stattdessen eine Strategie der Politisierung von Arbeitszusammenhängen und gab drei Zeitschriften heraus, den *express* zur Gewerkschaftsbewegung, die *Widersprüche* zum Bildungsbereich sowie die *links* als Arbeitsfeld-übergreifendes Diskussionsforum.

kapitalisierung der Gesellschaft. Damit brauche es aber auch eine Durchstaatlichung, um bestimmte Krisentendenzen zu bearbeiten und die Reproduktionsfähigkeit der Gesellschaft zu sichern. Und er argumentiert, mit der Benennung dieser Tendenzen kriegst du die Kämpfe nicht mehr in den Blick, weil es scheint, als wäre der Ausgang der Konflikte im Sinne einer Sicherung der Kapitalakkumulation immer schon vorentschieden.

JH: Ich fand die Kritik nicht unberechtigt. Materialistische Staatstheorie ist oft nicht richtig mit dem verknüpft worden, was sich real bewegt und was Kämpfe auslöst. Es sind zunächst einmal unterschiedliche theoretische Ebenen und daraus entstehen gewisse argumentative Widersprüche.

CG: In den 1980er- und 1990er-Jahren wurde dir ein funktionalistisches Denken vorgeworfen. Es gab immer wieder Stellen in deinen Publikationen, die das so nahelegten. Aber du hast es versucht, in anderen Teilen des Buches auszugleichen.

JH: Ich würde mich selbst nicht als Funktionalisten bezeichnen. Es gibt funktionale Zusammenhänge wie ökonomische Gesetzmäßigkeiten oder eben Krisenprozesse. Aber die darin liegenden Widersprüche bezeichnen auch die Grenzen funktionalistischer Theoriebildung.

UB: Und einen zweiten Punkt fand ich auch interessant: Alex [Demirović] argumentiert, dass du den Akkumulationsbegriff zentral setzt. Hast du das bewusst so gemacht, also als breiteren Begriff und nicht die Wertform? Ist Akkumulation ein Gegenbegriff zur Wertform?

JH: Natürlich nicht. Akkumulation resultiert aus der Wertform, und diese spielt in der Staatstheorie eine zentrale Rolle, wie auch beim radikalen Reformismus. Aber Akkumulation ist bei der Beschreibung der Realität des konkreten Kapitalismus und seiner historischen Veränderungen eine zentrale Kategorie. Auch hier handelt es sich um verschiedene theoretische Ebenen.

UB: Wie würdest du heute versuchen, Studierende davon zu überzeugen, dass die Formanalyse theoretisch und zeitdiagnostisch Sinn macht?

JH: Sonja Buckel hat einmal in meinem Seminar sehr elegant und überzeugend am Beispiel des Kaufs und Konsums einer Dose Bier die Formanalyse erklärt. Man muss zunächst an den alltäglichen Verhaltensweisen ansetzen und fragen: Wie kommt es eigentlich dazu, was man alltäglich macht? Was haben Arbeits- und Konsumweisen, Familienverhältnisse oder Geschlechterbeziehungen mit den Zwängen der ökonomischen Form zu tun?

Krise des Marxismus?

UB: Louis Althusser hat Mitte der 1970er-Jahre die Krise des Marxismus ausgerufen. Habt ihr eine solche Krise wahrgenommen?

JH: Das hat bei uns keine so große Rolle gespielt, weil es sich eher auf den Traditionsmarxismus bezogen hat, mit dem wir weniger zu tun hatten. Die Debatte war schon interessant, aber nicht unmittelbar ein Anlass dafür, darauf zu reagieren. Der Frankfurter Marxismus war immer anders, sehr stark von der Kritischen Theorie beeinflusst und daher viel offener.

CG: Es gab natürlich auch Walter Prigge und Alex Demirović, die mit Althussers strukturalem Marxismus liebäugelten. Dann gab es andere Frankfurter Marxisten, wie etwa Alfred Schmidt, die Althusser stark dafür kritisierten, die Subjektivität sozialer Akteure und ihre Rolle in der Geschichte zu ignorieren. Aber gewissermaßen habt ihr das Thema auch aufgenommen, etwa mit den Arbeiten zu den neuen sozialen Bewegungen. Das gerissene Band zwischen Theorie und sozialen Bewegungen war für euch ein wichtiger Ausgangspunkt.

UB: Der kanadische marxistische Politikwissenschaftler Leo Panitch hat vor vielen Jahren argumentiert, dass viele Linke in der neoliberalen Offensive zu Staatsverteidigern wurden, obwohl sie vorher Staatskritiker waren.

CG: Panitch kritisierte auch den Markt-Staat-Dualismus, also die oberflächliche Neoliberalismus-Kritik, der zufolge es darauf ankäme, den Markt staatlich-politisch wieder einzuhegen.

JH: Es ging nicht um die Verteidigung des existierenden Staates. Allerdings hatte Panitch insofern Recht, dass die Staatsfrage in einem positiveren Sinne wieder aktueller wurde. Was er richtig sah: Im Neoliberalismus wurde in kritischen Diskussionen die Frage des Zusammenhalts des Gemeinwesens und der gesellschaftlichen Regulierung wieder zentraler als noch zu Fordismus-Zeiten. Im Frankfurter Umkreis hat das nie dazu geführt, die bestehenden politischen Verhältnisse zu rechtfertigen. In der Tat bleibt eine zentrale Frage: Braucht man in einer freien und emanzipierten Gesellschaft eine politische Zentralgewalt?

Internationalisierung des Staates

UB: In den 1990er-Jahren hast du dich mit den räumlichen Dimensionen der politischen Form beziehungsweise des Staates beschäftigt. Implizit oder sogar explizit war die materialistische Staatstheorie bis dahin, wie die meisten Staatstheorien, auf die nationalstaatliche Ebene bezogen.

JH: Auf den einzelnen Staat bezogen, ist das mit der politischen Form leichter zu erklären. Es wird schwieriger, wenn man die Pluralität der Staaten und ihre wechselseitigen Beziehungen in Betracht zieht. Ich denke, dass dieses Problem noch nicht gelöst ist. Ein Ansatz dafür ist vielleicht die Formel von der materiellen Verdichtung der Kräfteverhältnisse zweiter Ordnung, wie ihr es genannt habt. Damit ist im Anschluss an Poulantzas, der vom Staat als institutioneller Verdichtung von Kräfteverhältnissen gesprochen hat, gemeint, dass Formen dieser Verdichtung von Kräfteverhältnissen auch auf Ebenen jenseits der Einzelstaaten entstehen. In meinem 1995 erschienenen Buch *Der nationale Wettbewerbsstaat* habe ich mich mit dieser Frage beschäftigt.

CG: Ich fand unsere Lösung mit der materiellen Verdichtung zweiter Ordnung die beste Lösung, und zwar angesichts der heutigen Verhältnisse noch einmal stärker. Schließlich geht es nicht einfach nur um die Rückkehr zum Nationalstaat.

JH: Im Gegenteil. Die aktuelle Rückkehr zum Nationalstaat ist eine Reaktion auf die weitergehende Internationalisierung. Die sogenannte Globalisierung hat regionale und soziale Ungleichheiten erheblich verstärkt, was zu entsprechenden Reaktionen auf einzelstaatlicher Ebene geführt hat – bis hin zu neuen Formen des Protektionismus und der wettbewerbsstaatlichen Konkurrenz. Ein anderer Punkt ist der mit dem Ukraine-Krieg offen ausgebrochene geopolitische Konflikt zwischen den USA und der NATO, Russland und China.

UB: Aber du hast den Begriff der »notdürftigen Quasiregulierung« vorgeschlagen, also immer auf die Prekarität internationaler Politik hingewiesen. Das war auch unser Einsatz in der *Global Governance*-Debatte. Gegen die institutionalistische *Global Governance*-Annahme immer weiterer internationaler Kooperation zur vermeintlichen Lösung globaler Probleme kamst du mit der These der Internationalisierung des Staates. Hast du das eingeführt als theoretische Kategorie oder als zeitdiagnostische? Also war da etwas in den 1990er-Jahren, musste man da etwas Neues in den Blick nehmen nach dem Ende der Blockkonfrontation, oder gab es diese Internationalisierung des Staates schon viel länger?

JH: Es ist beides. Im Zuge der sogenannten Globalisierung haben sich neue Regulationszusammenhänge herausgebildet, was neue staatstheoretische Fragen aufgeworfen hat. Auch die Klimakrise spielt dabei eine wichtige Rolle. Wie ist das unter diesen Bedingungen mit der relativen Autonomie der Staatsapparatur, mit dem Gewaltmonopol? Allerdings gibt es derzeit eine deutlich gegenläufige Entwicklung, etwa die manifesten geopolitischen Konflikte, die nationalstaatliche Konkurrenz um Rohstoffe, der neue Kalte Krieg, die Re-Nationalisierung der Politik insgesamt. Das deutet darauf hin, dass die einzelstaatliche Form eine zentrale Kategorie bleibt und sich die ehemals geläufigen Thesen von deren allmählichem Verschwinden als Irrtum erwiesen haben. In den 1990er-Jahren gab es starke Thesen wie der »Abschied vom Nationalstaat« von Kosmopoliten wie Ulrich Beck und Martin Albrow, das hoffnungsvolle »Regieren jenseits des Nationalstaates« von *Global Governance*-Protagonisten wie Michael Zürn oder sehr prominent in der marxistischen Debatte damals die »Empire«-These von Michael Hardt und Antonio Negri.

Wissenschaftliche Praxis

UB: Wie können wir uns deine damalige Arbeit als kritischer Wissenschaftler praktisch vorstellen im Alltag, am Fachbereich Gesellschaftswissenschaften der Goethe-Universität und darüber hinaus? Das ist auch für uns heute interessant: Wie werden Themen relevant, wie werden Entscheidungen getroffen, dieses oder jenes dann gründlich zu bearbeiten?

JH: Es gab im Fachbereich durchaus Gemeinsamkeiten, zumindest hinsichtlich der Interessen, nicht unbedingt in der Art des Arbeitens. Da war Helmut Reichelt mit seiner Marxinterpretation, später Josef Esser, der viel stärker empirisch gearbeitet hat oder Heinz Steinert. Doch auch für meine eigenen Arbeiten, etwa für das Buch *Der Sicherheitsstaat* von 1980, hatte ich relativ konkrete und auch empirisch begründete Analysen vorgenommen.

CG: Ich kann mich noch an ein konkretes Forschungsseminar erinnern, da ging es um Fordismus oder fordistische Vergesellschaftung, in dem wir Arbeitsgruppen gebildet haben zu den fordistischen Wohnbauten oder zu der Frankfurter Küche.

JH: Das waren Vorgehensweisen, wie Heinz Steinert sie bevorzugt hat: Nicht mit umfassenden Theoriegebäuden anzufangen, sondern mit den alltäglichen Praxen und ihrer Bedeutung, wobei die Untersuchungen zusammen mit den Studierenden entwickelt werden konnten.

UB: Für die Theorieentwicklung und die empirischen Studien damals war die Zeitschrift *Gesellschaft* wichtig, die eher eine Buchreihe war und ab Anfang der 1970er-Jahre erschienen ist. Welche Bedeutung hatte die?

JH: Das war ein wichtiger Bezugspunkt. Hier haben viele Leute recht intensiv zusammengearbeitet, etwa Hans-Georg Backhaus, Helmut Reichelt, Jürgen Ritsert, Eike Hennig, Claudia von Braunmühl und andere. Jeder einzelne Beitrag wurde in der Redaktion diskutiert, oft recht kontrovers. Es war auch ein wichtiger Ort der Kritik der herrschenden marxschen Theorie.

UB: Kommen wir zu deinen Monografien. Du hast etwa alle fünf Jahre ein Buch publiziert. Das ist ein ganz anderer Produktionsmodus als heutzutage, wo man vor allem Aufsätze schreibt oder Sammelbände herausgibt. War das geplant? Wie kamst du auf die Themen?

JH: Geplant war das nie. Auf die Themen gekommen bin ich weniger aus innerwissenschaftlichen Gründen, sondern eher aufgrund aktueller politischer Entwicklungen und Diskussionen. Das gilt etwa für die Fordismus-Thematik. Auf sie hat mich ein Konstanzer Kollege aufmerksam gemacht, der in der regulationstheoretischen französischen Diskussion bewandert war. Daraus resultierte der *Sicherheitsstaat*, mit dem die Thematik auch hierzulande größere Bedeutung erlangte. Dabei haben auch politische Debatten und Aktivitäten eine wichtige Rolle gespielt; etwa die Arbeit in der *links*-Redaktion. Als die Partei Die Grünen 1979 gegründet wurde, hat das dort zu erheblichen Konflikten geführt. In den 1970er-Jahren waren meine Bezugspunkte noch sehr stark die Reste der Student*innenbewegung und dann die neuen sozialen Bewegungen. Ich war da zwar nicht sehr aktiv, aber ich habe sie sehr stark wahrgenommen. Immerhin wurde ich wegen meiner Beteiligung an den Protesten gegen die Beschneidung des Asylrechts einmal vor Gericht gebracht und zu einer Geldstrafe verurteilt. Wissenschaftliche Praxis und politische Tätigkeit gingen also ineinander über. Eigentlich habe ich mich nie hingesetzt und mir gesagt: Ich schreibe jetzt ein Buch. Sondern es waren immer kleinere Texte, Aufsätze, Beiträge, die dann irgendwie zusammen zu einem Buch aufgearbeitet wurden. Ich habe auch gern mit jemanden zusammen etwas gemacht. Das war beim Buch *Das neue Gesicht des Kapitalismus* mit Roland Roth schon deshalb gut, weil wir uns in gewisser Weise ergänzt haben. Ich habe die staatstheoretischen Perspektiven eingebracht, er jene auf soziale Bewegungen. Das hat gut zueinander gepasst. Allein hätte ich das gar nicht geschafft. Auch das Buch zur Regulationstheorie (1994) war das Ergebnis einer Kollektivarbeit. Später natürlich die langjährige Zusammenarbeit mit euch beiden.

CG: Ich habe es ein paar Mal mitbekommen – irgendwann plötzlich kam es zu einem Buch. Da hatte man vorher bestimmte Elemente gesehen, aber meistens fing es mit einem relativ fertigen Manuskript an. Ich habe es Mitte der 1990er-Jahre beim *Wettbewerbsstaat* erlebt, da gab es vorher fast gar nichts davon zu lesen, obwohl wir in dem Themenfeld eine Lehrveranstaltung gemacht hatten.

JH: Beim *Wettbewerbsstaat* spielten Lateinamerika und meine Aufenthalte dort eine Rolle, wo die Probleme der Globalisierung und des Staatsumbaus schon viel drängender waren. Da gab es viele Diskussionen, etwa an der *Universidad Autónoma de México* (UAM) und *Universidad National Autónoma de México* (UNAM). England war in den 1970er- und 1980er-Jahren ziemlich wichtig. Wir sind ein paar Mal zu den Tagungen der *Socialist Economists* gefahren und trafen dort John Holloway, Bob Jessop, Simon Clarke, Werner Bonefeld.

UB: Und man hat sich gegenseitig übersetzt?

JH: Ja; wobei das mit den Übersetzungen ein bisschen einseitig war. John [Holloway] hat relativ viel von mir übersetzt. Ich aber umgekehrt weniger, das konnte ich nicht so gut. John Holloway und Bob [Jessop] waren eine Zeit lang hier in Frankfurt, und da gab es natürlich auch viele Diskussionen. Ebenso wichtig war der Aufenthalt von Nicos Poulantzas an der Frankfurter Uni. Er hatte einen Ruf dahin, den er aber schließlich nicht annahm. Das hatte die Übersetzung einiger meiner Texte ins Französische zur Folge. Das gilt auch für andere Sprachen wie Japanisch, Koreanisch, Finnisch und andere mehr. Ich habe nie aktiv Übersetzungen angeregt. Es waren immer die Initiativen anderer. Rückblickend scheint mir, dass man diesbezüglich schon aktiver sein sollte, wenn man meint, etwas zu sagen zu haben. Da wäre wohl eine Prise Eitelkeit ganz nützlich. Bei mir lag es vielleicht auch ein bisschen daran, dass die akademische Welt für mich nicht so zentral war. Deshalb waren für mich Publikationslisten nicht so wichtig.

UB: Deine ersten Bücher waren Qualifikationsarbeiten?

JH: Nein. Ich bin ja nicht habilitiert. Jürgen Habermas hatte mir angeboten, mich mit dem *Wissenschaftlich-technischen Fortschritt* (1970) zu habilitieren. Ich bin darauf nicht eingegangen. Zu der Zeit waren Habilitationen nicht mehr so wichtig wie heute wieder.

CG: Das Problem sind wohl die Verschiebungen an der Institution Universität. Das waren damals vergleichsweise einfache Strukturen. Du hattest engste Mitarbeiter*innen, du hattest aber kaum Verantwortung für Projektmitarbeiter*innen, die du auch weiterbeschäftigen musst. In der heutigen Situation aufgrund der Neoliberalisierung der Hochschule, in der alles mit Kennzahlen bewertet wird, bewegt man sich in ganz anderen Zwängen.

JH: Diesen Druck des Publizierens und des Einwerbens von Drittmitteln habe ich überhaupt nicht verspürt. Das Fordismus- und Regulations-Thema fand ich spannend und es war hierzulande zunächst praktisch unbekannt. Ich dachte, jetzt muss man mal ran an das Thema. In Berlin haben das dann einige Leute praktisch gleichzeitig bearbeitet, Birgit Mahnkopf und Kurt Hübner etwa.

UB: Rückwirkend gesehen: Wo hättest du institutionell anders agieren sollen?

JH: Da müsste ich länger darüber nachdenken. Wahrscheinlich hätte ich versuchen sollen, die Konkurrenz- und Statuskämpfe am Fachbereich, auch unter Linken, irgendwie aufzufangen. Das zerbröselte dann schon sehr und wir waren zu schwach bei den Stellenbesetzungen. Viele von kritischen Leuten besetzte Stellen brachen weg. Es gab natürlich auch hier starke Kämpfe. Im Fall von Alex Demirović zum Beispiel, dessen Berufung vom Präsidium und dem Senat hintertrieben wurde – übrigens aus von ihnen selbst zugegebenen politischen Gründen. Die herrschende Gruppe im Fachbereich hatte enge Verbindungen mit der Präsidialabteilung, und das hat vieles verhindert. Ich habe schon institutionelle Politik gemacht, aber eben nicht sehr erfolgreich.

UB: Ich habe noch eine Frage zur wissenschaftlich-publizistischen Praxis. Du prägtest Begriffe wie Wettbewerbsstaat oder radikaler Reformismus – auf den kommen wir gleich noch ausführlich – und ihr habt gemerkt, der wird rezipiert. Entstand dann nicht das Interesse, ihn und die damit verbundenen Deutungen auch mal in der *Zeit* oder im *Spiegel* zu publizieren, um ihn einer breiteren Öffentlichkeit bekannt zu machen?

JH: Meine Haltung war immer, nicht mit meinen Sachen hausieren zu gehen. Ich habe sie in die Welt gesetzt, und dann einfach mal abgewartet. Das ist natürlich nicht ganz konsequent und politisch kritisierbar. Vielleicht fehlt auch hier etwas mehr Eitelkeit.

UB: Aber du hast zum Beispiel auf der berühmten Dokumentationsseite der *Frankfurter Rundschau* schon Texte veröffentlicht.

JH: Das kam mal vor, zum Beispiel habe ich für die *links* etwas zum ersten Golfkrieg geschrieben. Das hat dann die *Frankfurter Rundschau* übernommen, aber ich habe das nicht veranlasst.

Radikaler Reformismus

UB: Dein analytisch und politisch-strategisch bekanntester Begriff ist der des »radikalen Reformismus«. Was war dessen Entstehungshintergrund?

JH: Der Begriff kam auf im Zusammenhang mit der Frage: Wie kann man theoretisch eine emanzipative gesellschaftliche Veränderung begreifen? Angesichts mehrerer gescheiterter Revolutionen, die auf eine Übernahme der Staatsgewalt zielten, wissen wir inzwischen, dass das kein Weg ist. Er führt nämlich zu dem Versuch, die gesellschaftlichen Verhältnisse, in denen Ausbeutung und Unterdrückung verwurzelt sind, mit Zwangsmaßnahmen zu verändern, also wieder mit Freiheitsbeschränkungen und Gewalt. Ansatzpunkt muss die Zivilgesellschaft selbst sein, durch verändernde Praktiken im Alltag und natürlich auch durch soziale Kämpfe. Dabei geht es darum, die kapitalistischen Formen, die unser alltägliches Verhalten bestimmen, zu durchbrechen – die Art und Weise des Arbeitens und Konsumierens, die sozialen Beziehungen bis hin zu den Familienverhältnissen. Was das bedeutet, kann man an der jüngsten Geschichte sehen: Wesentliche gesellschaftliche Veränderungen wurden in den letzten Jahrzehnten durch soziale Bewegungen und Kämpfe bewirkt – Demokratisierung, Geschlechterverhältnisse, die gesellschaftlichen Naturverhältnisse. Staatliche Politik war gezwungen, darauf zu reagieren. Das heißt, es geht nicht ohne Staat, aber der entscheidende Ansatzpunkt liegt in der Gesellschaft selbst. Daraus ergibt sich keine strategische Anleitung. Das Handeln ergibt sich immer aus konkreten Problemzusammenhängen und -wahrnehmungen. Staats- und Kapitalismuskritik sind aber eine wichtige Voraussetzung dafür – nicht zuletzt was den Unterschied zwischen systemreparierendem und radikalem, also die gesellschaftlichen Beziehungen umwälzenden Reformismus angeht.

UB: War es auch ein Einsatzpunkt gegen die damals verbreiteten Vorstellungen von Revolution?

JH: Selbstverständlich. Ein Hintergrund für diese Überlegungen waren für mich auch meine historischen Untersuchungen über die Entwicklung und Veränderung von Verwaltungs- und Staatsstrukturen. Warum sind die bürgerlichen Revolutionen erfolgreich gewesen und warum ist die Oktoberrevolution gescheitert? Die bürgerliche Revolution war erfolgreich, weil die gesellschaftlichen Verhältnisse schon verändert waren, die bürgerliche Gesellschaft also schon herausgebildet war und damit die Umgestaltung des politischen Systems und der Staatsapparatur gewissermaßen erzwungen wurde. Das war bei der Oktoberrevolution eben gerade nicht der Fall. Sie fand in einer noch sehr feudal strukturierten Gesellschaft statt, in der alle Voraussetzungen für kommunistische oder sozialistische Verhältnisse fehlten. Es war eine rein politische Revolution, und diese ist gescheitert. Diese Überlegungen ließen sich auf andere revolutionäre Prozesse im 20. Jahrhundert übertragen.

UB: Vor einigen Jahren haben wir einen Workshop in Wien gemacht zur Aktualität des radikalen Reformismus. Ein jüngerer Kollege, Etienne Schneider, geboren 1989, argumentierte, der Bezug auf die neuen sozialen Bewegungen stimmte in den 1970er- und 1980er-Jahren. Aber für seine Generation würden bei der Suche nach grundlegenden Alternativen nicht *per se* die sozialen Bewegungen privilegiert. In Deutschland seien Jüngere wie er durchaus bewegungsaffin, aber stärker an der Linkspartei orientiert.

JH: Die Parteien sind in den bestehenden Verhältnissen natürlich notwendig. Es ist auch nicht unsinnig, sich in sie einzumischen. Die These ist eigentlich immer nur, dass man nicht glauben darf, auf dieser Ebene grundlegende gesellschaftliche Veränderungen in Gang setzen zu können. Staatliche Politik beeinflusst nicht zuletzt die Bedingungen für emanzipative Initiativen und Bewegungen, was keinesfalls unwichtig ist.

UB: John Holloway weist die Perspektive des radikalen Reformismus mit dem Argument zurück, dass der Staat emanzipatorische Initiativen kanalisiere, sie in eine bestimmte Form bringe und damit ihre Anliegen unwirksam mache.

JH: Das muss man natürlich ernst nehmen. Er übersieht aber dabei, dass es beim radikalen Reformismus gerade darum geht, eben diese Formen zu durchbrechen, was Konflikte nicht nur mit dem Staatsapparat hervorrufen muss. Es kommt eben darauf an, den Unterschied zwischen systemerhaltender Reformpolitik und einem Reformismus zu verstehen, der auf die Wurzeln der gesellschaftlichen Verhältnisse zielt. Umgekehrt habe ich ihn dafür kritisiert, dass er alltägliche Handlungen, die nicht ins System zu passen scheinen, gleich in die Dimensionen eines revolutionären Widerstands heraufhebt. Wenn jemand den Schulunterricht oder die Arbeit schwänzt oder sein Brot selbst backt, dann hat das für sich genommen noch nichts Gesellschaftsveränderndes, möglicherweise sogar das Gegenteil. Es hängt vom Kontext ab, etwa von den damit verbundenen Zielvorstellungen oder ob daraus eine umfassendere Bewegung mit gesellschaftlicher Wirkungskraft wird. Abgesehen davon gibt es natürlich in theoretischen Fragen viele Übereinstimmungen zwischen uns, nicht zuletzt was die Bedeutung von Alltagspraktiken betrifft.

UB: Später hat John dann stark gemacht, dass eine marxistische Theorie die Nichtgeschlossenheit und Widersprüchlichkeit der Verhältnisse betonen sollte. Dafür ist er gefeiert worden: Jetzt zeigt einer, die Verhältnisse sind nicht geschlossen und der Globalisierungsprozess ist nicht total.

CG: Theorie, so wie sie John versteht, soll vor allem das Widerständige stark machen. Das ist in der Tat wichtig. Aber wenn widerständige Praxen nicht selbstreflexiv sind, dann können sie damit gegen ihren Willen eine Erneuerung des Kapitalismus vorantreiben. Das verliert John aus den Augen. Wir müssen von der Theoriebildung her kritisch beobachten, wo sich Widerständigkeit auch gegen die Intentionen der Akteure umkehren kann. Das hast du bei den früheren sozialen Bewegungen gezeigt, aus denen das neoliberale Selbständigentum mit vielen, aber eben ambivalenten Projekten entstanden ist.

Radikaler Reformismus heute

UB: Was bedeutet radikaler Reformismus heute? Du würdest ja sagen, das Konzept kommt aus einer Staatskritik. Und es gibt einen Akteursbezug, bei dir und Roland Roth sehr stark auf die sozialen Bewegungen. Mich beschäftigt, wie wir zu radikalen und emanzipatorischen Veränderungen der (imperialen) Lebensweise kommen, also von kollektiver Praxis. Spielte das bei euch eine Rolle?

JH: Es gibt einige Hinweise dazu, die aber noch nicht systematisch bearbeitet wurden. Roland Roth und ich hatten im Buch *Das neue Gesicht des Kapitalismus* ein ganzes Kapitel mit Überlegungen, die man unter dem Begriff Lebensweise diskutieren könnte. Man muss das aber schon genauer theoretisch fassen, sonst bleibt es in Beschreibungen stecken. Man könnte gerade an den radikalen Reformismus anschließen und fragen, was sich eigentlich an der Lebensweise ändern müsste, um wirkliche Veränderungen in Gang zu setzen.

CG: Beate Littig hat in einer Diskussion mal die webersche Tradition stark gemacht gegen den häufig verwendeten Begriff der Lebensstile, der eher auf kulturelle Dimensionen im Verbraucherverhalten zielt. Dagegen ist eine Lebensweise strukturell verankert – mit bestimmten Einkommensformen, mit bestimmten sozialen Schichten, durch Klassenverhältnisse verbunden und so weiter, aber durch soziale Praxen reproduziert. Das ist vielleicht auch die Antwort darauf, dass das in der marxistischen Diskussion nicht so stark gemacht wurde. Es wurde eher von der Produktionsseite oder von den Klassenverhältnissen her thematisiert, aber nicht von der Lebensweise, also was das in den Praxen konkret bedeutet. Deshalb verweise ich auch immer auf euer »neues Gesicht des Kapitalismus«. Da habt ihr wirklich viele Elemente drin, die in eine andere Richtung gehen. Ihr beschreibt, was sich im Fordismus geändert hat, und was sich jetzt wieder zu ändern beginnt. Interessant ist, dass diese Thematik vor allem im Zusammenhang mit der Klimabewegung sehr bedeutsam geworden ist, etwa was das Mobilitätsverhalten oder den alltäglichen Ressourcenverbrauch angeht.

JH: In der Tat stößt die Klassenanalyse da an Grenzen. Quer zu den Klassenlagen liegende soziale Milieus und Lebensstile sind durchaus wesentlich für gesellschaftliche Konflikte und Bewegungen. Auch der Begriff »Imperiale Lebensweise« zielt auf diesen Zusammenhang. Wir sind darauf im Rahmen der Fordismus-Analyse eingegangen. Die Durchsetzung eines neuen Akkumulationsregimes setzt entsprechende gesellschaftliche Veränderungen voraus, in diesem Fall Kleinfamilie, Massenkonsum, tayloristische Arbeitsdisziplin usw. Das stößt jetzt an die Grenzen des Ressourcenvorrats. Dazu bedarf es »kultureller« Interventionen, von der Werbeindustrie bis hin zur Propagierung neuer Wertvorstellungen und Menschenbildern.

CG: Für eine Zeitdiagnose heute würde ich ja nach wie vor auch ganz stark verteidigen, dass die Produktions- und Lebensweise als Einheit betrachtet werden muss. Aber für die emanzipative Geschichte reicht mir das noch nicht. Das Emanzipative muss immer die Frage aufgreifen, die wir vorhin diskutiert haben: Wie kommt das Widerständige ins Spiel, und wie artikuliert es sich in der Veränderung konkreter Praktiken? Das ist nicht irgendwie ein bestimmter Lebensstil, auch nicht das Nicht-Fliegen oder Nicht-Fleischessen oder sonst was – wir wissen das ja, das kann alles kooptiert werden; vielleicht das Nicht-Fliegen schwieriger als das vegane Essen. Aber tendenziell kann alles, womit man Geschäfte machen kann, kooptiert werden. Das wissen wir inzwischen. Deswegen brauchen wir die Charakterisierung einer Lebensweise, die anders ist – also solidarisch-emanzipativ. Und da stellt sich die Frage: Was ist das Emanzipative, das gleichzeitig auch solidarisch sein kann? Da steckt ein Spannungsverhältnis drin. Wie weit muss ich mich zum Beispiel auch kritisch gegenüber anderen Lebensweisen zeigen, die vielleicht ökologisch nachhaltiger sind, aber als sozial elitäre Lebensweisen Herrschafts- und Klassenverhältnisse reproduzieren (E-Mobilität etwa mit Tesla)? Wie müsste sich das Emanzipatorische eigentlich artikulieren, damit es wirklich transformativen Charakter hat? Da habe ich auch keine einfache Antwort darauf, aber das sind die Fragen. Und das drückt sich dann zwar irgendwie in der Lebensweise aus, aber ich könnte das nicht mit dem Begriff der Lebensweise alleine theoretisieren, denke ich.

UB: Wie würdest du das sehen? Was wären Ansatzpunkte, um die Widerständigkeit einer alternativen Lebensweise so zu stärken, dass sie wirklich und dauerhaft Warenförmigkeit oder Staatlichkeit hinterfragt?

JH: Die imperiale Lebensweise ist kein homogener Komplex und ihr verweist durchaus auf Bruchstellen. Dann kommt die Frage, inwieweit diese Bruchstellen wirklich grundlegende Veränderungen beinhalten können. Das Postulat und die Praxis, kein Fleisch zu essen, tangieren noch nicht das System. Doch wenn man die Wachstumskritik radikalisiert, aber wirklich und konkret in den verschiedenen Bereichen radikalisiert, dann ist das System tangiert. So müsste man wahrscheinlich irgendwie vorgehen: also, Bruchstellen plus Transzendierendes.

UB: Es geht nicht zuvorderst um individuelle Entscheidungen, sondern um die Bedingungen für ein auskömmliches Leben: Kein Fleisch zu konsumieren, setzt die Schließung der Fleischfabriken voraus. Und dann bist du bei gesellschaftlichen Konflikten. Oder die europäische Initiative *Stay Grounded* zur drastischen Reduktion von Flugverkehr.

CG: Klar, Flughäfen dicht machen, das tut weh. Da würde ich schon mitgehen. Aber *Degrowth* geht ja darüber hinaus und das ist interessant. Es stellt den kapitalistisch tief verankerten Zwang zum Wirtschaftswachstum radikal in Frage. Aber teilweise ist es gar nicht als radikale Kritik gemeint ist, sondern als normative und ethische Position. Das ist dann auch so eine Frage: Wie emanzipativ ist das zum Beispiel? Wo kippt das dann, wo sind es nur kleinere Krisen, die dann absorbiert werden, wann kommt eine größere Krise? Aber selbst das kann natürlich absorbiert werden. Die Zeit heute schreit nach der Aktualisierung des radikalen Reformismus. Viele verspüren ein Unbehagen und halten einen Bruch für nötig. Den können wir mit Kapitalismustheorien wie der Regulationstheorie nicht denken. Umgekehrt fehlt Ansätzen wie jenem von Erik Olin Wright, die den Bruch denken, die staatstheoretische Begründung.

UB: Beim radikalen Reformismus geht es stark um die Frage, wie Menschen selbstbestimmt leben können. Dazu müssen sie sich auch organisieren, um Verhältnisse zu verändern. Wo siehst du das heute in einer Zeit, in der die Subjektivität noch einmal stärker vereinnahmt wird? Wo würdest du Akteure, Brüche oder Ansatzpunkte sehen?

JH: Die Verhaltenssteuerung und Densteuerung haben unglaublich zugenommen, was ja das Gegenteil von Selbstbestimmung ist. Ich kann aber schlecht abschätzen, ob und wie es etwa über und in sozialen Netzwerken und anderen Zusammenhängen zu Brüchen kommt. Es wird allmählich schon deutlich, dass die dauernde Handynutzung und die sozialen Medien ein Problem sind. Aber das führt noch viel weiter. Auf jeden Fall müsste man die als Datenkraken operierenden Konzerne zerschlagen, damit überhaupt etwas passieren kann. Das wäre eine Voraussetzung etwa für die Schaffung einer demokratisch verwalteten sozialen Infrastruktur im Kommunikationsbereich. Übrigens ist auch hier wieder der Staat gefragt, der aber nur etwas tut, wenn es ausreichenden gesellschaftlichen Druck gibt.

CG: Ich habe viel Respekt vor Alltagserfahrungen, vor der Alltagswirklichkeit. Daraus muss sich etwas entwickeln. Doch das kann ich selbst wenig überschauen, nicht einmal in den Gesellschaften, in denen ich selbst lebe – das habe ich jetzt bewusst im Plural gesagt, weil das muss man, glaube ich, pluralisieren –, und geschweige denn darüber hinaus. Alle kritischen Theorien haben an diesem Punkt immer versagt.

JH: Das kann man auch sehr schwer allgemeintheoretisch formulieren. Es hängt immer von aktuellen Problemlagen und Bewegungen ab. Siehe dazu meine vorigen Bemerkungen zur Klimabewegung. Und natürlich spielen auch spezifische theoretische Überlegungen eine nicht zu unterschätzende Rolle. Ich denke dabei beispielsweise an den Begriff der »imperialen Lebensweise« von dir, Uli und Markus (Wissen). Dieser hat ja eine große Resonanz und führt auf jeden Fall bei vielen zum Nachdenken und vielleicht auch zum Handeln.

Literatur

Brand, Ulrich / Görg, Christoph (Hg.) (2018): Zur Aktualität der Staatsform. Die materialistische Staatstheorie von Joachim Hirsch. Unter Mitarbeit von Benjamin Opratko. Baden-Baden.

Esser, Josef / Görg, Christoph / Hirsch, Joachim (Hg.) (1994): Politik, Institutionen und Staat. Zur Kritik der Regulationstheorie. Hamburg.

Hirsch, Joachim (1970): Wissenschaftlich-technischer Fortschritt und politisches System. Frankfurt/M.

– (1980): Der Sicherheitsstaat. Das »Modell Deutschland«, seine Krise und die neuen sozialen Bewegungen. Frankfurt/M.

– (1995): Der nationale Wettbewerbsstaat. Staat, Demokratie und Politik im globalen Kapitalismus. Amsterdam/Berlin.

– (2005): Materialistische Staatstheorie. Transformationsprozesse des kapitalistischen Staatensystems. Hamburg.

– / Roth, Roland (1986/1990): Das neue Gesicht des Kapitalismus. Vom Fordismus zum Post-Fordismus. Hamburg.

Themen früherer Hefte

PROKLA 210: Sozial-ökologische Transformationskonflikte und linke Strategien. Lucht • Liebig: Sozial-ökologische Bündnisse als Antwort auf Transformationskonflikte? Die Kampagne von ver.di und Fridays for Future im ÖPNV | Kaiser: Rückkehr der Konversionsbewegung? Potenziale und Grenzen der Konversionsbestrebungen sozial-ökologischer Bündnisse rund um Autozuliefererwerke | Michaelis • Rehfeldt • Schreiber • Sittel: Konfliktlinien in der Thüringer Auto(zuliefer)industrie. Qualifizierung als Lösungsansatz für die sozial-ökologische Transformation? | Tittor: Postfossiler Extraktivismus? Die Vervielfältigung sozial-ökologischer Konflikte im Globalen Süden durch Dekarbonisierung | Kalt: Zwischen Konfrontation und Kooperation. Der Transformationskonflikt Arbeit versus Klima in der südafrikanischen Energiewende | Arendt • Gralke • Vollmer: Bezahlbar und klimagerecht wohnen? Antworten sozial-ökologischer Bewegungsakteur*innen auf Zielkonflikte in der Wohnraumversorgung | Eversberg | Anpassung, Verteilung, Externalisierung Drei Dimensionen des sozial-ökologischen Transformationskonflikts | Gerstetter: Gerichtsverfahren und die Kämpfe um eine sozial-ökologische Transformation | Heine • Herr: Nullwachstum. Ökonomische Regulierung in der sozial-ökologischen Transformation **PROKLA 209: Die Linke zwischen Krise und Bewegung.** Zelik: Aufbruch und Krise der LINKEN. Zur Aktualität der Parteienkritik von Robert Michels und Bodo Zeuner | Kahrs: DIE LINKE und ihre Wählerinnen und Wähler. Eine Geschichte des wechselseitigen Missverstehens? | Demirović: Die Krise der Partei DIE LINKE | Stoll: Vergesellschaftung als Transformationsstrategie. »Deutsche Wohnen & Co. enteignen« im diskursiven und politischen Kontext | Graf: Erneuerung durch Protest. Erfolge und Rückschläge der Linken in Chile | Lessenich: Wer hat Angst vor der »Identitätspolitik«? | Syrovatka: Abseits des neoliberalen Pfads. Warum die Mindestlohnrichtlinie ein wichtiges Projekt für Europa ist | Warburg: »... darf's ein bisschen mehr sein?« Die neue deutsche Aufrüstung | Ludwig: Wo der Staat zu suchen ist. Antonio Gramscis Hegemonietheorie und queer-feministische Staatstheorie | Gerken: Fiskalpolitische Zeitenwende in der Coronakrise? Die EU zwischen genuiner Fiskalunion und einem Jahrzehnt der Ultra-Austerität **PROKLA 208: StaatsKapitalismus.** Kannankulam: Staatskapitalismus? Anmerkungen zum Verhältnis von Kapitalismus und Staat aus der Perspektive materialistischer Staatstheorie | Simon: Die Rolle des Staates in der Internationalisierung der chinesischen Finanzbeziehungen | Hoering: Internationalisierung des chinesischen Ordnungsmodells? Geopolitische Konflikte und die Belt and Road Initiative | Abels • Bieling: Jenseits des Marktliberalismus? Europäische Industrie- und Infrastrukturpolitik im Zeichen neuer globaler Rivalitäten | Schmidt: Staatskapitalismus in den »marktliberalen« USA? Der Militärisch-Industrielle Komplex | Jaitner: Frieden unerwünscht. Die Folgen des Ukraine-Kriegs für den postsowjetischen Krisenraum | Kasakow: Zwischen den Fronten. Die Opposition der russischen Linken zur »Spezialoperation« in der Ukraine | Ruppert: Ein bisschen Feminismus im Krieg? Über das Paradoxe feministischer Außenpolitik | Hansen: Zwischen Sabotage und Staatsmacht. Eine Kritik an Andreas Malm | Huke : »Ich habe nicht die Macht, das zu ändern«. Ohnmachts- und fehlende Anspruchsberechtigungserfahrungen als Erklärungsmodell für politische Ungleichheit. **PROKLA 207: Der nonkonformistische Intellektuelle: Gesellschaftstheorie und sozialistische Strategie.** Dück: Geschlecht und das komplex gegliederte Ganze. Wider jegliche Engführung der kritischen Gesellschaftstheorie | Jessop: Alex Demirović über das Staatsverständnis von Poulantzas | Sauer: Sorge, Emotionen und Affekt. Überlegungen zur feministisch-materialistischen Staats- und Demokratietheorie | Sablowski • Schneider • Syrovatka: Krise und Regulation des Kapitalismus in der Europäischen Union | Graf: Die Pluralität der Naturverhältnisse. Kapitalistische und nicht-kapitalistische (Re-)Produktionsweisen in der ökologischen Krise | Wissen • Brand: Emanzipatorische Perspektiven im »Anthropozän«. Über die Grenzen des grünen Kapitalismus und die Notwendigkeit einer radikalen Alternative

Diese Buchhandlungen haben die PROKLA vorrätig

Berlin: Buchladen zur Schwankenden Weltkugel • Kastanienallee 85 | Der kleine Buchladen • Weydingerstr. 14-16 | Marga Schoeller • Knesebeckstr. 33 | OH*21 • Oranienstr. 21 | Pro qm • Almstadtstr. 48-50 | Schwarze Risse • Gneisenaustr. 2 | vorwärts • Stresemannstr. 28 | **Bielefeld**: Eulenspiegel Buchladen • Hagenbruchstr. 9 | **Bochum**: Janssen Universitätsbuchhandlung • Brüderstr. 3 | Schaten • Rombacher Hütte 10 | **Bonn**: Buchladen 46 • Kaiserstr. 46 | **Braunschweig**: Guten Morgen Buchladen • Bültenweg 87 | **Bremen**: Buchladen in der Neustadt • Lahnstr. 65 B | Buchladen im Ostertor • Fehrfeld 60 | **Darmstadt**: Georg-Büchner-Buchladen • Lautenschlägerstr. 18 | **Dortmund**: Buchladen Litfass • Münsterstr. 107 | Taranta Babu • Humboldtstr. 44 | **Dresden**: Im Kunsthof • Bucher Str. 31 | **Düsseldorf**: Buchhandlung BiBaBuze • Aachener Str. 1 | **Essen**: Heinrich-Heine-Buchhandlung • Viehofer Platz 8 | **Flensburg**: Carl v. Ossietzky Buchhandlung • Große Str. 34 | **Frankfurt/M**: Karl-Marx-Buchhandlung • Jordanstr. 11 | Land in Sicht • Rotteckstr. 13 | Theo Hector • Gräfstr. 77 | Ypsilon-Buchladen • Bergerstr. 18 | **Freiburg**: Jos Fritz • Wilhelmstr. 15 | **Gießen**: Ricker'sche Universitätsbuchhandlung • Ludwigsplatz 12-13 | **Göttingen**: Buchladen Rote Straße • Nikolaikirchhof 7 | **Hamburg**: Buchhandlung im Schanzenviertel • Schulterblatt 55 | Buchladen in der Osterstraße • Osterstr. 171 | Heinrich-Heine-Buchhandlung • Grindelallee 26 | **Hannover**: Buchladen Annabee • Stephanusstr. 12-14 | **Kassel**: ABC-Buchladen • Goethestr. 77 | **Köln**: Der andere Buchladen GmbH • Weyertal 32 | Der andere Buchladen GmbH • Wahlenstr. 1 | Der andere Buchladen GmbH • Ubierring 42 | **Konstanz**: Zur Schwarzen Geiß • Am Obermarkt 14 | **Krefeld**: Der andere Buchladen • Donysiusstr. 7 | **Leipzig**: Infoladen Conne Island • Koburger Str. 3 | **Lüneburg**: Delbanco • Bessemerstr. 3 | **Marburg**: Buchhandlung Roter Stern • Am Grün 28 | **Mönchengladbach**: Prolibri-Buchladen • Schillerstr. 22-24 | **München**: Arabella Versandbuchhandlung • Wimmerstr. 5 | **Münster**: Rosta-Buchladen • Aegidiistr. 12 | **Nürnberg**: Ex Libris • Bismarckstr. 9 | **Oldenburg**: Carl-von-Ossietzky Buchhandlung • Uhlhornsweg 99 | **Osnabrück**: Buchhandlung Dieter zur Heide • Osterberger Reihe 2-8 | **Potsdam**: Buchladen Sputnik • Charlottenstr. 28 | **Ratingen**: Buchcafé Peter & Paula • Grütstr. 3-7 | **Tübingen**: Rosalux • Lange Gasse 27 | **Saarbrücken**: Der Buchladen • Försterstr. 14 | **Siegen**: Bücherkiste • Bismarckstr. 3 | **Wiesbaden**: Buchh. Otto Harrassowitz • Taunusstr. 5 | **Würzburg**: Buchladen Neuer Weg • Sanderstr. 33-35 | **ÖSTERREICH: Graz**: dradiwaberl • Zinzendorfgasse 25 | **Wien**: FRICK International • Schulerstraße 1-3 | Littrade Literaturservice • Währinger Straße 3/7

Abonnement

Wer ein Jahresabo der PROKLA abschließt, kann dies über unser Formular unter www.bertz-fischer.de/prokla-abo tun und sich dort eine Abo-Prämie auswählen.

Liebe Abonnent*innen!

Wir brauchen Ihre/eure **Mailadressen**, damit wir auch Rechnungen per Mail schicken können. Porto und Handling werden immer teurer! Und wer von euch/Ihnen **umzieht**, schicke uns bitte frühzeitig die **neue Adresse** an:
prokla-abo@bertz-fischer.de – oder an:
PROKLA-Aboservice, c/o aki GmbH, Rombergstraße 10, 20255 Hamburg. Danke!